教育部人文社会科学研究规划基金项目"我[...]度研究"(19YJA820049)资助

我国担保信托法律制度研究

叶 朋 著

吉林大学出版社
·长 春·

图书在版编目(CIP)数据

我国担保信托法律制度研究／叶朋著. —长春：吉林大学出版社, 2023.11
ISBN 978-7-5768-2622-7

Ⅰ.①我… Ⅱ.①叶… Ⅲ.①担保法-研究-中国②信托法-研究-中国 Ⅳ.①D923.24②D922.282.4

中国国家版本馆 CIP 数据核字(2023)第 217069 号

书　　名：我国担保信托法律制度研究
WO GUO DANBAO XINTUO FALÜ ZHIDU YANJIU

作　　者：叶　朋
策划编辑：黄国彬
责任编辑：马宁徽
责任校对：刘　丹
装帧设计：姜　文
出版发行：吉林大学出版社
社　　址：长春市人民大街 4059 号
邮政编码：130021
发行电话：0431-89580036/58
网　　址：http://www.jlup.com.cn
电子邮箱：jldxcbs@sina.com
印　　刷：天津鑫恒彩印刷有限公司
开　　本：787mm×1092mm　1/16
印　　张：16
字　　数：240 千字
版　　次：2024 年 5 月　第 1 版
印　　次：2024 年 5 月　第 1 次
书　　号：ISBN 978-7-5768-2622-7
定　　价：88.00 元

版权所有　翻印必究

目 录

绪 论 ……………………………………………………………… (1)
    一、研究背景 …………………………………………………… (1)
    二、研究综述 …………………………………………………… (4)
    三、研究内容 …………………………………………………… (9)
    四、研究创新之处 ……………………………………………… (11)

第一章 担保信托的概述 ………………………………………… (13)
    第一节 担保信托的含义 ……………………………………… (13)
        一、信托的含义 ……………………………………………… (13)
        二、担保的含义 ……………………………………………… (18)
        三、担保信托的含义 ………………………………………… (22)
    第二节 担保信托的历史演进 ………………………………… (26)
        一、英美法国家担保信托的历史演进 ……………………… (26)
        二、大陆法系国家担保信托的历史演进 …………………… (33)
    第三节 担保信托在商事实践中的具体样态 ………………… (41)
        一、Quistclose 信托 …………………………………………… (42)

二、信托收据 ……………………………………………… (48)
　　三、"戴里清单式"担保 …………………………………… (53)
第四节　担保信托的社会机能与制度优势 …………………… (56)
　　一、担保信托的社会机能 ………………………………… (56)
　　二、担保信托的制度优势 ………………………………… (59)

第二章　担保信托的法理审视 ………………………………… (65)

第一节　法理审视之一：来自信托财产双重所有权理论的审视 …… (65)
　　一、信托财产双重所有权理论的检讨 …………………… (66)
　　二、信托财产双重所有权与担保信托的契合 …………… (74)
第二节　法理审视之二：来自目的财产理论的审视 ………… (76)
　　一、目的财产理论的检讨 ………………………………… (77)
　　二、目的财产理论与担保信托的契合 …………………… (83)
第三节　法理审视之三：来自担保权附从性的审视 ………… (86)
　　一、传统担保权附从性的检讨 …………………………… (86)
　　二、担保信托对传统担保权附从性的突破 ……………… (94)

第三章　担保信托的法律构造 ………………………………… (100)

第一节　英美式担保信托的法律构造 ………………………… (100)
　　一、英美式担保信托的界定 ……………………………… (101)
　　二、英美式担保信托法律构造模式——分割所有权构造 …… (110)
第二节　法国式担保信托的法律构造 ………………………… (112)
　　一、法国式担保信托的界定 ……………………………… (113)
　　二、法国式担保信托法律构造模式——特殊所有权构造 …… (119)
第三节　日本式担保信托的法律构造 ………………………… (123)
　　一、日本式担保信托的界定 ……………………………… (123)

二、日本式担保信托法律构造模式——担保权构造 …………（128）

第四章　担保信托的设立与生效规则 ………………………………（130）

　第一节　担保信托的设立规则 …………………………………（130）

　　一、担保信托设立的主要形式 ………………………………（130）

　　二、担保信托设立的一般要件 ………………………………（133）

　　三、担保信托设立的特殊问题 ………………………………（139）

　第二节　担保信托的生效规则 …………………………………（144）

　　一、担保信托生效的一般要件 ………………………………（144）

　　二、担保信托生效的特殊要件 ………………………………（154）

　　三、担保信托的信托公示 ……………………………………（156）

第五章　担保信托当事人规则 ………………………………………（159）

　第一节　担保信托受托人规则 …………………………………（159）

　　一、担保信托受托人的权利 …………………………………（160）

　　二、担保信托受托人的义务 …………………………………（165）

　第二节　担保信托受益人规则 …………………………………（180）

　　一、担保信托受益人的概述 …………………………………（180）

　　二、担保信托受益人的权利 …………………………………（183）

　　三、担保信托受益人的义务 …………………………………（192）

　第三节　担保信托委托人规则 …………………………………（193）

　　一、担保信托委托人的权利 …………………………………（194）

　　二、担保信托委托人的义务 …………………………………（198）

第六章　我国担保信托法律制度的构建 ……………………………（200）

　第一节　我国创设担保信托制度的意义 ………………………（200）

一、我国担保信托之雏形：附担保公司债信托 …………………（201）
　二、我国附担保公司债信托之相关立法与评价 …………………（204）
　三、我国创设担保信托制度的必要性 ……………………………（213）
第二节　构建我国担保信托法律制度 …………………………………（216）
　一、我国担保信托制度的法律构造模式 …………………………（216）
　二、我国担保信托制度的立法模式 ………………………………（221）
　三、我国担保信托制度的具体法律规则 …………………………（224）

结　语 ……………………………………………………………………（241）

参考文献 …………………………………………………………………（244）

绪　论

一、研究背景

　　自信托制度诞生起的数百年间，信托展现出无穷的创造性和适应性。早在罗马法时期，信托不仅用于管理财产和担保债权的两大主要目的，借用、寄托、遗产继承、甚至奴隶解放等领域皆可运用信托形式。罗马信托的优点被英国 USE 制度吸取，逐渐形成今天人们所熟悉的信托制度。随着商业活动的深入，信托从民事领域不断走向商事领域。在今天，信托在知识产权、公司、继承、慈善、土地经营等各种领域有着广阔的应用。甚至在某些时候，信托成为学者们解决理论难题的有效工具，比如一些传统上拒绝接受信托的大陆法系国家，在面对与传统担保理论相违合的让与担保制度时，不约而同地选择用信托理论解释让与担保的法律构造，无论"所有权让与说"还是"担保权让与说"均是用信托作为构造让与担保的工具。再如，利用信托解释环境权理论形成了非常著名的公共信托理论。[1] 又如，为解决公权力领域政府决策阶层的私人事务与其公务产生利益冲突以致影响政策的公正性和客观性，利用信托制度设计出"盲目信托"，以降低政府决策官员"因私害公"或"假公济私"的机会，从而保证决策的公正。[2]

　　综观信托的诸多利用与功能，绝大多数情况下信托主要在两种情况下使

---

[1] 周训芳：《环境论》，北京：法律出版社，2003 年，第 97-100 页。
[2] 方嘉麟：《信托法之理论与实务》，台北：月旦出版公司，1998 年，第 95 页。

用：转移财产和管理财产。从历史角度看，信托制度的功能从最初的财产转移慢慢演变为财产管理。现代社会信托的财产管理功能则占据着绝对的主导地位，代表着现代信托的优势。伴随着信托财产管理功能日益成熟和完善，信托的资金融通功能开始不断显现。其主要作为资产证券化的导管体，通过信托合同的签订，将募集的资金从众多的受益凭证购买人手中流入到资金需求者那里。通过信托向社会公众融通资金同时也带来了担保实现的难题：如何向不特定的社会公众提供担保并且实现担保？信托这种古老而灵活的制度再次显现出了它的魅力。

美国的公司信托契约是利用信托实现融资担保的较早形式。为解决股份公司筹集资金的渠道，吸引社会大众购买公司债券，为公司债发行提供担保。但是要对不特定多数公司债权人提供担保，不仅是不可能的，而且操作起来非常麻烦。为此作出如下设计：发行公司与信托公司缔结信托契约，信托公司为受托人，为所有公司债权人的利益管理担保。信托财产是委托人提供的以担保公司债的担保权，受托人取得该物上担保权并为受益人利益加以保管与实行。该制度被大陆法系国家如日本、韩国所借鉴，被称为"附担保社债信托"、"公司债信托"等。公司信托契约实现了资金融通功能的同时，也实现了债务担保功能。除此之外，在商品销售等交易活动和贷款等金融活动中，信托也起着重要的担保作用。如信托收据、信托契据、Quistclose 信托等。

信托在英美法国家获得较大发展的同时，曾经一直拒绝引入信托的法国为了在国际金融竞争中获得制度优势，于 2007 年通过民法典的大规模修订引入信托制度。法国在大力挖掘罗马法信托(fiducia)的基础上，将罗马法两种信托"债权人之托(fiducia cum creditore)"和"朋友之托(fiducia cum amico)"为原型，发展出两种基本类型的现代信托：以"朋友之托"为原型的管理信托和以"债权人之托"为原型的担保信托。[①] 并且随后对担保法进行了广泛修订，充实和完善了担保信托的具体法律规则，形成具有本国特色的担保信托制度。

日本早在 1905 年借鉴英美法公司信托制度制定了《附担保公司债信托

[①] D. J. Hayton, S. C. J. J. Kortmann, H. L. E. Verhagen(ed), Principles of European Trust Law, Kluwer Law International, W. E. J. Tjeenk Willink, 1999, P133.

法》，之后并没有停下创新的脚步。由于《附担保公司债信托法》所创设的具有担保功能的附担保公司债信托不能为1922年《日本信托法》所容纳，经过多年的理论探索，终于在修订后的2006年《日本信托法》中分别用第3、55条等几个条款肯定了担保信托在日本的法律地位，至此日本的担保信托是包含了附担保公司债信托在内的以信托方式实现担保权的统称。

回顾我国自2001年引入信托制度以来，信托在商事实践中的财产管理功能日益显现，但是信托的担保功能多年来仍处于萌芽阶段。目前我国担保信托在商事实践中的典型样态是公司债发行中的附担保公司债信托制度。附担保公司债信托是在公司债发行过程中，为解决公司债发行人无法向不特定的社会公众提供担保，而运用信托的方式由受托人为公司债券持有人的利益持有并处分公司债担保的特殊信托制度。从世界多国的公司债实践来看，附担保公司债信托是解决公司债担保唯一可行的方法。

我国自2007年起，证监会在《公司债券发行试点办法》中为公司债担保发行已创设了附担保公司债信托制度，但是从多年公司债发行的实践来看，该制度在公司债发行实践中不被重视，一直处于尴尬境地。其主要原因为：其一，从商事惯例上看，我国公司债发行实践中各发行公司偏好为公司债的发行提供信用担保，公司债的资产担保的情况比较少见。这与公司债发行的世界商事惯例完全不同，从担保法理来看，由于抵押、质押等资产担保的效力比第三人保证等信用担保的效力更高，风险更低，因此世界各国公司债发行中更常使用资产担保，于是附担保公司债信托制度（英美等国为信托契约）比较发达；而我国由于公司债的信用担保更简单方便，再加上实践中极少出现由于公司债无法清偿而导致的担保责任承担，所以公司债发行的惯例中更偏好运用信用担保，从而导致我国附担保公司债信托在实践中运用非常少。然而从世界多国的公司债历史来看，为防范公司债风险带来的社会或金融动荡以及保护公司债持有人利益，必须重视公司债的资产担保。其二，从法律供给来看，附担保公司债信托的法律调整不仅层级比较低，而且规则比较简单粗糙。2007年证监会发布的《公司债券发行试点办法》用3-4个条款确定了附担保公司债信托制度，时隔几年后的2015年，证监会对该试点办法进行修订，发布了《公司债发行与交易管理办法》，但是对附担保公司债信托的内容并没有太多的修订。一方面，附担保公司债信托立法层级较低，另一方面，法律规定简单粗糙，这些也阻碍了我国附担保公司债信托制度的发展。

更为重要的是，附担保公司债信托这种担保信托形式根本无法被我国信托法所包容，一方面，由于我国信托法制度受到1922年《日本信托法》《韩国信托法》等的深刻影响，[①]而这些国家信托法基本都以管理信托为调整对象来制定的，缺少担保信托的法定地位，造成我国信托法也缺少担保信托的立法定位；另一方面，即使穷尽法律解释方法，对我国信托法第2条信托定义进行学理解释，也难以为担保信托拓展出法律上的位置。目前出现的窘境是，公司债实践中需要大力发展的附担保公司债信托不仅立法层级较低，而且游离于信托基本法之外，不被信托基本法所包容。

要解决这一困境，需要向域外信托法学习，通过对担保信托理论与实践进行长期深入地研究，探索为我国信托基本法所包容的统一的担保信托规则。

二、研究综述

(一) 国内研究综述

国内法学界对信托研究的高峰期主要集中在信托法制定的前后。近年来国内对信托的研究似有增多，研究重点主要集中在信托财产与信托当事人，且主要以管理信托为研究对象。

国内最早提到"担保信托"者，似是台湾学者王志诚、赖源河在《现代信托法论》一书，其在书中提道："所谓担保信托，系指债务人为担保债权人的债权而设定的信托。例如由委托人即债权人将财产移转给受托人即金融机关，以担保受益人即债权人的债权而设定的信托，即为担保信托。"并指出，由于台湾地区有关规定禁止受托人单独受益，因此实践中的让与担保不可认为是担保信托的一种，因为其与信托法基本精神相违背。[②]

通过中国国家图书馆以"担保信托"为关键词进行搜索，仅能查寻到几份有一定价值的资料。其一，宋刚著《信托财产独立性及其担保功能》。他在该

---

① 张淳：《中国信托法特色论》，北京：法律出版社，2013年，第46页。
② 王志诚、赖源河：《现代信托法论》，北京：中国政治大学出版社，2002年，第42页。

· 4 ·

书中指出，信托财产的独立性是信托制度的本质体现，通过将信托财产独立性原理与担保责任财产特定性原理的吻合，说明信托财产独立性原理在大陆法系中具有较大的价值。并且借鉴了英美法中的宣言信托的构造设计出信托担保，以取代所有权保留与让与担保。①

其二，唐义虎在《论信托型担保》一文中简要指出，由于信托受益权与担保物权都具有绝对性、优先性与追及性，因此从法理上看信托可以运用于担保。并指出，信托契书、信托收据、设备信托与让与担保都是信托运用于担保的具体表现。②

其三，马新彦《现实担保的救济——来自美国信托担保制度的启示》一文，似是国内较早对信托担保功能涉猎的论文。该文首先分析国内几种典型担保的缺陷与不足，进而指出美国财产法与《统一商法典》中的信托担保可以为我国所借鉴，并且详细分析我国引入信托担保制度的社会效益与法律意义。③

其四，陈雪萍的《信托的担保功能在商事实践中的运用——以QUISTCLOSE信托为视角》一文，指出信托通过信托财产权的分离机制向债权人提供信用担保，信托担保功能的发挥以双重所有权制度和信托财产的独立性为基础。英、美等国利用信托担保功能创设了担保信托。较详细论述信托担保具体适用的几种情形以及商事实践中的具体表现。④ 该文最大的价值在于为国人介绍QUISTCLOSE信托这种新的信托担保模式。

其五，2009年中国政法大学樊健的硕士论文《信托型担保研究——与典型担保之比较》是目前所见较全面研究信托担保的唯一论文。其主要从担保法为着眼点，首先分析我国典型担保的不足，说明创造信托型担保的必要性与意义；接着，通过比较信托型担保与典型担保，指出信托型担保具有比较优势；再者，分析在我国"物权法定主义"背景下信托型担保法律地位如何。⑤

---

① 宋刚：《信托财产独立性及其担保功能》，北京：北京师范大学出版社2012年版。
② 唐义虎：《论信托型担保》，载《云南大学学报（法学版）》2005年第5期。
③ 马新彦：《现实担保的救济——来自美国信托担保制度的启示》，载《法制与社会发展》2000年第1期。
④ 陈雪萍：《信托的担保功能在商事实践中的运用——以QUISTCLOSE信托为视角》，载《法商研究》2007年第6期。
⑤ 樊健：《信托型担保研究——与典型担保之比较》，2009年中国政治大学硕士学位论文。

将以上仅有研究资料综合起来看，发现它们共同之处在于，其一，研究重点集中于简单介绍国外商事实践中担保信托的具体样态，对这几种担保信托样态的具体规则几乎没有涉及。其二，介绍国外典型担保信托之后均会论及我国引入信托担保的必要性与可行性，但是对各国担保信托的法律构造差异以及担保信托与我国法律理论相融合的问题没有详细地论述。其三，上述文章更多的是以担保法为切入点或视角来看待和研究信托担保，而缺少信托法的视野，研究方向尚有欠缺。

(二) 国外研究综述

1. 英美两国研究概述

信托的研究在英美法中一直受到学者们重视，对信托研究比较深入。由于英美等国利用信托进行担保在商事实践中已经有近两百年历史，因此对于典型的信托担保形式的研究和立法比较成熟。商事实践中出现最早的担保信托是信托契约(trust indenture)。其出现于英国成熟于美国。19世纪的美国随着铁路和运河开发事业的发展，需要大量的资金，于是向社会公众大举借款。与贷款相伴生的是向众多的社会公众提供担保，用来约束债务人、债权人与受托公司之间的信托契据应运而生，三方当事人的权利义务最初主要通过信托契约的条款来规定。1939年美国颁布《信托契约法》(Trust Indenture Act of 1939)对这种融资性担保信托进行法律约束。《信托契约法》的主要内容大致可以分为两类：其一是对受托人资格的规定，包括积极条件和消极条件；其二是对信托契约的基本条款的规定，主要包括：诉讼所得的提前托管(Preferential collection of claims against obligor)、公司债债权人名单的送达、受托人提供报告、发行人提供报告、受托人的义务和责任等，其中最重要的内容是受托人的义务、免责条款。该法沿用到1990年，为了配合债券市场的全球化，提高经济效率，《信托契约法》进行了少部分修订。[①] 对信托契约的研究主要集中于20世纪30-40年代与80年代前后，研究重点在于受托人对债券持有人承担的信义义务，如利益冲突规则的适用、违约前后的注意义务标

---

① Michael Vincent Campbell, Implication of the Trust Indenture Reform Act of 1990 Breathing New Life into The Trust Indenture Act OF 1939, Ann. Rev. Banking L. 1992(11), P181-186.

准，以及对信托契约中受托人免责条款的约束等。①

除此之外，商事实践中也涌现出一些新的担保信托方式，如信托契据、信托收据、Quistclose 信托等，英美学界开始加强对这些担保信托具体样态的理论研究。英美学界对信托契据的研究主要集中在信托契据与不动产按揭相比的制度优势、信托契据的法律性质与构造等问题；② 信托收据的研究主要集中在信托收据的法律性质、信托收据在商事实践中运用的问题；Quistclose 信托的研究主要集中在 Quistclose 信托的性质、权力来源、法律构造以及实践运用等问题。③

2. 日本研究概述

日本是引入和研究担保信托最早的大陆法系国家之一。为了引入外资的需要，日本早在 1905 年借鉴美国信托契据的实践操作，制定了《附担保公司债信托法》。依据该法的设计，公司发行附担保债券时运用信托原理，受托人按照该法必须与发行人签订信托契约，为公司债债权人利益保管、实施担保权。修订后的 2006 年《日本信托法》肯定了担保权信托，从立法上给予担保信托以法定地位。

日本学者对于担保信托的研究呈现出阶段性特点。研究第一阶段集中于 20 世纪 30-40 年代。1905 年日本颁布《附担保公司债信托法》以后学界才开始关注研究附担保公司债信托。就目前手头资料来看，日本国内最早专门研究

---

① George E. Palmer, Trusteeship under the Trust Indenture, The Columbia LawReview, 1941(41), pp. 193-220; Henry F. Johnson, The Forgotten Securities Statue: Problems in the Trust Indenture Act, The University of Toledo Law Review, 1981(13), pp. 92-114; Louis S. Posner, The Trustee and the Trust Indenture: A Further Study, The Yale Law Journal, 1937(46), P737-800.

② Gary E., The Deed of Trust: Arizona's Alternative to The Real Property Mortgage, Arizona Law Review, 1973(15), pp. 194-210; Leslie H. Kranz, Proposed Initiative Act for Trust Deed Reform, St. B. J. 1932(7), pp. 150-153; Richard P. Jr. Garden, In Deed an Alternative Security Device: The Nebraska Trust Deeds Act, The Nebraska Law Review, 1985(64), pp. 92-134; Gose J A., The Trust Deed Act in Washington. Wash. L. Rev., 1966(41), pp. 94-108; Joseph L. Dunne, Enforcing the Oregon Trust Deed Act, Willamette L. Rev., 2012(49), P77-104.

③ Gerard McCormack, Conditional Payments and Insolvency-The Quistclose Trust, The Denning law Jounrnal, 1994(9), pp. 93-115; Elspeth White, Quistclose trusts - resulting or constructive trusts, ournal of International Banking Law and Regulation, 2007, 22(4) pp. 40-41; Jeremias F. B. Prassl, In Search of coherent answers: towards a valid theory underlying Guistclost trust, Cambridge Student L. Rev., 2007(3), P51-57.

此问题的是1938年栗栖赳夫的博士论文《担保附社債信託法の研究》，作者主要讨论英美等国公司信托契约的起源与发展、公司债、担保、信托契约等主要内容与制度；并对当时《日本附担保公司债信托法》提出了修改意见。该文成为当时研究附担保公司债信托的集大成者。

对担保信托研究的第二阶段为近10年来，随着日本商法与信托法的大规模修订，对担保信托的研究不断深入。从附担保公司债信托中抽取出统一的担保信托规则是这一阶段担保信托研究的特点。就目前所掌握资料来看，長谷川貞之在其著作《担保权信托的法理》①一书与《以信托设定担保权的担保信托及其法律关系》②一文中较详细分析了担保信托的设立方式、基本法律关系、担保信托的登记与公示、担保信托的管理与执行等基本法律问题。清水拓也著《贷款信托法·附担保公司债信托法和信托》③、《法国动产·债权担保法制之现状：基于近处来担保法修订·担保信托引入的思考》④等文，也分别就担保信托创建的意义、担保信托的特点等问题发表评述。

3. 法国研究概述

法国对担保信托较早的研究可追溯到20世纪初，如著名信托法专家Pierre Lepaulle 考察了罗马法上的信托，指出罗马信托是最容易发展成英美信托的法律制度，应成为法国信托的历史基础。而罗马法的信托让与担保可成为法国担保信托的源头。⑤ 法国学者 Remy 也赞成以担保为目的的罗马"债权人之托"可发展成现代法国的担保信托。⑥ 经过法国学界不懈努力，法国民法

---

① 長谷川貞之：《担保権信託の法理》，勁草書房2012年版。
② 長谷川貞之：《担保権の設定を信託の形式で行う場合のいわゆるセキュリティ・トラストとその法律関係》，載《信託法改正とその活用》2008年4月。
③ 清水拓也：《貸付信託法·担保付社債信託法と信託》，載《金融·商事判例》2007年3月15日。
④ 白石大：《フランスにおける動産·債権担保法制の現在：近年の担保法改正·担保信託導入をふまえて》，載《比較法学》2012年第2期。
⑤ Pierre Lepaulle, Traite Theorique et Pratique des Trusts en Droit Interne, en Droit Fiscal et Droit Internatinal, 1932, PP. 23-40; Pierre Lepaulle, An outsider's view point of the nature of trusts. Cornell Law Quaterly, 1928(14), P52-55.
⑥ D. J. Hayton. et., Principles of European Trust Law, W. E. J. Tjeenk. Willink, 1999, P133-142.

典终于在2007年引入信托制度，2009年补充和完善了担保信托制度。从目前收集的资料来看，法国民法典确立担保信托制度之后，法国学界对担保信托问题的研究主要表现出如下特点：其一，热衷于介绍与分析担保信托法律制度以及担保信托在实践中的具体运用；[1] 其二，对担保信托的某些理论问题进行反思，如对担保信托的担保权附从性问题的理论反思，指出在民法典仍坚持担保权附从性的前提下，担保信托对担保权附从性的突破是否会带来对传统担保权附从性的破坏；[2] 担保信托成为新的典型担保物权后，是否会受到实践的欢迎以及能取得的担保实效表示担忧；[3] 等等。

三、研究内容

担保信托是本书研究对象。担保信托作为与管理信托相对应的基本信托形式之一，其在世界多数国家普遍存在着，无论英美法系抑或大陆法系的担保信托在理论层面与实践层面既存在着共同之处，也存在着差别。本书试图从形式多样的担保信托制度中抽象出担保信托的基本理论与法律规则。

首先，抽象概括出担保信托的一般理论问题。本书第一章将主要探讨担保信托的定义、担保信托的历史发展与演进、担保信托在商事活动中的具体运用以及担保信托的社会机能与制度优势等内容。

接着，运用分述的研究思路，从第二章到第五章分别研究美国、法国、日本关于担保信托的基础法律理论、法律构造模式、担保信托的设立与生效规则、担保信托当事人的权利与义务规则等四块内容。

第二章主要探讨域外各法域中担保信托得以存在的法理基础，包括英美法信托财产双重所有权与担保信托契合；法国目的财产理论是法国担保信托

---

[1] François Barrière, La fiducie-sûreté, La Semaine Juridique Notariale et Immobilière n° 42, 16 Octobre 2009, 1291; Claude WITZ, Réflexions sur la fiducie-sûreté, La Semaine Juridique Entreprise et Affaires n° 18, 6 Mai 1993, 244; Dominique Legeais, fiducie-sûreté, Juris Classeur Commercial, 01 Avril 2011.

[2] Etude par Claude WITZ, Réflexions sur la fiducie-sûreté, La Semaine Juridique Entreprise et Affaires n° 18, 6 Mai 1993, 244

[3] Paul Hastings, La fiducie, nouvelle reine des sûretés ?, La Semaine Juridique Entreprise et Affaires n° 36, 6 Septembre 2007, 2054.

构建的重要理论基础；担保权与被担保债权的附从性相割裂是构建担保信托的必要条件。

第三章主要研究担保信托的法律构造模式。通过对各国担保信托内容分析，发现各国担保信托的法律构造模式各不相同。英美法系担保信托由于建立在传统信托财产双重所有权基础上，其担保信托采用的是"分割所有权"构造模式；建立在目的财产理论基础上的法国担保信托采取的是"特殊所有权"构造模式，即以向受托人转移所有权方式实现担保，类似于我国让与担保；日本担保信托采取的是"担保权"构造模式，通过直接赋予受托人以担保权来实现担保，受托人为受益人利益而管理和执行担保权。

第四章为担保信托的成立与生效的特殊问题。通过与管理信托对比，主要研究各国担保信托的成立与生效的特殊要件。担保信托可以合同、遗嘱等形式设立，无论何种形式通常以书面形式为必要；担保信托文件必须包括担保信托目的、担保信托当事人、担保信托标的以及被担保债权等必要条款，缺少必要条款，担保信托无效；担保信托生效需要同时满足信托生效与担保权生效两大条件。

第五章对担保信托当事人的权利与义务进行重点探讨。担保信托当事人包括担保信托委托人、受托人与受益人，在担保信托中受托人为担保权人，受益人为被担保债权人，委托人基于担保信托设立方式不同可为债务人或债权人。担保信托受托人在担保信托中处于核心位置，担保信托受托人通常要求为金融机构等法人，除了享有一般信托受托人享有的权利与承担的义务外，担保信托受托人主要负担管理担保权、执行担保权以及接受与分配担保物之价金的义务等。

第六章再次进行概括总结，并结合我国立法实践与法律土壤，指出我国担保信托构建的意义以及如何构建包含附担保公司债信托在内的我国担保信托的法律规则。首先，我国融资担保实践需要担保信托，我国需要建立起统一适用的担保信托规则来为包括附担保公司债信托制度在内的担保信托制度所适用；其次，我国担保信托法律构造模式宜借鉴日本担保信托的"担保权"模式，且宜以统一立法方式在未来信托法中确立担保信托的法律地位。最后，担保信托与管理信托相比，其成立与生效要件中除了须具备一般信托成立与生效要件外，还须满足担保权的生效要件；不动产担保信托以登记公示为生效必要，动产或权利担保信托宜鼓励当事人为信托公示；担保信托受托人除了负担一般信托义务外，还承担管理担保权、执行担保权以及接受与分配担保物价金的义务等。

四、研究创新之处

本书系统地比较研究了世界多国担保信托制度的基础理论、法律构造、设立与生效及当事人规则等重要问题，希望能为我国未来担保信托的研究起到抛砖引玉的作用。综合来看，本书的研究创新点大体可概括为：

1. 选题新颖。从世界范围内看，担保信托不是新鲜事物，至今为止它已存在发展了两百多年；但是对我国立法、实践与理论研究来说都是新生事物。尤其是担保信托的理论研究非常匮乏，在中国国家图书馆以"担保信托"或"信托担保"为关键词进行搜索，仅能搜索到几份具有一定相关性的资料。对担保信托的理论研究现状与目前我国欣欣向荣的法学研究现状是极不相称的。同时担保信托的选题研究对促进我国商事实践中担保信托的典型样态——附担保公司债信托的广泛运用与成熟发展有着重要意义。

2. 运用高度抽象概括的研究方法提出若干创新性的观点。担保信托并不是某一个特定的具体制度，而是很多个具有相似特性法律制度的集合。由于担保信托呈现出多样化特点，散落于世界各国的商事实践中，因此在进行对比研究之前需要从各国商事实践中通过类比寻找到相类似的担保信托样态。本书在确定了将英美法系、法国与日本可对比研究的担保信托样态后，运用抽象概括研究方法，从各国信托基础理论出发，提炼概括出不同法域中担保信托的法律构造模式，并首创地提出了英美法系的"分割所有权"构造模式、法国的"特殊所有权"构造模式、日本"担保权"构造模式等。同时在讨论我国未来担保信托的法律构建时，结合我国信托法与物权法的法律土壤，有针对性地提出若干建议，如我国未来担保信托宜采"担保权"模式，且应学习借鉴日本经验将其统一规定在信托基本法中等。

3. 一手外文资料的广泛运用。由于国内担保信托的研究资料极其缺乏，本书的研究只能建立在大量外文资料的基础上。本书研究内容涉及英美法系、法国与日本的相关理论研究，研究资料包括英文、法文与日文等。这些一手的外文资料几乎全部通过境外收集所得，外文资料的收集、翻译与整理工作是本书研究的难点所在，突破之后也成为本书的创新点所在。

第一章　担保信托的概述

自信托制度诞生起的数百年间,其展现出无穷的创造力和适应性。综观信托的诸多利用与功能,绝大多数情况下信托主要在两种情况下采用:转移财产和管理财产。从历史角度看,信托制度的功能从最初的财产转移功能慢慢演变为财产管理功能。在现代社会,信托的财产管理功能占据着主导地位,代表着现代信托的发展趋势。伴随着信托财产管理功能日益成熟和完善,信托的担保功能开始不断得以挖掘和显现。从信托角度看,承载着担保功能的担保信托已经日益发展成与管理信托相区别的另一重要的信托类型。

第一节　担保信托的含义

概念是对思想或研究的高度抽象与提炼,是任何学科研究的起点和基础。"如果不对概念进行严格的界定,既不能开始思考法律问题,也不可能将思考转移为语言以便于让别人知晓。"[1]因此对担保信托的研究首先仍然要从概念的定义开始。

一、信托的含义

最早信托起源,无论是英美法系学者所认同的 USE 用益权制度,还是大

---

[1] [美]E·博登海默:《法理学:法律哲学与法律方法》,邓正来译,北京:中国政法大学出版社1999年,第486页。

陆法系学者认同的罗马法的信托(fiducia)①,直到今日,信托已被世界多数国家广泛运用,发展出各种形式的财产制度,人们对信托的最深刻直白地理解就是"一种财产制度"。在民事领域中,有以追求正义和公正为首要的民事信托,如遗嘱信托、为特定人士的赠与信托、公益信托;在商事领域中,有以追求效率为首要的投资信托、年金信托、资产流动化计划、土地信托等。在不同领域,信托凭借其构架的灵活性满足了不同领域对法律关系的需求,因此作为制度的信托,可以说是法律领域中最复杂最多样化的法律制度之一。

在关注信托的制度设计的同时,也不应该忘记信托作为"一种思想"的价值。纵观英美法系国家信托的历史发展脉络,信托代表了"信赖与自由"的精神。信托从英语词源可看出,是以"信赖(trust)"为基础的,信托受托人所承担的是基于信赖而产生的严格的信义义务(fiduciary)。信赖以及与之相对应的诚实是信托的基本思想。正如英国学者评价说:"作为经营者的信托法人,除了要具备大企业应具备的全部资质外,还必须具备能体现信托精神的品质。第一要点,是真正地对相对人给予关心,而不是假装的。……第二要点,不追求利益和贪欲,除了取得报酬之外不应期待其他的利益……第三要点是正直,不仅包括行为的正直,还是心的正直……"②自由是信托的另一种精神,正是由于自由与创造性的信托思想,将人们从僵硬的法律制度中解放出来,创造出了当今世界绝大多数的适合社会和经济需求的新制度。因此提及信托一词时,"信赖与自由"思想应成为其应有之义。

这里,我们所研究的担保信托,对于中国而言,正是建立于"信赖与自由"思想指引之下,所需要创设的一种崭新的法律制度。既为一种法律制度,那么下面我们将着重关注制度层面的研究。

(一)信托定义的不同路径

信托的定义是研究信托的起点,但是即便是产生信托的英美法系国家也

---

① 信托是罗马前期被广泛运用的一种制度,当事人为一定的目的从另一方当事人那里以要式买卖或拟诉弃权的方式接受物,当一定目的实现之后返还该物。可以是为了向债权人提供担保,也可以是为了对物实行寄托、借贷、使用等。前期叫"债权人之托",后者称为"朋友之托"。虽然其在优士丁尼法被废除,后来经过法国学者的解释和发展成为当今法国信托的原型。

② Gilbert Thomas Stephenson:《信托的真髓——信托先驱 Francis Henry Fries 的生涯》,三菱信托银行 Fries 研究会译,东洋经济新报社,1993年,第61页。

无法对信托定义形成统一的认识，更不要提引入信托的大陆法系国家。虽然信托的定义复杂多样，但是对信托定义的侧重点来区分，大致可看到对信托定义的以下两种不同路径：

1. "以财产为中心"定义信托

"以财产为中心"的信托定义方式是将信托财产在信托当事人间进行安排的定义方法。这种定义方法尤其以英美法系国家最为常见。如Sheridan教授认为："信托是为了受益人的利益或特定目的，由受托人持有某项财产，无论财产的性质为何，也不论财产所有权的性质为何，信托财产只能由受益人享有。"[1]布莱克法律辞典对信托的定义："信托是一项针对财产的信任关系，占有财产的人受到衡平法义务的要求必须为了其他人的利益来管理该财产。"[2]美国信托法专家Bogert也这样说："信托是基于当事人间的信任，受托人虽然享有信托财产的法定财产所有权，受益人享有衡平法所有权。"[3]不难看出，在英美法国家，对信托的理解和认识大多以信托财产为中心，通过其特有的"双重所有权"在信托当事人间进行权利分配，受托人享有普通法上的所有权，受益人享有衡平法所有权，两者并行不悖。

虽然英美法信托财产双重所有权与大陆法系传统民法财产权理论格格不入，但一些大陆法系国家对信托的理解仍然深受英美法影响，也以财产为中心重构信托定义。如《日本信托法》第2条指出"本法所指信托，是指特定人按照一定目的，为实现财产管理或处分及为特定目的的实现而为的必要行为。"[4]韩国信托法第1条指出："基于委托人与受托人间的信任，委托人向受托人转移财产，受托人为受益人的利益或一定目的而管理或处分财产的行为。"我国信托法对信托的定义虽然与日本、韩国稍有不同，但是对信托的定义仍以信托财产为中心来展开，"信托是指委托人基于对受托人的信任，将其财产权委

---

[1] Sheridan and Keeton, The Law of Trusts, 11th ed., Chichester: Barry Rose Publisher Limited, 1983, P2.

[2] Hener Campbell Black, Black Law Dictionary, 5th ed., West Publishing Co, st. Paul, Minn 1979, P1352.

[3] George G·Bogert and George T·Bogert, Handbook of the Law Trusts, 5th ed., West Publishing Co, st. Paul, Minn, 1973, P1.

[4] 中野正俊、张军建：《信托法》，北京：中国方正出版社2004年，第276页。

托给受托人，由受托人按委托人意愿以自己的名义，为受益人的利益或者特定目的，进行管理或处分的行为。"这些表明，大陆法系国家对信托的认识深受英美法信托的影响，信托被视为一种财产的安排或财产管理方式。只是在面对英美法信托财产双重所有权时，将英美信托财产衡平所有权转化为受益人的受益权而实现信托的植入，于是大陆法信托以"信托财产所有权转移+受益权"的财产安排再造了英美法信托财产双重所有权。

2. 以契约来定义信托

这种定义信托的方式是将信托当作一种契约，这种构造方法是法国在面对英美信托竞争时主动采取的应对策略。在20世纪初，对法国信托产生重要影响的信托法专家 Pierre Lepaulle 在研究了民法国家许多与信托相似的制度后指出，罗马法的信托(fiducia)是与英美信托最相近的制度，是唯一可以与英美信托相抗衡的制度，也是最容易发展成英美信托的法律技术。[①] 罗马法早期信托被认为是一项附于物的所有权转移的信托契约，当事人一方将物的所有权让与另一方后，另一方承诺在约定的情况下将物的所有权再归还物主。[②] 除了古代信托被视为一种合同，现代法国商事实践中信托也被广泛地以合同的形式得以运用，如被法国货币金融法典所许可的资产证券回购、银行债权转让中，双方当事人都是通过合同达成协议，一方在约定的条件下将他让与给另一方的证券或债权再以一定的价格买回，另一方在占有该证券或债权期间，出让方及受让方当事人的债权人都不得对此资产、证券或债权请求清偿债务。[③]

这些学说和实践对法国信托立法产生了实质影响。1992年法国信托法(草案)将信托的定义为，信托是委托人与受托人达成的协议，委托人将财产之全部或一部转移给受托人，受托人按照合同的约定，按照特定目的为受益人的利益或特定目的而行事。尽管此草案在1995年被撤回，但是"以合同为信托的基本形式"已植入法国信托理念。以后在2007年正式通过的法国信托法案中，对信托概念的表述上并未直接使用"合同"一词，而是使用较为中性的

---

① 参见 Pierre Lepaulle, Civil Law Substitutes For Trusts, Yale Law Journal, 1927(36), P1138.
② 陈朝壁:《罗马法原理》，北京：法律出版社2006年，第326页。
③ 参见《法国货币金融法典》第313-23条及以下；第313-36条；第432-12条等。

"操作"一词来描述信托。信托是一种操作：委托人向受托人转让其现有的或者未来的物、权利或担保，或者将现有的或未来的物、权利或担保作为一个整体一并转让，受托人将其与自有财产相分离，并按照特定目的为受益人的利益行事。虽然从正式的信托概念的表述中并未表露出"信托主要是合同"的要义，但是通过考察信托法案全文会发现，法案全文20条，其中10余条是围绕着信托合同来规定的，包括信托合同的设立、当事人、条款、变更与消灭等内容。并且学者们普遍认为，合同是法国信托的第一要义，立法者在定义中特意隐去"合同"，其目的主要是使信托的表述更符合1985年海牙公约中信托定义的基本精神，以符合国际惯例。

(二)本书对信托的定义

从上述典型国家与学者对信托定义可以发现，作为信托的原生地的英美法国家从双重所有权的视角解释信托是最原汁原味的，而借鉴信托的大陆法系国家为了使信托能在本国法律土壤中得以生存，都会立足本国法律理论基础来重构信托，只是重构信托的步伐大小有所不同。以日本、韩国及我国为典型代表的早期引入信托的国家，在坚持英美信托的基本架构下，将与传统民法理论不相符的衡平所有权以受益人的受益权相代替，以期保持传统的一物一权原则；而以法国为代表的后期引入信托的国家，并没有完全地屈从于英美信托的理论影响下，而试图通过突破英美信托的围攻，从本土的历史中寻找古老的信托根源并加以解释，以此来可构建法国独具特色的信托定义。

对信托的定义进行了分类考察后发现，要给信托下一个完整的定义几乎是不可能的。但是可以运用抽象归纳的方式，将上述信托定义中的共同因素抽取出来，并运用多数定义信托所运用的描述方法来简单地描述：首先，信托的运作是为了实现某种目的，为了受益人的利益或者某种特定目的；其次，信托行为的发生源于委托人对受托人的信任；再者，通过信托的安排会在信托当事人委托人、受托人与受益人间产生某种法律关系，可以是以信托财产为中心而形成的财产关系或者其他关系。

二、担保的含义

(一) 担保之理解

担保一词在日常生活中被广泛运用，通常表示对某事项所做出的一种承诺、保证等。但是在不同学科眼中，对担保的理解大相径庭。经济学家们认为信息不对称带来了道德的风险，而道德风险的产生又促使了担保的产生和发展，因此担保是伴随着信用而发生的。信用风险的存在需要担保来修正，以增强市场主体间的信用。梁慧星教授也指出，从经济学来看，完善市场信用机制，弥补市场信息不对称是担保的经济价值所在。

一般认为，法学界所言的担保，通常有两个层面的含义，其一，从实质的目的性意义的层面来理解担保，担保指对某一法律义务的履行和责任的承担所作的保证，[①] 即担保的目的性使命是为义务履行或责任的承担而生，这是担保的本质。其二，从形式性的工具性的层面来理解担保，认为担保是保证债务履行的特定的手段和方法，特定的手段和方法通常由法律规定或当事人约定。这两种担保的理解经常交织在一起，但是民法学界对担保的认识，更多地从担保的本质"保全债权"来看待担保。

《牛津法律大词典》将担保定义为："担保是用于强化某人债务的承担。担保通常有两种：一种是由第三人对债务人责任所提供的保证；另一种是在特定财产上形成的用于强化债务人责任的担保。"[②] 在这里，担保与"保障债务的履行"发生了天然关联。这种观点对我国学者的认识产生了重要影响。郭明瑞、杨立新教授将担保概括为"是指以第三人信用或在特定财产上设定的权利来确保特定债权人债权的实现的法律制度"。[③] 在界定与担保相关的法律制度时"保障债务的履行"观念也得以深刻贯彻。如史尚宽先生界定担保物权时认为"在债务人或第三人的物或权利上所形成的用于保证债务履行的一种物权"。[④] 王家福先生认为物的担保"是指由自然人或法人以其自身的财产为自

[①] 郭明瑞、杨立新：《担保法新论》，长春：吉林大学出版社1996年，第4页。
[②] 刘保玉、吕文江：《债权担保制度研究》，北京：中国民主法制出版社2000年，第16页。
[③] 郭明瑞、杨立新：《担保法新论》，长春：吉林大学出版社1996年，第5页。
[④] 史尚宽：《物权法论》，北京：中国政法大学出版社2000年，第250-251页。

己或他人的债务提供担保。"①可见，我国主流的民法学者都认为，担保的本质是保证债权的实现，无论是人之担保还是物之担保皆是如此。

近年来，对担保的理解出现了不一样的声音。有学者指出，担保是基于特定的财产做出的未来清偿承诺，其本质是通过强化信用来促进契约。② 以往民法所强调的担保在债务清偿中的效力仅是特定财产将来变现承诺的一部分，是结果而不是本质要素。更有学者在打破"担保物权的目的是保障债权"这一传统担保物权理论时提出，从人类早期物的担保及近现代社会的一些特别担保形式来看，担保物权的起源并非因为债而发生，它的存在是为了某种经济利益获得保障，即使得人们之间的经济利益的暂时不平衡归于平衡的一种法律制度。并进一步解释，这种经济利益是一种期待利益，这种期待利益是在交易人的信任的基础上发生的，即为"信用"。人们运用担保只是增强信用的确定性，而不是保全债权。在该学者看来信用与债是两回事，传统学说混淆了信用和债的关系。③

由此，学者们对担保的理解与担保本质的认识，大体上可分为两个阵营：传统民法学界大多将担保与债权相联系，担保是以清偿债务为目的，担保的本质是保证债权的实现；极少数学者将担保与信用联系起来进行理解，主张担保的目的和本质是通过以特定的财产，无论是人保还是物保，来强化交易主体的信用关系，以促进契约的达成。这里出现了与担保相关的两个关键词："债"与"信用"，究竟担保是对债的担保还是对信用的担保？

笔者认为，对担保的本质的认识，究竟是用于增强债的履行还是增强信用，其实是看问题的角度不同带来的。通常认为，信用不是专门的法律术语，其比债有着更广泛的运用空间和领域，信用是社会各领域中人们的行为准绳，从经济活动来看，债的关系的缔结与债的履行皆来自人们之间的信用关系。通过提供担保，以未来的可获得的期待利益来加强交易主体间的信用，有利于债的关系形成，也有利于债的关系的履行。因此强调担保是对信用的保证

---

① 王家福：《中国民法学·民法债权》，北京：法律出版社1991年，第93页。
② 张淞纶：《论物上负担制度——财产法的对抗力革命》，北京：法律出版社2012年，第308-309页。
③ 参见徐洁：《担保物权功能论》，北京：法律出版社2006年，第31-32页。

是无可厚非的。例如在法国的法学教育中，并不是所有的担保法的课程都称为"担保法"，也有大学将其放入"信用法"的课程中。因为法国学界通常将法语中的"债权""信用"视为同一语义，它们都来自同一个拉丁语"credere"。①同时从民法学领域来看，信用关系在民法学者眼中被转化为债的关系，对信用的担保与对债的担保其实在民法学领域也就合二为一了。债权债务关系的确立，意味着债权人给债务人一种信用——确认债务人能在未来偿付债务。但是如果债务人出现破产，债权人常会对债务人的信用产生怀疑，他们不得不提前采取防范措施，于是需要运用担保机制对信用给予保护。故而，民法学者们喜好强调"担保的本质是保障债权"，正如经济学家们喜好提及"担保可用于降低信用风险"。

（二）信托的担保功能

1. 信托的基本功能

"信托最大特色为莫大的弹性。信托是可用于实现许多目的的法律制度，包括民事活动中的家产管理、遗产处分等，也包括商事活动中的各种目的。"②经学者们概括，信托主要具有如下几大功能：

财产管理功能、财务管理功能、投资开发功能、中长期金融功能、社会福利与公益事业的促进功能。③

财产管理功能、保全功能、增值功能、公益功能与导管功能。信托的财产管理功能是指信托的典型功能，融合了财产的保全功能与增值功能。保全功能是侧重以保全财产为目的，通常是防止财产的丧失或减少以供特定人的生活保护或扶养。增值功能即不重视财产的安全性，专以所求财产的利润的信托。信托导管功能特指信托被利用为资产证券化的导管体，通过分割受益权而使其得以转让给投资大众的效用。④

信托的基本型功能、财产保全型功能、增值—投资型功能以及特有功

---

① L. AYNES, P. CROCQ, Les sûretés: La publicité fonciére, 2ᵉ éd. Paris: Defrénois, 2006, n°1.
② 张淳：《信托法原论》，南京：南京大学出版社1994年，第69页。
③ 吴弘等：《信托法论》，北京：立信会计出版社2003年，第10页。
④ 参见赖源河、王志诚：《现代信托法论（增订三版）》，北京：中国政法大学出版社2002年，第32-35页。

第一章　担保信托的概述

能①。该特有功能又称之为转换功能。有认为信托的转换功能包括权利人能力的转换、权利人数量的转换、财产权受益时间的转换、财产权形态与性质的转换。② 新井诚教授将信托的转换功能细分为财产的长期管理功能、集团管理功能、私益财产向公益财产转换的功能和破产隔离功能。财产长期管理功能是基于委托人的意思长期对信托财产进行目的性控制；财产的集团管理功能指将多个委托人的少量资金集合起来进行管理的功能。破产隔离功能是由于信托财产独立性导致的信托财产不受受托人债权人的追诉。③

综上所述，学者们均认为信托的主要功能包括信托的财产管理功能、信托的财产保全功能、信托的公益功能、信托的财产增值投资功能等。只是对信托的投资增值功能的具体表述与认识稍有不同，其实无论信托导管功能与财产的集团管理转换功能，都是关注信托财产的投资功用，只是表述的角度不同罢了，如果关注从信托受益人角度看，通过信托进行投资也就是实现信托增值；如果从信托受托人角度看，通过信托的运用将资金集合于受托人进行管理，也就是信托的导管功能。而破产隔离功能是源于信托财产的独立性特征所造就的信托特有功能，因此也是信托的主要功能之一。

2. 信托担保功能的理解

由于学界对信托的担保功能关注不多，因此少有学者的研究涉及此问题。从字面含义理解，信托的担保功能亦是以信托的方式实现担保。从目前掌握的理论资料以及对世界多国信托担保功能的典型样态来分析，笔者认为，对信托的担保功能的理解大体上有广义与狭义两种认识，两者的区别在于对"担保功能"理解的广义与狭义之分。

狭义上看，民法学者眼中的担保通常指债权的保全，担保的本质在于保障债权的实现，为保障债权的实现最有效的法律方法是附以被担保债权人以担保权，担保权是为保全债权而生的重要权利，从这个意义上看，信托的担保功能是指利用信托的方式来保全债权的实现，而保全债权实现最直接的方

---

① 张军建：《信托法基础理论研究》，北京：中国财政经济出版社2009年，第66-68页。
② ［日］三菱日联信托银行：《日本信托法制与实务》，中华民国信托业商业同业公会审订，台湾金融研训院2009年版，第8页。
③ ［日］新井诚：《信托法》，有斐阁2002年，第69-85页.

式是设定或产生担保权,因此狭义的信托的担保功能仅指以信托方式产生的担保权来保全债权的功能。

从广义上看,人们除了从担保的本质"保全债权"来理解担保之外,有些时候人们也将担保视为义务履行和责任承担的手段和方法。从担保的手段和方法层面来理解担保,人们会发现担保之所以能为债务的履行提供保障,是因为担保为债务的履行提供了优先于且排除其他债务得到清偿的优先性,由于优先受偿性的担保方式的设计才是真正保全债权的有效方法,从这个意义上来说,担保便与"优先受偿性"的担保特点紧密相连,有时人们甚至用"优先受偿性"替代对担保的认识。因此,若从担保的"优先受偿性"功能来理解信托的担保功能便是广义的信托的担保功能。广义的信托担保功能是指除了狭义的以信托方式为保全债权而产生担保权的功能外,还包括通过运用信托的设计而使得信托财产能够在特定情况下优先满足于权利人的权利并排除其他权利人请求权的功能。

三、担保信托的含义

(一)大陆法系对担保信托的理解

1. 法国法的担保信托

罗马法早期的信托(fudica)对后来大陆法系国家的信托理念产生了重要影响。在面对英美法信托在商业活动中的巨大挑战和冲击,法国一直在寻找能与英美信托相抗衡的法律制度。在将英美信托与罗马法上的相似制度进行类比后,法国学者认为罗马法的信托(fiducia)是最能与英美信托相类比的制度。[①] 法国学者 Remy 对罗马法信托的类型进行研究后,指出罗马法信托包括"债权人之托"和"朋友之托"两种主要类型,[②] 前者主要运用于债的担保,债务人转移自己的财产给债权人用于担保,债权人对担保物享有所有权并可占有使用担保物,债务人还债后可依取回时效取回担保物所有权;后者主要发生在相互信任的朋友之间,用于财产的保管交易,寄托人将物交给保管人保

[①] 参见 Pierre Lepaulle, Civil Law Substitutes For Trusts, Yale Law Journal, 1927(36), P1138.

[②] Remy, in (eds) Hayton and ors, Principles of European Trust Law (1999), P133-142.

管并转移所有权，保管人凭借良心决定到期保管物是否归还物的所有权。并以罗马信托的类型为基础将现代信托分为三种类型：以"朋友之托"为原型的管理信托；以"债权人之托"为原型的担保信托；以及用于家庭目的的信托。[1]

这些研究对法国信托立法产生重要影响，2007年2月7日法国通过了《信托法案》，决定在法国民法典第三卷"取得所有权的不同方式"的第十四编增加《信托》编，对信托的基本问题进行规定。法国民法典并没有对担保信托做出非常明确的界定，依据第2011条对信托的定义："信托是一种操作：委托人向受托人转让其现有的或者将来的物、权利或担保，或者将现有的或将来的物、权利或担保作为一个整体一并转让，受托人将其与自有资产相分离，并按照特定目的为受益人的利益行事"，学者们将担保信托概括为：担保信托是指委托人以担保为目的，将某些现有的或将来的动产、不动产或权利转移给受托人，受托人将这些财产与其本人的财产相分离，并按特定的目的为受益人的利益而实施的操作。[2]

2. 日本法的担保信托

与法国等大陆法系国家希望从罗马法传统中挖掘和再造信托制度不一样，日本从一开始就选择借鉴和移植英美信托制度。其中最早借鉴的立法行为，即1905年日俄战争结束后日本为导入外资，筹集战后重建资金，借鉴英美等国较成熟的附担保公司债信托制度，制定了《附担保公司债信托法》。附担保公司债信托主要运用于公司发行债券，为保证债券的交易安全性，一般会在债权上附带物上担保，但是由于债券持有人通常是不特定的社会公众，与众多的分散的债券持有人分别签订担保合同是不现实的，因此公司在发行附担保公司债时，将担保物权设定给受托人，使受托人负担了为公司债券持有人的利益管理和执行担保物权及其他相关义务的制度。这种运用信托的安排实现债权担保是日本法上最早的担保信托。

虽然1922年日本《信托法》颁布于《附担保公司债信托法》之后，但是不知何故，《信托法》以管理信托的原型制定该法的同时没有将附担保公司债信托

---

[1] Remy, in (eds) Hayton and ors, Principles of European Trust Law (1999), P133-142.
[2] Dominique LEGEAIS, Fasc. 375: FIDUCIE-SÛRETÉ. JurisClasseur Commercial. Cote : 03, 2011. Date de fraîcheur : 01 Avril 2011.

这一担保信托类型纳入其中,一直到80年后的2006年改正后的《日本信托法》,担保信托才在《日本信托法》中得以正式确立。2006年《信托法》第3条第1、2款表述为"信托是在特定人间,为向特定人进行转移财产、设定担保权、其他的处分行为,以及按照一定目的,以契约或遗嘱的方式,所进行财产的管理或处分,或为实现特定目的而实施的行为",其中为"担保权的设定"被学者们认为新信托法已承认信托可以用于"设定担保权"。这种信托也被学者称为担保权信托或担保信托(セキュリティ·トラスト),即担保权为信托财产之信托,为了担保债权的实现,由债务人或第三人将特定物的担保权移交给受托人,受托人为债权人(受益人)的债权实现而为的信托行为。[①]

(二)英美法系的担保信托

英美法系作为现代信托制度的发源地,以其完备多样的信托法制著称于世,在商事交易实践中,英美法系国家创造出了许多以信托作为担保工具的制度设计,例如信托契据、信托收据、QUISTCLOSE信托、预付款交易中的担保等。在这些制度中,信托既有被设计成债务履行的担保,也有信托专用于特定目的的,但是无论何种构造设计,这些信托都表现出可以使债权人优先于其他债权人清偿的"担保优先性"特性。但是通过判例法发展起来的若干担保信托制度中,鲜见以"担保信托"或"信托担保"为名称的具体法律制度,同时由于英美学者也并不如大陆法系学者喜好对制度进行抽象和概括,因此在目前所见资料中,并未见对担保信托的明确定义。

(三)本书对担保信托的理解

担保信托,顾名思义,从字面上看由"担保"和"信托"两个词组成;从法律制度上看,其是两种不同的法律制度——担保制度和信托制度,因此担保信托横跨了两大法律制度体系:从担保的制度视角来看,担保信托显然是有别于传统的典型担保,是运用信托的制度设计实现担保功能,信托在担保的制度体系内被视为一种能够实现担保功能的特殊设计工具;从信托的制度视角来看,担保信托是有别于典型的管理信托的另一种信托类型,其是以实现担保为目的信托。因此,如果从担保的视角来看待担保信托,其也被学者们

---

① [日]長谷川貞之:《担保権信託の法理》,勁草書房2012年,第2-3页。

称之为"信托作为担保的工具"或"信托担保";如果从信托的视角看待之,被称之为"担保信托"也就不足为奇。

如同前文提到对"信托的担保功能"的理解一样,担保信托由于对担保理解的广义与狭义的不同也带来了担保信托的广义与狭义之分。广义的担保信托,指运用信托的设计,可以使权利人优先于其他人获得清偿的信托安排。有学者将这种广义的担保信托也称为"作为担保的信托",作为担保的信托是"使债权人优先于其他债权人清偿"的信托。[①] 从后文将要分析的世界多国商事实践可看到,广义的担保信托在商事实践中是广泛存在的。由于两大法系通过信托的设计,都可以将信托财产给予隔离或独立固化出来,由此功能既可以直接设定担保权来使被担保的债权人优先于其他债权人受偿,这种担保信托通过直接设定或产生担保权而为特定债权的履行提供担保,如美国信托契约、信托契据、法国担保信托、日本附担保公司债信托等;也可以使信托财产专服从于特定目的,当特定目的失败后特定的权利人享有优先于其他权利人受偿的权利,由于这种信托并不是以设定或产生担保权为目的,只是通过法律的推定或解释而使得特定的权利人具有优先于其他债权人获得清偿的权利。由于通过信托的运用使得特定权利人享有了类似担保才有的优先受偿权,人们习惯上也将这种信托视为担保信托,如美国 Quistclose 信托、动产设备信托等。

狭义的担保信托的含义与范围比广义的担保信托要小得多,其仅包含广义担保信托的一种类型,特指能产生或设定担保权的信托。狭义的担保信托是指以产生或设定的担保权用以为债务履行提供保障,债务人将特定的财产或担保权设定给受托人,由受托人为受益人债权的实现而为的信托行为。严格意义上来说,只有狭义的担保信托是以产生担保权的方式为特定债务的履行提供担保,这种对担保信托的理解最符合学界对担保本义的认识。因此在无特别说明之处的,文中的担保信托主要指狭义的担保信托。

[①] [日]道垣内弘人:《担保としての信託》,金法1811号,2007年,第29页。

第二节 担保信托的历史演进

正如前文英国学者梅兰特教授提到"信托是英国法最伟大最独特的成就",并且指出"衡平法除了一些独立的理论外,还为英国法提供了一种崭新且极富创新力的制度——信托"①,从英美信托的历史发展轨迹来看,信托的出现直接或间接地导致了法律的变革和社会的革命。当USE用益制度被普遍适用时,直接导致不动产转让法律产生变革,家庭成员间共同分享家庭财富,间接导致封建土地制度和封建家庭财产制度的衰落;当USE被发展成信托制度后,其作为重要的理财和金融资产管理工具的价值得到突显。在这一漫长的信托法律发展变革的进程中,尽管信托可以被用于满足各种目的,但是作为重要的管理工具仍然是信托发展的主线,信托作为担保工具仅仅是信托发展长河中的一个毫不起眼的支流。

发端于罗马信托的大陆法国家的担保信托经历了与英美法截然不同的道路。大陆法信托尽管在历史千年长河中历经波折,但是颇为戏剧性的是,信托从历史发端伊始就与担保密不可分。罗马法早期的担保信托是近现代典型担保制度的前身,由于特定历史原因,担保信托逐渐消亡于法律的长河中。直到现代,面对英美法信托的冲击,大陆法系国家在开始罗马法信托挖掘与重塑的过程中,担保信托才慢慢走近法律的视野。

一、英美法系国家担保信托的历史演进

(一)英美法系国家担保信托的早期历史

早期的英国法虽然在发展过程中曾受到罗马法和日耳曼法的影响,由于政治、法律传统等方面的原因,最终导致显现出另一番面貌。严格来说,英国法源于诺曼人征服英国后所设立并逐渐形成的普通法。在英国法早期,信

---

① F. W Maitland, Equity, also the Forms of Action at Common Law, Cambridge University Press, 1909, P22.

托以用益制度的形式广泛存在。最初其主要用于在保障土地继承人能实际利用土地的同时规避繁重的附着于封建土地的义务，以及将土地利益在家庭成员间合理分配以规避长子继承制，当然也包括出于宗教目的向教会进行捐赠而规避法律限制性规定。随着经济活动的发展，私人间的借贷行为日益普遍，为借贷行为提供财产担保也成为常见的经济行为。在当时财产形态比较简单的情况下，而土地以其易于识别和价值较大的特性成为人们进行债务担保的首选标的。

在12—13世纪的英国出现了现代不动产担保制度的萌芽——抵押（mortgage）①。当时，人们为规避反高利贷法，在借贷时一般不明确约定贷款利息，而是以转移对土地利用的收益即对土地的租赁来获得相当的贷款利息。比较常见的做法是，出借人向借款人借出款项的同时，借款人与出借人达成租赁协议，借款人将自己的土地出租给出借人，并由出借人占有或利用该土地，该土地上的收益或者用来冲抵贷款，或者视为出借人的收入，而借款人仍需偿还借款。一旦借款人无法清偿借款，出借人依据租赁协议获得的承租权就转化为不限嗣继承地产权（fee simple）②，即出借人就取得土地的产权。③这种通过转移占有并含有不动产流押性质的做法，实际上人们是通过转移土地的占有来担保债务的清偿，即是抵押（mortgage）的早期形态。

在13—15世纪时期，土地用益USE制度越来越普遍，人们喜好用灵活的USE制度来满足多种经济和生活需求，与此同时抵押制度也日益发展，上帝

---

① 对于mortgage学者们翻译不一。有学者借鉴香港地区的译法，称之为"按揭"；日本多数学者译为"让渡担保"；有学者依台湾地区学者，译为"抵押权"。目前英美国家的mortgage经过改革已经与大陆法系的抵押权相差无几。

② fee simple直译为不限嗣继承地产权，fee指"可继承的不动产权益"，"simple"指地产权可被所有继承人，以区别于只能由直系卑亲属继承的限嗣继承地产权（entailed interest 限嗣继承土地权益）。fee simple意即对土地继承人范围没有限制的地产权。依美国《财产法重述》的定义，fee simple指未附加终止条件、收回权或未来收益的不限嗣继承地产权。经过英美普通法的不断发展，现代的不限嗣继承地产权已成为可自由处分的对土地拥有绝对广泛的权利，即"不限嗣继承地产权人是土地之中、地面之上、土地上空所有的物之主人"（参见 Kate Green. Land Law, 4th ed., London：Palgrave MacMillan Publishers Ltd., 2001, p. 50）。因此多数学者认为，英美法中普通法的不限嗣继承地产权已经接近甚至几乎等同于大陆法系的不动产所有权。

③ Richard Holmes Coote, Law of Mortgage, 3rd ed., Philadelphia：T. &J. W. Johnson, Law Booksellers., 1850, P42.

之手不经意间将两者糅合在一起。当时的土地转移多是与信托目的、抵押目的、出售目的土地转移相混淆的。① 由于当时人们对土地产权处置多是使用用益制度，于是对借贷的抵押(mortgage)也多以用益的形式来呈现。通常人们做出这样的安排：A 从 B 处获得借款，A 需要将自己土地的 fee simple 转移给抵押权人 B，为了保护 A 的土地权益得到公平的对待，这时人们会对 B 的抵押权设定一个附加条件，即当 A 清偿完借款后，B 获得的 fee simple 应自动终止，土地产权回归借款人 A。这种附加条件的实现一般通过用益制度来完成的：即 A 与 B 在借贷的同时，双方会达成一个用益的约定，A 将土地的 fee simple 转移给 B，B 即为土地信托的受托人，B 可以占有使用土地，在 A 清偿借款前，A 和 B 为该土地信托的共同受益人，如果 A 清偿完借款后，B 的 fee simple 转移给 A。在这样一个不太复杂的法律安排中，A 与 B 在实现借贷的同时，既通过转移土地 fee simple 实现了对债务的担保，完善发展了抵押制度，又巧妙地运用用益制度对借款人提供了公平的保护，以使其权益不至于被抵押权人过度地侵害。这是英美法国家比较早期的运用信托制度对土地债务和土地抵押进行的灵活安排的示例。

在这一时期，土地抵押与土地信托、土地担保信托往往交织在一起，它们都共同发端于中世纪时期的用益 USE，直到 18—19 世纪法官发现区分土地抵押与土地信托是很有必要的，② 从此抵押与抵押信托两者相决裂，走上不同的发展道路。

17 世纪初，因为当时开始允许有息借贷行为，这样依据以前的抵押(mortgage)方式抵押权人既占有土地又获得土地收益被认为是一种额外的获利。于是衡平法院出手，规定如果抵押权人占有抵押人的土地，应该向抵押人支付土地的租金，这样对于抵押权人而言占有转移的土地就成了无利可图的额外负担，因此抵押权人不再要求抵押人转移土地占有。于是现代的不转移占有的抵押权开始形成。③ 在这种情况下，抵押开始完全失去与古老信托的

---

① Smith James G., A Forgotten Chapter in the Early History of the Corporate Trust Deed, American Law Review. Vol. 61. 1927, P900.
② Smith James G., A Forgotten Chapter in the Early History of the Corporate Trust Deed, American Law Review. Vol. 61. 1927, P903.
③ W. S. Holdsworth, Historical Introduction to the Land Law, Oxford: Clarendon Press, 1927, P259.

相关性，不再被认为是信托的一种。

与此同时，抵押中的信托并没有消亡，而是依据其灵活性依然满足人们对土地的多种需求。由于衡平法并不是禁止抵押转移土地占有，而是要求转移土地占有需要支付租金，如果抵押权人既想获得对土地的占有利用，又不愿意支付土地租金，这时可以利用信托实现这一安排：借款人A将土地转移给受托人即出借人B，B可以对用于担保抵押的土地进行占有使用，当A无法偿还借款时，B有权出售土地，用出售土地价款和土地上收益偿还债务，如果有剩余，则返还给借款人A。这种以土地信托形式实现担保，被视为担保的一种，称为"抵押信托"（mortgage trust）。而这种抵押信托也是今天英美法国家担保信托的源头。

抵押与抵押信托的分裂大约从17世纪开始，但是直到1851年法官才开始总结归纳抵押与抵押信托的不同。其中被英美法系学者们普遍认可接受的观点是"抵押权人与抵押信托受托人的权利不同"。[1] 如英美法系的著述在讲到抵押权人的处分权时通常会强调，抵押权人不是受托人，他对抵押物的处分并不基于受托人的身份进行的。[2] 一般理解为，抵押权人虽然与抵押信托受托人一样对抵押物有处分权，但是抵押权人对抵押物并不享有普通法产权，只是基于法律直接规定而取得处分权；而抵押信托受托人的处分权是基于普通法产权中本身所内含的处分权能而产生的。

(二)英美法系国家担保信托的近现代发展

英美法系国家作为信托法制发达的老牌国家，担保信托在商事实践呈现出多样化的样态，由于担保信托样态的多样化也带来担保信托发展状况的零散。为论述方便，以便与大陆法系国家担保信托的典型样态相呼应，下面主要以典型的担保信托样态——信托契约为例简述其在英美法系国家的发展历史。

---

[1] Smith James G, A Forgotten Chapter in the Early History of the Corporate Trust Deed, American Law Review. Vol. 61. 1927, P903.

[2] Robert Megarry, William Wade. The Law of Real Property, 7th ed., London: Sweet & Maxwell, 2008, P1109.

1. 信托契约的广泛运用

信托契约在 19 世纪被广泛运用前已经有了 170 多年的历史。到了 19 世纪初，随着社会公用事业和股份有限公司的蓬勃兴起，信托契约获得了新的生命力。19 世纪初，随着大量的社会公用事业如铁路、公路、航运等的大规模建设，需要许多能短时间聚集资本又能最大程度分散风险的制度，如股份有限公司、公司债券、信托契约等都是这一社会需求的产物。公司发行公司债券，向社会公众融资，吸引更多的社会资本参与公共事业建设同时，为取得社会公众的信任需要向社会公众提供抵押等担保。但是由于债权人的分散性使得公司为每个债权人分别提供担保不仅很难操作，而且单个的公司债券持有人凭借所持的债券很难对公司的债券违约进行监督和诉讼，这些都将增加公司债券发行的公众接受度和难度。于是早先存在的信托契约的做法被引入到公司债券发行中，并受到债权人和债务人的欢迎。通常安排是，公司向社会公众发出发行债券的邀约的同时，将作为公司债券担保的财产契据转移给某一受托人，在公司债券发行完成后由受托人对担保财产进行保管；在公司怠于偿还债券时由受托人对担保财产行使担保权。

早期信托契约主要作为铁路公司的一种融资工具而运用。最早有据可查的信托契约的案例是，1830 年 3 月 29 日 Morris Canal & Banking Company 为了担保一笔 750 000 美元的贷款，将他的财产信托给阿姆斯特丹的一位商人 Wilhelm Willink，法官在判决书中指出："借款人将财产信托给受托人，根据信托契约，受托人有权为了债权人以及债权人继承人的利益，对抵押财产进行占有、收益，在借款人不能偿还借款时，受托人可以对抵押财产进行讨价还价、出售、分配、处置等，并收取抵押财产的租金和收益。"[1]信托契约早期的受托人通常由自然人担任，在上述案例中，由一名商人担任信托契约受托人；后来到 1835 年 Conkling v. Washington University of Maryland 案例中由四个自然人为一笔 50 000 美元的贷款担任信托契约受托人。[2] 1850 年以后开始出现信托公司担任受托人，1880 年以后常见的程序是任命信托公司担任受托人。

---

[1] Willink v. Morris Canal & Banking Company, 4 New Jersey Equity (3 H. W. Green) 377 (1843).
[2] Conkling v. Washington University of Maryland, 2 Maryland Chancery, 497 (1849).

19世纪末期，为了加强对债权人的保护，法院通过判例强化了信托契约受托人的信托义务和责任。

2. 1939年《美国信托契约法》的制定

随着信托契约的运用越来越广泛，但是法律的滞后却突显出来，两者间的矛盾伴随着1929年经济危机的出现越来越恶化。经济危机期间，大量的公司破产解散，许多公司无法偿付债款，虽然公司债债权人是担保之受益人，但是很多公司在破产解散前常会利用各种方法解除担保，而受托人又利用信托契约的免责条款得以免责，公司债债权人的利益得不到保护，这些都使得长久以来信托契约的问题得到集中暴露。主要表现为：第一，当时对公众发行的债券、契约、债务凭据等的部分代表投资者利益的受托人，没有履行信义义务，损害了投资者的利益；第二，在存在受托人的情况下，信托契约通常规定，除非受托人收到了非常高比例的已发行债券持有人的违约通知、提出诉讼和赔偿的请求的，否则，即使债务人违约，受托人也没有义务提起诉讼；第三，受托人通常与债务人或其承销商有关联，或受托人甚至在债务人或其承销商处拥有利益，显然这些利益与投资者的利益存在严重冲突；第四，当时债务人向信托契约的受托人和投资者提供有关债务人财务状况、债券义务的履行情况等信息不够充足；等等。

因此，1936年美国证券交易委员会向国会递交了一份报告，该报告指出了当前公司债券信托契约和受托人存在的一系列问题，称道已经"没有人可以代表公司债债权人的利益"[1]，建议联邦立法不仅应该立即对信托契约的条文进行规范，而且应该对受托人的资格、受托人的忠实义务、信义义务等做出详细的规定，使得受托人能够充当积极受托人的角色。[2]紧接着1937年美国证券交易委员会牵头起草了《巴克利法案》，法案中详细规定了信托契据的主要内容，在对《巴克利法案》的修改基础上，1939年制定出台了美国《信托契约法》(Trust Indenture Act of 1939)。

---

[1] Efrat Lev, Adv., The Indenture Trustee: Does It Really Protect Bondholders? U. Miami Bus. L. Rev. 47. (1999)

[2] Talcott M. Banks, Jr., Indenture Securities and the Barkley Bill, The Yale Law Journal, 1939(48), P533-572.

1939年美国《信托契约法》秉承了之前的《巴克利法案》立法思想：第一，足够的信息披露应贯彻于证券发行到清偿的始终，而不是仅仅限制于发行阶段；第二，应该为公司债权人设计一种能够集合所有公司债权人的意思，并由其为公司债权人进行诉讼的制度；第三，强化信托契约受托人的忠实义务、避免利益冲突义务，要求受托人全面、积极地履行信义义务。因此，在1939年《信托契约法》开篇第302条即指明制定该法的意义，如果不为债务人指定受托人，那么投资人可能因为人数众多而无法进行诉讼从而使其权益无法得到维护；如果指定的受托人不能全面地履行职能，或存在利益冲突，投资人的利益也得不到充分的保护；如果债务人不向受托人和投资人提供足够的信息，这也会滋生欺诈。[1]

在此指导思想下，1939年《信托契约法》主要规定三大块内容：其一，受托人的资格与义务；其二，公司债债权人的权利；其三，信托契约的基本条款及内容。其中受托人的资格、义务与责任是该法最重要的内容。如第310条规定，信托受托人中至少有一个是机构受托人，其资本和盈余的最低额不少于15万美元；并且受托人不能与公司债券持有人有利益冲突，包括：受托人不能在同一公司发行的其他债券中担任受托人、受托人持有发行人的债券、受托人与发行人或债券承销商间存在某种特殊关系等。如果受托人获得了与受托人职责不符的冲突利益，在获得利益的90天后没有消除这一利益，其要么辞职，要么应通知债券持有人。[2] 该法将受托人的义务分为发行人违约前受托人的义务和发行人违约后受托人的义务，前者受托人仅对信托契约特别约定的事项负责，只需承担明示义务而无须承担默示的义务，后者受托人不仅要对契约明示的事项承担义务，而且还必须符合谨慎人的标准，以一个谨慎的人应有的技能和注意全面地履行权利义务。除此之外，受托人应当将受托人资格的变化情况、利益冲突关系的重大变化及其他相关的财产问题向债券持有人报告，受托人应对其自身的故意或不当行为承担责任。

---

[1] Section 302 of Trust Indenture Act of 1939.

[2] Section 310(b) of Trust Indenture Act of 1939.

3. 1990年《美国信托契约法》的修改

进入到20世纪末，为了应对金融市场的国际化以及解决1939年《信托契约法》中不合时宜的地方，美国SEC在1990年发布了《1990年信托契约改革法》对1939年信托契约进行较大修改。其主要修改的内容包括：第一，修改了第310(a)(1)条，允许依外国法律建立的或从事商业活动的公司或自然人可以作为独立的信托契约受托人；第二，在利益冲突方面，修改了第310(b)，增加了只有在"发行人违约时"才能进行受托人利益冲突的判断，并增加了"受托人是发行人的债权人"这一利益冲突情形；第三，在第310条中增加"在受托人辞职时，只有在指定继任受托人接受指定任命后，受托人的辞职才为有效"，这填补了1939年《信托契约法》的漏洞；第四，修订了第304(d)条，扩大了证券交易委员会的豁免权，规定交易委员会只要认为对保护公共利益有必要的，或有利于保护投资人的，可以规则、规章或命令的方式，豁免任何人或交易适用1939年《信托契约法》的部分或全部。

二、大陆法系国家担保信托的历史演进

由于传统的大陆法系国家历史上没有与英美法信托相类似或对应的统一制度，各国在近现代面对英美法信托挑战时分别选择了不同的道路，因此对于担保信托的制度选择各国所走的道路也完全不同。下面分别以典型的大陆法系国家如法国和日本为例，探讨各担保信托的历史演变。

(一) 法国担保信托的历史演进

1. 罗马法早期的担保信托

一般认为，法国担保信托的历史可溯源到罗马法早期的信托让与担保。罗马法早期的信托(fiducia)是一种用途非常广泛且在古典法中重要的法律行为，它通常是一种附于物所有权转移之后的契约，受托人承诺对从信托人处取得所有权的物，按照约定的目的占有使用该物并且在条件实现后向信托人返还物的所有权。当时信托契约适用范围非常广泛，在借贷、担保、遗产继

承等情形若发生物的所有权转移的都可以附上信托契约。① 经考察，罗马法信托适用于财产法领域时主要有以下两种类型：一是质押：即债务人为了增强债的信用而转移自己的财产给债权人，债权人对质押物享有所有权，债务人在还债后一年内可依法取回质押物的所有权；二是寄托：寄托人转移所有权把物交给保管人保管，保管人凭借良心决定条件成就时是否归还物的所有权。② 这两种信托的类型中，最主要类型是第一种，即以信托的方式来担保借贷债权的实现。这种用信托方式担保债权被称为信托让与担保，被认为是质押最早的源流，也是信托与担保最早发现的关联所在。

在信托让与担保中，债权人取得了担保物的所有权并且实际占有担保物，债务人仅能在清偿债务后才获得所有权的回复请求权，因此，在债务担保过程中，使得债务人处于非常被动和不安的境地：第一，信托让与担保中会发生两次所有权的变动，无论担保物所有权从债务人转移给债权人，还是从债权人又转移给债务人，所有权变动的高成本都由债务人来承担；第二，由于担保物的所有权转移给了债权人，如果不诚实的债权人将担保物转让给第三人，债务人只能向债权人提起"信托之诉"，而不能向第三人提起"物件返还之诉"以追回原物，这对债务人是不利的；第三，担保物转移给债权人占有，债务人失去了对担保物的使用和收益，这是债务人用益上的损失；第四，无论担保物的价值有多高，只能向一个债权人提供担保，这就形成了一种信用浪费。用价值10个金子的财产担保1个金子的债务，债务人失去利用9个金子的机会，这是债务人在担保物价值利用上的损失。③ 由于信托让与担保的这些缺点，同时到罗马帝国时期要式买卖的废弃，到优士丁尼时期罗马信托让与担保逐渐被其他的、能给债务人安全的简单的担保物权所取代。

尽管从此以后在大陆法系的法律历史中，不再看到信托让与担保，但是它的历史影响却不容小觑，它对之后日耳曼法的担保物权，甚至英美早期的

---

① [意]彼德罗·彭梵得：《罗马法教科书》，黄风译，北京：中国政法大学出版社2005年修订版，第277-278页。
② 徐国栋：《优士丁尼<法学阶梯>评注》，北京：北京大学出版社2011年，第315页。
③ L. AYNES, P. CROCQ, Les sûretés：La publicité fonciére, 2^{e}éd, Paris：Defrénois, 2006, n°7.

担保信托也产生了一定影响。①

２. 近现代法国担保信托的发展

近现代以来，随着国际商业交往的频繁，英美国家设立的信托不断渗透到法国，既涉及法国的资产，又威胁到法国本土的信托或类似的金融业务的发展问题。由于法国历史上并没有与英美信托相类似的制度，在法国司法裁判实践中，如何面对英美信托的冲击是法国司法部门所需要解决的问题。法国法院依据国际冲突法规则通常允许当事人可自由选择依据国际法设立的信托所适用的法律规则，法院认为"信托是为了第三人利益的双边合同"，从而导致英美信托在法国国际法裁判中大量存在。又由于国内法没有可供比较的制度，信托被广泛用于多种目的。② 借鉴英美法信托，用信托形式构造的权利转移型担保存在于法国商业实践中。

法国商业实践中比较典型的类似担保信托的制度主要有：其一，临时的转移型担保(temporary transfer of security)。这种担保通常是公司间发展出的一种协议，设立人将担保物的所有权临时地转移给受托人(通常是金融机构)，受托人承诺在特定日期以特定的价格将担保物交给受益人。③ 这种临时的转移型担保被用于多种目的，如金融交易中，担保持有人银行获得债务人提供的作为担保债务的担保物所有权；以及将一个组合债券转让给公司，由其作为受托人担保债券发行人的本息；等等。其二，"戴里清单式"的债权转让。1981年的"戴里法案"正式承认了在实践中早已存在的通过转让债权清单用于债务担保的方式。通常银行与借款人约定，银行向借款人发放贷款，借款人可以将其对顾客或其他债务人的债权转让给银行，以担保其对银行的借款。这是以现在或未来的借款人的应收账款转移给银行提供了一个简单的程序。

---

① 前文提到，英国早期担保信托与抵押mortgage的发展是相互交织在一起的。而12世纪时英国mortgage的雏形，债务人将土地的占有转移给债权人，由债权人有权收取土地的地租及收益，并以该收益冲抵原本或利息，这同日耳曼古质相仿，显然受到了罗马法信托让与担保的影响。参见E. L. G. Tyler, Fisher and Lightwood's Law of Mortgage, Butterworths, 1977, P6.

② Rémy, National Report for France, see D. J. Hayton. et. Principles of European Trust Law, W. E. J. Tjeenk. Willink, 1999, P133.

③ Lucas. Les transfers temporaties de valeurs mobilizes—Pour une fiducie de mobilieres, L. G. D. J. 1997, Pref. Lorvellec.

通过移转借款人的应收债权的方式来担保贷款的清偿,对于银行而言,如果借款人处于破产,其可直接通过借款人的债务人而获得支付,从而避免被列入借款人的债权人集团诉讼中。① 这种担保目的的信托被学者们称为"转移应收账款所有权的信托担保"(transfer of ownership of business receivables to a fiduciaire as security)。其三,有价证券"典押"(pawning of bills),通常是一个法律实体将特定的有价证券转让给银行等金融机构用于担保贷款,同时附上一个双重不可撤销的承诺,约定在特定的日期以特定的价格回购该有价证券,受让人将有价证券返还给出让人。如金融机构可以通过股票等转让,进而临时成为公司的股东。其四,金钱"质押"。法国理论界有部分理论认为,将特定的可识别的金钱的所有权转移用于担保,这是通过转移金钱所有权的信托让与担保,而不再是一种质押。这些以转移债权、有价证券或金钱所有权用于担保的,通常被评论家们归为担保信托。② 除此之外,法国学者们还将包括如以买卖形式转移所有权为担保的等也看作担保信托。

　　实践中广泛存在的这些担保信托形式,与法国法上信托制度的缺失是不相符的。法国财政部门由于担心信托的欺诈性和避税性而阻碍信托立法。与此同时,信托的制度设计还需要解决困扰法国法学界的两个基本理论问题:其一,英美信托的受托人和受益人的双重所有权理念是与法国法绝对所有权理论相违背的,同一财产上的两种所有权究竟如何融入法国法律体系内?其二,法国法的财产所有权是完整的,一般不允许财产仅能用于特定目的,如何保障受托人的信托财产与受托人自己的财产相隔离,达到英美信托的信托财产独立的目的?③ 这两个基本理论问题实际上在20世纪时已被法国学者们通过发展法国物权理论而得以解决。其中最具代表性的是法国著名信托法专家Pierre Lepaulle,他指出罗马法上的信托(fiducia)是容易发展成英美信托的法律制度,应成为法国信托的历史基础。并以罗马信托为基础,提出"目的财

---

① Gille Goubeaux, Cours de Droit Civil, Les biens, E. J. A., 1992, pp. 585-589. 参见尹田:《法国物权法》,北京:法律出版社2009年,第472页。

② Rémy, National Report for France, see D. J. Hayton. et. Principles of European Trust Law, W. E. J. Tjeenk. Willink, 1999, P138.

③ Rémy, National Report for France, see D. J. Hayton. et. Principles of European Trust Law, W. E. J. Tjeenk. Willink, 1999, P131.

产理论"以此来修改传统财产理论,实现信托财产隔离的技术效果。[①] 法国学者 Remy 将罗马法信托分为"债权人之托(fiducia cum creditore)"和"朋友之托(fiducia cumamico)",并在此基础上将现代信托分为三种类型:①以"朋友之托"为原型的管理信托;②以"债权人之托"为原型的担保信托;以及③用于家庭目的信托。[②]

  在理论准备充分的基础上法国开始了信托立法工作。1992 年,法国政府向议会提交了一份《信托法草案》,共 10 条,准备纳入法国民法典第三卷《取得财产的各种方法》。在草案中将信托定义为一种合同,通过合同设定人将其全部或部分财产转移给受托人,受托人把这些财产与他本人的财产分开,并根据合同的规定,为特定目的或为一个或数个受益人的利益行事。信托合同必须采取书面形式,信托涉及的财产需要登记的,需要列明受托人的姓名,明确受托人身份。设定信托转移给受托人的财产,与委托人的财产相分别,委托人不再对信托财产进行控制和处分,这部分财产成为受托人名下的"单独财产",与受托人个人的财产在法律上是分开的。受托人有义务确保不将信托财产与其个人财产、其他信托财产相混淆。信托有效期不超过 99 年。这部草案主要是以管理信托为基本样态而对信托的基本内容做出规定,对于担保信托,1992 年信托草案没有做出详细规定。这部草案最终由于财税部门担心人们利用信托进行避税,而于 1995 年被撤回。

  2005 年 2 月,参议院重新提交一份立法草案,这份草案经过参议院激烈讨论,再交由政府修改后表决通过。于是法国信托在 2007 年 2 月 7 日,由关于创设信托的第 2007-211 号法律《信托法案》将其引入了法国民法典第三卷《取得所有权的不同方式》中第十四编《信托》。2007 年《信托法案》相较于1992 年《信托法草案》,学者们认为并没有多少立法上的进步,甚至认为法律严格地限制了信托当事人主体的范围,"压制个人处分财产设立信托的自由",

---

[①] Pierre Lepaulle, Traite Theorique et Pratique des Trusts en Droit Interne, en Droit Fiscal et Droit International, 1932, P23-40.

[②] Rémy, National Report for France, see D. J. Hayton. et. Principles of European Trust Law, W. E. J. Tjeenk. Willink, 1999, P133-142.

"造成对自然人的歧视"①，并且学者们对于担保信托究竟放于何处，是放于信托法案中规定还是放于同时期的担保法改革法案中规定看法不一。最初2006年担保法改革草案将"担保信托"作为一种新的担保方式设立了一套规则，但随后司法部删除相关部分，要求将立法任务交给信托立法委员会完成。②但2007年通过的信托法案采用统一的信托制度体系，并没有对担保信托做出单独的规定。由于这些立法的缺陷和疏忽，法国在随后的两年又密集地颁布了一系列法令，《有关经济现代化的法律》《与困难企业权利有关的改革法令》《与信托有关的措施法令》以及《关于程序减负以及法律清晰与简化的法律》等，扩大了信托主体范围和信托存续期间，完善了担保信托的基本内容。

2009年《与信托有关的措施法令》中增加了"担保信托"的内容，将其放在民法典第四卷《担保》中，结合第三卷《取得所有权的不同方式》第十四编《信托》的一般规定，根据动产与不动产的划分作出分别规定。"动产担保信托"内容编入第四卷第二副编《动产担保》之第四章《以担保名义留置或让与所有权》，"不动产担保信托"内容相应编入第三副编《不动产担保》之第八章《以担保名义让与所有权》。虽然动产担保信托与不动产担保信托分别置入民法典不同篇章，但是两者内容几乎一致，均详细规定了担保信托的设立与生效、担保信托受托人的权利义务与责任、委托人的权利义务、担保信托的执行等基本内容（该内容将放在本书第五章进行详细论述）。

(二) 日本担保信托的历史演进

1. 日本早期的担保信托

同为大陆法系的日本在面对英美信托的冲击时，并不像法国为使得信托能在本国法律土壤中生存，总是从本国法律历史长河中去寻找根源并加以改造完善，而是本着"实用主义"的原则，将英美国近代信托加以成文法化，较早引入英美信托。因此学者们认为，日本早期信托法是以商事信托或营业信

---

① Paul Matthews, The French fiducie: and now for something completely different?, Trust Law International, 2007, 21(1). P25.
② 参见李玉刚：《论法国民法典对罗马法信托概念的引入》，《中国社会科学》2009年第4期，第114页。

托为规制中心，① 这是由当时日本社会经济所决定。19世纪末期，日本经过明治维新后商业资本飞速发展，银行业开始出现信托业务。1905年日俄战争结束后迎来了战后经济复兴发展，为了取得外资融资，为公司融资提供安全的担保环境，作为一项紧迫国策日本制定了《附担保公司债信托法》。《附担保公司债信托法》主要是借鉴了美国商事实践中广泛运用的信托契约规则，将其作为公司发行附担保债券的普遍规则。但是附担保公司债信托的表述方式比美国信托契约更加直接，通常是公司在发行公司债券时，需要为债券持有人在公司指定财产上设立担保权，债券发行人将该担保权委托给受托人，受托人为债券持有人的利益来保存和实行担保权。这是日本信托史上最早的一部与信托相关法，也是日本信托法上对担保信托的最早规定，甚至比其源头的美国信托契约基本立法《1939年美国信托契约法》还要早三十多年。

1905年日本《附担保公司债信托法》由9章120条构成，分别规定了"信托证书""募集社债""债券""社债原簿""社债权者集会""信托契约之效力""信托事务之承继与终了"等内容。公司发行附担保债券需依信托契约为之，并制作成信托证书；公司债券发行时可附以物上担保，包括动产质权、证券质权、不动产抵押、船舶抵押、铁路抵押、矿业抵押等。公司债券发行之前，附担保之信托契约已生效；信托受托人依据信托契约之生效，公司所附物上担保权转移给受托人；信托受托人对委托人和公司债权人，负有善良管理人的注意、处理信托事务的义务；公司债权人平等享受担保利益；必要时候受托人有义务召集公司债权人会议；……（该法主要内容将在本书第四、第五章详细介绍）由于《附担保公司债信托法》既是公司法的特别法，也是信托法、信托业法的特别法，在随后的1922年《日本信托法》和信托业法制定时，并没有将《附担保公司债信托法》的相关内容吸收进去，因此导致长时期内《附担保公司债信托法》与信托法、信托业法之间存在着重复与不统一的情况。

以后的几十年间，日本法律界为了消除和整合《附担保公司债信托法》与商法、信托法等多部法律的相关内容，《附担保公司债信托法》经历了十多次修改。《附担保公司债信托法》变动幅度较大的分别为1993年、2008年：其

---

① ［日］能见善久著，赵廉慧译：《现代信托法》，北京：中国法制出版社2010年，第9页。

一，删除了旧法中允许受托人可以接受委托发行公司的委托，帮助其募集债券的规定，以增强了受托人的利益冲突禁止义务；其二，1993年日本商法为公司发行无担保公司债设立了"公司债管理人"，公司债管理公司是为了公司债债权人的利益而集中统一处理公司债事务的公司，其主要职责包括代理实施付息、债权担保以及其他公司债事务的管理，[①] 2005年日本制定的公司法吸收建立了统一的"公司债管理人"制度，又由于1993年《附担保公司债信托法》规定"除本法有特别规定外，附担保公司债信托中的受托人与公司债管理人具有相同的权限，履行相同的义务"，因此经修订后附担保公司债信托的受托人的一般权限义务可以直接适用公司法的公司债管理人规定，《附担保公司债信托法》只需要规定有担保的公司债受托人的特别规定，于是使得《附担保公司债信托法》的条文从最初的120条缩简为70条。

2. 现代日本担保信托的发展

1922年，日本同时制定了信托法和信托业法，但是这部信托领域的基本法中几乎是以管理信托为模型来对信托进行规制，并没有将包括附担保公司债信托在内的其他担保信托类型进行立法的整理和提炼，因此在长久时期内日本信托基本法领域没有出现担保信托的身影。仅在学者们解释"担保目的信托"时依据1922年信托法第1条信托之定义中"信托是指将财产权转移或为其他处分，使他人依照一定目的的管理或处分财产"，认为其中"一定目的"可以包括以担保为目的，而"其他处分"应是与之前的将财产权转移不同的一种处分，而委托人为了设定担保权向受托人转移的担保权，是符合《附担保公司债信托法》的规定的，并且依照此信托，担保权与原债权相分离而转让，显然不同于一般的财产权转移，[②] 因此"为担保目的，将担保权转移给受托人"的信托被解释为担保信托。

这种学说观点在近年来得到日本学界广泛认可。通过学者们不懈努力，2006年12月15日《日本信托法修正稿》在国会获得通过，担保信托才在《日本信托法》中占据一席之地。修订后的2006年信托法第3条第1、2款规定信

[①] 吴建斌：《现代日本商法研究》，北京：人民出版社2003年版，第482页。
[②] [日]新井诚：《信託法》，有斐阁株式会社2014年版，第151页。

托成立的方法中表述"在特定人间，为向该特定人进行财产的让渡、担保权的设定、其他财产的处分，以及该特定人按照一定目的，为进行财产的管理或处分，或为实现该目的而实施必要行为之契约(遗嘱)的方法"，其中为"担保权的设定"被学者们认为新信托法已承认信托可以用于"设定担保权"。这种信托被学者称为担保权信托或担保信托[①]，即担保权为信托财产之信托，为了担保债权的实现，由债务人或第三人将特定物的担保权移交给受托人，受托人为债权人(受益人)的债权实现而为的信托行为。

第三节　担保信托在商事实践中的具体样态

信托作为当今世界最为灵活多样的一种法律制度，在民事生活和商事交往中发挥着越来越重要的作用。信托的担保功能是信托非常重要的一项功能，也是跨越了历史长河一直流淌至今的重要制度，这点无论在英美法系国家还是在大陆法系国家都可以从历史中觅见。很长时间以来，担保信托一直在"那里静静地躺着，等着人们来发现"，而一旦被发掘，它将以其强大的魅力为担保世界增添活力。因为"现代担保法课题的重点是担保模式的创新，在不转移对资产占有的同时能创造出未来新的资产担保"[②]，而"信托的衡平功能能使其与其他担保方式一样公平合理"[③]。在当今世界各国的民商事实践中，担保信托(此处指广义的担保信托)在多种场合以多种形式呈现，除了上文以及后面章节中提到的英美国家的信托契约与信托契据、日本的附担保社债信托等最为常见的担保信托形式外，下文则介绍其他的在各国较为多见的担保信托样态。

---

① [日]長谷川貞之：《担保権信託の法理》，勁草書房2012年，第2-3页。
② Michael Bridge, The Quistclose Trust in a Word of Secured Transactions. Oxford Journal of Legal Studies Vol 12, No 3. Oxford University Press 1992.
③ Michael Bridge, The Quistclose Trust in a Word of Secured Transactions. Oxford Journal of Legal Studies Vol 12, No 3. Oxford University Press 1992.

一、Quistclose 信托

(一) Quistclose 信托的含义

Quistclose 信托不属于英美信托中的传统信托类型,它是新近出现的一种特殊的信托类型,由于它是由 *Barclays Bank v. Quistclose*[①] 案例所确立的,因此习惯上被称为 Quistclose 信托。Quistclose 信托通常是指在特定目的商事活动中,如融资贷款、预付款交易、员工保险赔付等,债权人与债务人可约定金钱应用于该特定目的,当特定目的无法实现时,债权人享有衡平的担保债权人的地位,债务人应将用于特定目的的金钱返还给债权人。

Quistclose 信托最早审判可以追踪到 150 多年前,Toovey v. Miline 案是这些案例的典型权威。在该案中,A 提前支付一笔钱给他的兄弟 B,目的是由 B 用于还债。后来这个目的没有达成,B 就宣告破产了。判决中法官 Abbott C. J. 认为,在审判中要考虑对为了特定目的提前支付的金钱以公平的干预,这里产生了一个具体的信托,这笔金钱没有流入受托人的破产财产,当这个目的没有实现时,有一个隐含的规则——这笔钱应该归还给贷款人。[②] 相同的规则也被运用在 Gibert v. Gonard,这个案例是 A 为了特殊商业目的借款给 B,B 将这笔钱存入他的普通银行账户,并将这笔钱中的一部分用于支付了 B 的与特定商业目的无关的债务。在 B 将特定商业目的实现之前,B 宣告破产,于是 A 向法院主张银行账户里的款项构成了一项信托财产,A 有权利取回。该案法官 North. J. 同样认为,如果一个人为了特定目的向另一个人支付,并且这个人接受这个目的,他必须履行这个特定的目的义务;同时他也附加了一项义务,成为特定目的支付的受托人。[③] 这些案例中都隐含着在贷款关系中,如果贷款人向借款人为特定目的的给付,法院将其解释为构成特定目的的信托,无论贷款账户是否独立,借款人被视为这笔贷款的受托人,该款项不能成为受托人的一般财产,可以免予借款人的债权人的追及。

[①] Barclays Bank v. Quistclose Investments Ltd(1970) A. C. 567.
[②] Toovey v. Miline (1819) 2. B & Aid. 683.
[③] *Gibert v. Gonard* (1885) 54 L. J. Ch. 439.

这些审判规则最终被1970年英国的 *Barclays Bank v. Quistclose*[①] 所确立。英国上诉法院 Lord Willberforce 认为，Quistclose 公司向 Razor 公司提供贷款是用于支付 Razor 公司的股东股息，这是独立存入 Razor 公司的用于支付股息目的的贷款，不能成为债务人 Razor 公司一般财产，而是债务人 Razor 公司作为受托人为公司股东的利益持有的信托财产；当特定目的不能实现之后，债务人 Razor 公司作为受托人为贷款人 Quistclose 公司利益而持有归复信托，因此该笔账户里的款项应归还给 Quistclose 公司，不能用于清偿 Barclays 银行的债务。Lord Willberforce 法官还进一步解释，在该案中实际上产生了两个明示信托：第一个信托是 Quistclose 公司为 Razor 公司股东的利益创建的信托，这个信托目的只能用于支付公司股东股息；第二个信托是当第一个信托的目的无法实现或失败以后，受托人为贷款人 Quistclose 公司的利益而持有贷款，这是第二个信托，只有当第一个信托失败以后，第二个信托才取代第一个信托。[②]

这个案例最终创建了 Quistclose 信托的特殊规则：债权人可以与债务人约定，将金钱用于特定目的，当特定目的不能实现时，款项应返还于债权人。当特定目的能够实现时，债权人对目的信托不享有任何信托受益权，仅当特定目的无法实现时，债权人享有衡平的担保债权人地位。

（二）Quistclose **信托的性质**

Quistclose 信托被确立后，受到商事实践的欢迎，已经被越来越多的商事领域所熟知，因为通过这种信托安排，实际上为债权人的借款提供了一定形式的特殊担保。正如英国 Millett 大法官在 *Twinsectra v. Yardley*[③] 中所说，Quistclose 信托创设之目的是为了防止在借款人破产的情况下将所贷资金移转

[①] Barclays Bank v. Quistclose Investments Ltd (1970) A. C. 567. 该案中 Quistclose 投资公司与 Rolls Razor 公司签订了一份贷款合同，合同中双方约定，Quistclose 向 Rolls Razor 公司提供贷款，而该贷款为了缓解 Rolls Razor 公司的资金紧张，只能用于支付公司股东股息这一特定目的，而该笔资金被存入 Rolls Razor 公司在 Barclays 银行开设的一个独立的股息账户内。后来，Rolls Razor 公司在股息支付前破产，Barclays 银行作为公司的债权人主张用股息账户内的资金来清偿 Rolls Razor 公司的欠款。而 Quistclose 公司提出该账户中的资金是以信托方式为其持有的，银行无权用该笔资金来清偿欠款。本案讨论的关键是，Quistclose 投资公司为 Rolls Razor 公司提供的用于偿付股息的贷款是否为一项信托？如果是，特定目的失败之后，贷款人 Quistclose 公司是否有权取得该笔贷款？

[②] Richard Edwards & Nigel Stockwel, Trust and Equity, Law Press, 2003, P18.

[③] Twinsectra v. Yardley (2002) 2A. C. 164.

给借款人的破产管理人。Quistclose信托的功能相当于为贷款或其他资金提供担保或获得担保①，为贷款人的所贷资金在特定情况下（如借款人破产时）提供一种担保，以排除借款人其他债权人的破产财产请求权，实质上为贷款人获得优先于借款人的其他债权人受偿的权利。由于该项财产不被视为破产债务人的财产，贷款人有优先取回权，因此贷款人的受偿不仅优先于债务人的一般债权人，而且优先于债务人的担保债权人。

由此可见，Quistclose信托是建立在传统英美信托原理基础上，以信托财产双重所有权的分割特征，造就了Quistclose信托的两个意图：其一，可以使特定金钱或款项用于"特定目的"，受托人对该笔款项享有法定所有权，该笔款项由此与受托人的其他财产所有权相隔离，只是被服从于特定的目的；其二，"担保目的"，被隔离出来的该笔款项可以从受托人的一般破产财产中"逃逸"出来，免于被受托人的一般债权人所要求清偿，事实上带来了优先于受托人一般债权人受偿的结果，而这种优先受偿性与担保权的优先性具有相似的效果，因此Quistclose信托才被英美学者们视为具有"担保"功能的担保信托。

但是有争议的是，Quistclose信托中两个信托的性质分别是什么？如果说Quistclose信托中第一个信托目的，是由当事人间的约定而产生的，那么Quistclose信托的第二个信托的法理基础来源于何处？Wilberforce法官在Quistclose案件中指出，Quistclose信托是由两个明示的信托构成，第一个信托是用于特定目的，第二个信托的意义是使贷款人受益。他认为，Quistclose信托中当第一个信托的特定目的无法实现时，第二个信托意图也来源于信托当事人间的约定，目的在于"使贷款人受益"。但是有许多不同声音认为，这种双重解释不能为信托法所相容，传统信托是不能由原合同所没有的意思所产生的，并且将Quistclose信托解释为抽象的目的信托，但是在信托法中只有慈善的抽象目的信托可以强制执行衡平政策，对于Quistclose信托这种非慈善的目的信托，在传统信托法中该怎样执行？② 于是，Browne法官在另一案例中

---

① Gerard McCormack, Conditional Payments and Insolvency-The Quistclose Trust, The Denning law Jounrnal, Vol9, 1994. P30.

② C. Rickett. Equity, Fiduciaries and Trusts, Carswell university press, 1993, Chapter 5 in D. Waters (ed.), and Twinsectra, per Lord Millett at para. 79.

又指出，Quistclose 信托中第一个信托是明示信托，第二个信托应作为归复信托，这个推定性信托来源于法律的推定。目前学界对于该问题的讨论大致已得到基本解决，学者们认同，Quistclose 信托的本质由两个信托构成，第一个信托是为特定目的明示信托，信托目的来自当事人间的约定；第二个信托是为贷款人利益的归复信托，而传统信托法上的归复信托来源于法律的推定。

可见，若从"优先受偿性"的特点来理解担保的话，Quistclose 信托确实可以为债权人提供优先于债务人的其他债权人受偿的权利，Quistclose 信托能够实现担保的功能，属于广义担保信托的一种样态，其可以被视为在特定情况下即特定目的失败后，运用英美信托的衡平推定原理，使得债权人对服务于特定目的信托财产享有优先于其他权利人获得清偿或取回的"特殊担保"效力。

（三）Quistclose **信托的构成**

关于 Quistclose 信托的构成，英美学界对此经历了较长时间的讨论。在 *Barclays Bank v. Quistclose* 案例中，Lord Willberforce 法官认为，在该案中产生了两个明示信托：第一个信托是 Quistclose 公司为 Razor 公司的股东的利益创建的信托，这个信托目的只能用于支付公司股东股息；第二个信托是当第一个信托的目的无法实现或失败以后，受托人是为贷款人 Quistclose 公司的利益而持有贷款，这是第二个信托，只有当第一个信托失败以后，第二个信托才取代第一个信托。① 即他认为，一个 Quistclose 信托包含两个信托，前一个信托的受益权由 Razor 公司的股东享有，当前一个信托无法实现时，后一个信托的受益权由贷款人享有。Megarry-C 也主张，Quistclose 信托目的失败以前，受益权由目的信托的借款人的债权人享有，贷款人几乎没有权利去阻止资金的使用；在 Quistclose 信托目的失败之后，贷款人取得归复信托的衡平受益权。② 但是，Millett 认为，Quistclose 信托的受益权从一开始便存在于贷款人，借款人唯一的权利是特定目的衡平权。③ Millett 认为 Quistclose 信托事实上只有一个信托，Quistclose 信托的受益人就是贷款人。

---

① Richard Edwards & Nigel Stockwel, Trust and Equity, Law Press, 2003, P18.
② Re Northern Development (Holdings) Ltd. Unreported, 6 October 1978, Ch. D.
③ Jeremias F. B. P., In Search of Coherent Answers: Towards Valid Theory Underlying Quistclose Trusts., Cambridege Student Law Review, 200793), P53.

随着判例法的发展与学理讨论，目前英美学界对Quistclose信托的构成达成基本一致，认为Quistclose信托必须包含两个信托，第一个信托是为特定目的明示信托，第二个信托是为贷款人利益的单纯归复信托。

因此一个Quistclose信托有效必须具备两个条件：第一，Quistclose信托需要符合一般信托的成立要件，即信托目的确定、信托标的物确定以及受益人确定。关于目的确定，要求构成Quistclose信托必须有以明示或默示的可推定的"当特定目的无法实现时，借款人应归还借款"类似的意思表示，至于当事人是否在合同中出现信托之类的字眼则在所不问。[①] 第二，Quistclose信托成立需要将款项存入独立的账户，保持独立的账户的意思表示意味着款项不能与公司款项相混同。

（四）Quistclose信托在商事实践中的具体运用

由于Quistclosee信托事实上能够为债权人的债务清偿提供优先于一般债权人的担保，并且可以指示债务人依据债权人的意思使用资金，因此，Quistclose信托在英美商事实践中被广泛地运用，其主要适用于以下领域：

1. 用于特定目的贷款的担保

Quistclose信托使用得最多的情形就是在贷款人与借款人贷款关系中。由于Quistclose信托已经确立了，在特定目的贷款中，当目的无法实现时，贷款人对所贷之款有取回权。因此贷款关系中，如果贷款人既希望借款人按照其承诺来使用贷款，又希望将来借款人出现特殊情况如借款人破产或特定目的无法实现时，为贷款人的贷款提供安全的担保，那么Quistclose信托就是最好的解决方法。依据判例法所确立起来的Quistclose信托的基本规则，贷款人需要对借款人明示贷款的特定目的，该项特定目的需要得到借款人的认可，在双方意思表示一致的基础上，贷款人还需做出"当该目的无法实现时，贷款人对该贷款有取回权"的意思表示；贷款人将借款支付给借款人时，借款人在银行中开立一个可以与其个人账户相识别的独立的账户，以此保证信托财产与受托人的其他个人财产相独立；这意味着独立账户中的资金是为贷款人所设

[①] Gerard McCormack, Conditional Payments and Insolvency-The Quistclose Trust., The Denning law Jounrnal, 1994(9), P22-23.

立的信托中用于特定目的的信托财产。如果账户里资金不消费，那么贷款始终存于该独立账户中，贷款人可以优先于其他无担保的破产债权人受清偿。如果该信贷资金从独立账户中提出并用于特定目的，那么贷款人就不再是信托受益人而是一般的债权人了，贷款人与借款人之间则产生纯粹的债权债务关系。在某些原因，如借款人破产、特定目的不能实现，那么作为受益权人的贷款人因享有该资金上的衡平所有权，可以要求作为受托人的借款人尊重其受益权利，立即成立归复信托，信托财产即贷款之完整所有权复归于贷款人，借款人对贷款以归复信托形式为贷款人持有。

2. 用于预付款交易的担保

商事交易中存在着大量的预付款交易，即买方预先支付了全部或部分货款，而约定在未来某个时间才能取得货物或服务，如果卖方破产，那么支付了预付款的买方只能成为卖方的普通债权人，与其他无担保债权人一起进入破产清算。这时买方如果希望极大可能地为自己的预付款交易提供担保，那么可以借鉴 Quistclose 信托为货物交付前所支付的预付款提供担保。

借鉴 Quistclose 信托为预付款提供担保较早的案例是 *Re Kayford* 案[①]。在该案中，Kayford 公司经营邮购业务，通常客户先向其支付定金或预付全款，后再由公司寄出货物。为了取得远程交易的客户的信任，保证客户预付的款项，一位会计建议该公司设立客户信托定金账户，在货物交付之前，由该客户信托定金账户独立持有客户资金。Kayford 公司采纳了建议，将客户资金存入一个秘密账户，后来该账户的名称变为客户信托定金账户。随后不久，Kayford 公司被宣告破产。审理该案的 Megarry 法官认为，该账户里的资金以信托方式为客户持有。[②] 即法官认为，在卖方与客户间形成一个类似 Quistclose 信托，卖方作为客户信托账户资金的受托人，客户为该项资金的受益人，卖方为客户的利益持有信托账户里的资金。该项资金作为信托财产独立于受托人卖方的个人财产，即使卖方破产，该项资金也不在卖方的债权人清偿的追索范围，作为受益人的客户可以依据衡平法的受益权对信托账户里

[①] Re Kayford(1975)1 All ER 604.

[②] Re Kayford(1975)1 All ER 604.

的资金主张请求权。

因此,通过这种信托安排,原来预付款客户与卖方间的普通债权债务关系,转化成了信托关系,只需要预付款存入一个独立的银行账户,就可以推定当事人间成立信托的目的。原来的预付款客户仅是卖方的债权人,当卖方破产时,预付款客户只能作为普通债权人参与破产分配,很难保证预付款的全额清偿;而一旦预付款客户与卖方形成信托关系,预付款客户作为信托的受益人完全可以行使衡平受益所有权,对预付款主张所有权,以保证预付款全额的返还。

3. 用于员工保险赔付的担保

借鉴 Quistclose 信托为企业员工的保险赔付提供担保。典型的案例是 *Re Independent Air Travel Ltd* 案,该案中,公司为企业员工投保了人寿保险,之后公司宣告破产,其间有三名员工死于空难,保险公司根据保险条例对企业进行赔付,对于破产中的公司获得的保险公司的赔付能否列入破产清算财产范围,法院认为"尽管在保险合同中没有出现信托字样,但是仍可以认为公司是为员工利益而持有的信托"①。在本案中,法院主张,企业为员工投保的保险,由于保险事故的发生而从保险公司获得了保险赔偿金,对于这笔保险赔偿金虽然公司与员工间并没有信托的意图,但是从法律衡平权解释认为,保险赔偿金应视为企业作为受托人,为员工利益而持有的信托,因此保险赔偿金作为信托财产不是企业的固有财产,自然不能成为企业破产财产的范围,作为受益人的继承人——死亡员工的家属——有权享有保险利益。

二、信托收据

(一)信托收据的含义

信托收据是国际货物买卖中常见的一种担保方式。《美国法律百科全书》中对信托收据的定义为:信托收据是一份法律文件,文件规定贷款方为购买某种货物进行融资,贷款方承诺为融资人的利益占有该货物,直至该贷款清

---

① Re Independent Air Travel Ltd.〔1961〕

偿为止。①《布莱克法律辞典》中对信托收据的定义较为详细：信托收据通常包括融资申请书与担保信托协议两份法律文件，借款方为获得融资，将货物的所有权转移给贷款方，贷款方作为货物所有权人不直接占有货物，而是将货物交付给借款方，借款方持有货物并代表借款方的利益处分货物。② 在国际货物买卖中，信托收据被广泛运用，通常体现为：货物购买商为融通资金购买货物而向进口银行申请借款，双方约定将货物购买商所购买货物的权利转移给进口银行作为融资担保，而货物购买商作为银行的受托人为银行的利益持有并处分货物，用以清偿银行的融资债权。但是由于各国对进口银行的进口货物所享有的权利有不同的认识，对信托收据的定义也有所不同。一般都认为，信托收据是为了货物购买商购货融资，货物购买商与进口银行约定由货物购买商作为进口银行的受托人，由其为进口银行的利益持有并处理货物，处分货物所得的款项应优先清偿进口银行向货物购买商提供的贷款。

信托收据制度起源于英美法国家，后被世界各国广泛运用于银行的融资活动。通常情况下，货物购买商为了向银行等金融机构融通资金，需要将所购买货物的提单等凭证交给银行占有，以产生法律上的担保权益。但是一方面购买商将表明货物所有权的凭证交给银行占有，购买商则无法提物、占有并处分货物，购买商进口货物用于销售的本意无法实现，另一方面银行取得货物的提单等凭证的占有的本意并不是取得货物的所有权，只是希望占有控制货物来确保被担保债权的实现，同时银行既不熟悉货物的销售买卖，又需要花费一定的人力物力与场所来处置货物，因而银行占有货物的凭证对于无论购买商或银行而言都是不理性、不经济的行为。于是银行与购买商会达成一个信托协议，银行作为委托人再将其对货物的权利转移给货物购买商，由购买商作为受托人为银行的利益对货物进行占有或处分等行为，以该货物及其收益来担保购买商对银行的借款。

信托收据所建立的是一种信托关系，委托人兼受益人进口银行与受托人货物购买商之间为了进口银行的融资债权的担保实现而建立的特殊信托关系。

---

① West's Encyclopedia of American Law, edition 2. The Gale Group, Inc, Copyright 2008.
② Black's Law Dictionary 9th ed. 2009.

这种信托关系的建立通常以进口银行对所购货物享有合法权利为前提、基础,这种合法权利来源于进口银行与货物购买商之间的融资担保关系,有的国家进口银行的合法权利表现为质权,有的国家进口银行的合法权利表现为所有权。无论信托收据的委托人对信托财产的前提性合法权利表现为何,信托收据都是利用信托的构架,在银行与货物购买商间形成信托关系,信托的目的在于为货物购买商进行融资的同时为银行等债权人的债权的实现提供担保,确切地说,信托收据的主要功能是在为债权人(银行等)与债务人(买方)存在融资借贷的基础上,由债务人为债权人的债权实现管理和执行担保。

(二)信托收据的性质

信托收据是英美法的产物,传统上英美两国对信托收据的认识基本上相当,但是随着美国担保法理论与体系的变动对信托收据的性质产生了不同的认识。

1. 英国判例法认为信托收据是以信托的方式实现质权。在 North Western Bank v. Poynter[①] 案中,法官认为,信托收据下质权人虽然将质押提单交还给出质人,由出质人作为质权人的受托人来进行交易,虽然质物不在质权人的占有之下,但是这并不影响质权人的担保权利。通过该案在英国判例法中确立了一条规则,质权人可以通过信托的方式将质物转移给出质人占有,质权人的质权并不因为占有的丧失而受影响。同时法官进一步指出,信托收据要能够有效地实现以信托方式转移质物的占有,需要信托财产具有明确的可识别性,不能与出质人即债务人的其他财产相混同,这是认定是否依信托方式转移质权占有的非常重要的内容。因此在英国法的信托收据下,信托收据关系包含两个法律关系,基础性法律关系是银行等债权人与债务人间的融资借贷关系,这是信托收据关系双方的基础性前提关系;由基础性借贷关系带来的第二个法律关系是质权关系,银行作为债权人享有质物的质权,但是信托收据的质权关系与一般质权关系不同之处在于,运用信托的设计使得质权人不必要占有质物的同时不丧失质权。因此英国判例法认为,信托收据的"信托"关系仅仅体现在质权关系中,出质人作为受托人享有货物及其权利凭证的

---

① North Western Bank, Ltd., v. John Poynter, Son & Macdonalds (1895) AC 56.

法定所有权，质权人作为受益人享有衡平法上的所有权，质权人可以在不对质物占有的情况下实现质权。

2. 美国随着《统一商法典》的对统一"担保权益"的抽象概括，信托收据的信托关系被磨灭，不再用信托理论来解释信托收据，信托收据被视为一种典型的动产担保交易方式。在美国《统一商法典》改革之前，美国对信托收据认识受到英国判例法对信托收据学说的影响，通常也认为信托收据是运用信托的安排实现担保权的方式。这种学说集中体现在1933年《统一信托收据法》中，该法认为一项信托收据必须具有的法律特征包括：信托收据下的信托财产包括货物、单据等凭证；信托收据当事人是借款人与贷款人；受托人对货物、单据等的占有；信托收据下借款人对货物等占有必须符合特定目的。[①] 但是1952年美国《统一商法典》颁布以后，将信托收据归入"动产担保交易"编中，对所有担保方式用统一化的"担保权益"来架构，不再凸显信托收据的信托关系。

（三）信托收据的构成

由于传统上英美法将信托收据视为质权上的信托安排，信托收据是货物购买商为了向进口银行的融资借贷债权提供质权担保的实现，进口银行与货物购买商以此质押关系为基础而产生的信托关系，它不是独立的担保关系，信托关系成立之前银行与进口购买商之间已经发生担保关系，信托关系的成立是为了维护银行债权的实现，由受托人进口购买商持有并处分质物，并将所得的价金优先用于支付银行的债权。通过这种对质物的信托占有的安排，突破了传统质权理论所要求的"质权人失去对质物的占有即丧失质权"的规则，有效地维护了银行作为质权债权人的质权利益。因此信托收据通常由两个法律关系所构成：

1. 信托收据的成立以委托人银行与受托人货物购买商之间存在基础性的融资质权关系为前提。传统英美信托收据整合了借贷质押与信托两个法律关系的组合性法律关系。信托收据关系成立的根本目的在于规避与突破传统的"质权人不得失去对质物的占有"的规则，既要规避该规则，那么前提是必须

---

① Uniform Trust Receipts Act(1933), PI, 2.

法律上产生质押法律关系。因此信托收据关系成立之前必须在信托关系的当事人间即银行与货物购买商间建立有效的质权关系为前提，而质权关系的成立又以银行与货物购买商间存在的融资借贷关系为前提。因此概括起来说，正由于银行与货物购买商之间的融资借款关系以及为融资借贷而为担保的融资质权关系的产生，才为实践中银行需要委托货物购买商以信托方式占有并处分货物提供了事实与法律性的基础。

2. 存在着融资质权关系的委托人银行与受托人货物购买商之间的信托关系的成立才导致信托收据的成立。信托收据本质是利用英美信托原理，为委托人兼受益人银行的融资质权提供法律上的保护机制。信托收据关系是发生在银行与货物购买商间的特殊信托关系，委托人与受托人间不仅存在借贷、质权关系，而且存在信托关系，由于委托人银行对质物——所购买货物的管理与交易不具有专业性，因此将此事务委托于受托人货物购买商处理，委托人为保障质权的实现只需限制受托人将处分货物所得价金优先用于清偿质权所保护的债权便足矣。况且，由于信托关系的运用，所购买货物作为信托财产享有与受托人的一般财产的隔离功能，信托收据能够更加有效地保障委托人银行的债权。

（四）信托收据在各国存在状况

信托收据起源于英国，盛行于美国。随着国际贸易的全球化发展，信托收据被越来越多国家所借鉴。但是由于各国的担保法制的不同认识，也带来对信托收据的性质认识的不同。如在一些大陆法法系国家或地区，由于法律认为质权人不能将质物交给出质人占有，因此信托收据并不像传统英美信托收据被看作是质权的信托安排，而只能被认为是以信托的方式来转移货物的所有权来实现担保，银行等债权人必须依赖货物所有权的转移来保证信托收据的构建。

相似地，信托收据也在我国商事实践中被采用，受大陆系法国家信托收据理论的影响，我国对信托收据的基本认识是，货物购买商为融资将货物所有权转让给进口银行，银行等债权人为管理处分货物之便利，将货物所有权转移给货物购买商，由货物购买商为银行之利益处分货物。如《中国银行国际结算业务的基本规定》对信托收据的理解是"信托收据实际上客户将自己货物的所有权转让给银行的确认书,持有该收据即意味着银行对货物享有所有权。"

三、"戴里清单式"担保

(一)"戴里清单式"担保的含义

"戴里清单式"担保专指由法国1981年《戴里法案》(Loi Dailly)所创设的应收账款担保。依据该法案的规定债务人可以将现在或将来的应收账款以清单的形式转移给信贷机构用于债务的担保,自债务人将清单声明交付给受让信贷机构时起,应收账款权利转移给信贷机构,并取得对抗第三人的法律效力。

依据2006年法国担保法改革之前的规定,传统上法国应收账款用于担保的做法通常是将应收账款用于质押(由于之前法国理论与实践中质押与挪押经常混用,难以区别,有学者也称为应收账款挪押),依据当时法国民法典质押的规定,应收账款质押的生效需要满足以下条件:当事人以公证文书或登记了的私署文书订立;质押应通知质押债务人或者质押债务人在公证文书中接受了质押;并且需要向被担保债权人交付质押文书。① 由于应收账款质押担保的设立手续非常复杂,应用效率非常低下,难以满足金融实践的需要,因此在金融实践中创新出一种新的应收账款担保方式,通常由债务人将一系列应收账款以清单的方式转让给银行等金融机构,并附以应收账款转让的声明,通过这种简便的方式完成应收账款担保的程序。为了规范金融实践中的这些做法,法国立法机构通过了《戴里法案》承认了该应收账款担保的简单操作。

(二)"戴里清单式"担保的性质

法国学界认为,通过戴里清单方式实现的应收账款担保与传统民法典法定的质押规定完全不同,不宜再被看作是应收账款质押担保。在戴里法案出台以前,法国司法判例一般认为债务人以清单并附以声明方式将应收账款所有权转移给担保债权人用于担保,债务人通过向金融机构出具提供应收账款清单,即认为由金融机构取得应收账款的所有权。这种看法也似乎得到《戴里

---

① 李世刚:《法国担保法改革》,北京:法律出版社,第106-108页。

法案》的确认，戴里法案规定，"当一个包括列明应收账款清单的声明交付给受让人时起，应收账款转让即发生效力。"①即应收账款通过戴里清单式的转让后，受让人成为应收账款新的所有权人。

同时，由于法国学界一直尝试用"目的财产"理论解释清单式应收账款转让的功能。依据"目的财产"理论，由清单所列明的现在或将来的被转移的由受让人取得的应收账款的所有权是负担了特定目的——用于担保的所有权，应收账款的特殊所有权只服从于用于债务担保的特定目的，它并不构成受让人的总和财产的部分，不能用于清偿受让人的一般债权人的债权，在应收账款的债务人(转让人)清偿债务之后，应收账款的受让人应将应收账款剩余的部分返还给债务人。

因此由于"目的财产"理论的解构，"戴里清单式"应收账款的转让不仅可成为一种债权担保，而且是以让与应收账款的所有权式担保，即"戴里清单式"担保成为转移债权所有权的让与担保。直到2007年法国民法典引入信托，建立在"目的财产理论"基础上的法国担保信托涵盖了"戴里清单式"担保，"戴里清单式"担保成为法国担保信托的一种常见类型，可被理解为是以法国信托的方式转移所有权的担保。

(三)"戴里清单式"担保的构成

依据《戴里法案》规定，"戴里清单式"担保的构成条件与传统权利质押或质押相比，显得简单得多：应收账款的转让只需要债务人将一个包括了列明应收账款的清单交付给信贷机构，应收账款的让与担保即生法律效力，既不需要当事人以公证文书的方式进行转让，也不需要通知应收账款的债务人。应收账款让与清单声明中只需要包括转让人的名称以及列明转让的应收账款的具体情况，如债务人名称、支付地点、数额及时间等。一旦受让人取得应收账款让与的清单声明，他就取得应收账款的所有权以及担保权。依据学者们理解，应收账款清单并不具有合同的性质，因为应收账款清单仅需要依据转让人的意思即可发生效力，不需要受让人的参与或签署。② 同时由于"目的

---

① D. J. Hayton. et. , Principles of European Trust Law, W. E. J. Tjeenk. Willink, 1999, P137.
② 顾功耘:《公司法律评论 2008 年卷》，上海：上海人民出版社，第 286 页。

财产"理论的解释,用于担保这一特定目的的信托财产必须是明确的特定的,因此要求应收账款清单声明书必须详细明确有关担保的应收账款的债务人、数额、支付时间与地点等与应收账款相关的详细事项,以使应收账款债权特定化。

(四)"戴里清单式"担保在各国存在状况

法国"戴里清单式"担保实质为应收账款担保。世界范围来看,应收账款担保在世界各国商事实践中普遍存在,只是由于各国法律土壤与理论不同,对应收账款担保的法理解释与立法定位也不同。除了法国等国将应收账款担保解构为"信托式让与债权所有权的担保"之外,其他多数国家均认为,应收账款担保实为以应收账款所代表的债权质押,属于权利质权,同时由于缺乏法国的"目的财产"理论的法律土壤,其他各国并不认为应收账款担保是以信托的方式提供担保。

除了以上所详述的各国以信托实现担保的几种样态之外,如在德国土地交易中的信托账户(Treuhandkonto)也会被认为是信托的担保功能的体现。其通常表现为在土地交易中,土地买受人不将款项直接交付给出卖人,而是存入由银行或公证人等作为受托人开立的信托账户,受托人应按照买卖双方的指示行事,履行信义义务,不得向卖方支付款项,除非买卖合同的条款履行完毕。信托账户中的款项具有一定的担保债务人履行债务的作用。[①] 此类似的做法还有如我国支付宝的第三方交易担保,有学者认为是信托的担保功能的体现。

总之,由于信托制度的灵活多样性,可以用于满足多种经济目的,利用信托制度设计纷繁复杂的担保信托形式是信托本身的魅力使然。特别对于英美法系国家,由于信托的悠久历史传统与完善的法定所有权与衡平所有权的设计,使得各种担保信托的样态都可以在英美信托的土壤上无违和感地被创设和发展,既可以用于为多数债权人担保的信托契约,为不动产提供担保的信托契据,还可以发展出由第三方特定账户资金为债权人担保的Quistclose信托,为特定债务人提供融资担保的信托收据等。而对于大陆法系国家,由于

[①] D. J. Hayton. et. Principles of European Trust Law, W. E. J. Tjeenk. Willink, 1999, P92.

法律传统和原则不同，信托被用于担保无论是附担保公司债信托、信托占有、应收账款让与担保，还是法国法中统领一切转移所有权的担保信托，都是经济实务与法律原则相碰撞和磨合的产物，因此对于大陆法系国家而言，担保信托的理论准备与进化任重而道远。

第四节 担保信托的社会机能与制度优势

一、担保信托的社会机能

担保信托作为典型担保物权之补充担保方式，虽然由于其形式各异且灵活多变，难以像典型担保物权那样抽象出固定的法律构造模式而被世界各国法律所采纳立法，但是从各国经济领域的零散角落中总能发现担保信托的身影，原因在于其具有典型担保物权所不具有满足社会经济发展需要的功能。担保信托作为债务履行担保的方式，实现资金融通担保是其根本使命。担保信托既可以移转担保物所有权实现融资担保，以满足经济主体对资金融通担保除典型担保之外多样化的需要，如法国担保信托；担保信托也可以通过担保权的转移，由统一的受托人对多种担保标的进行集中管理，满足经济主体对大额资金融通担保简便化的需要，如日本担保信托。概括起来说，担保信托具有典型担保物权所难以匹敌的灵活性，从而可以在传统典型担保权之外野蛮生长。

(一) 通过信托的权利转移特点，担保信托成为权利让与型担保，为传统担保世界注入新的活力

通常而言，信托目的的实现通常伴随着信托财产权利的转移，所区别的只是英美法信托是信托财产权利分割转移，大陆法信托是信托财产权利完整转移。担保信托利用信托权利转移的架构，非常容易地实现了担保财产权利的转移，从而为权利让与型担保提供法理基础。

近代以来传统典型担保物权是以权利限制型担保为蓝本，无论抵押、质押或留置等均体现为担保物权对担保物所有权的权利限制，担保物所有权人通过牺牲担保物的某些权利,如占有权、使用权等,换取对债务的担保;而权利让与型担保是担保设定人将担保物所有权转移给担保权人,通过转移担保物所有权来换取对债务的担保。虽然从理论上看,转移担保物所有权用于担保对于担保物所有权人而言由于其存在失去担保物所有权的可能即流担保,而被认为风险过大,似对担保设定人颇为不公,但是现代权利让与型担保通过变革,基本上以清算处分方式对担保物进行清算,从这一角度而言,无论传统的权利限制型担保,还是权利让与型担保,在债务人无法清偿债务时都必须以清算型方式对担保物进行清算,担保权人无权取得超过担保债务的清算价值,因此建立在清算基础上的两种担保方式对债务的清偿并没有本质的区别,仅有的区别在于担保设定人愿意选择放弃何种权利来实现担保。虽然权利让与型担保广泛地存在于世界各国,但是各国对其法律基础的认识与构造却存在很大不同。学者认为德国法受罗马法的信托行为理论的影响,用"所有权转移说"解释让与担保,以"所有权因信托行为而真的转移给债权人"的法律构造;[①] 日本法则从"所有权转移说"演变为"担保权构成说",以"转移给债权人以限制性所有权实现担保"的法律构造。[②] 但是由于德国立法与司法实践并没有真正承认信托的法律地位,因而这种解释仅仅停留于个人学说的理论层面。真正将"所有权因信托行为而真的转移给债权人"的法律构造落实于立法层面的就是法国担保信托。

法国担保信托不仅复原为罗马法上的信托担保,而且同时为现代担保法与信托法留下了浓墨重彩的一笔。法国担保信托借助信托的权利转移设计,将担保物的所有权信托转移给受托人,受托人成为信托所有人,又借助目的财产理论的影响,为受托人的所有权设置了担保目的的限制,受托人成为担保权人,担保信托从担保角度看即权利让与型担保。法国法学理论认为,信托有许多种用途,用于担保是其中之一,债务人将财产所有权转让给债权人用于担保,一旦债务人偿还债务,债权人将返还财产所有权于债务人,债权

[①] 王闯:《让与担保法律制度研究》,北京:法律出版社,2000年,第85页。
[②] 参见王闯:《让与担保法律制度研究》,北京:法律出版社,2000年,第95-99页。

人即受托人在信托期间作为所有权人的权利受到一定限制。① 法国担保信托的创设既为奠定了近现代大陆法系担保物权的1804年法国民法典带来了制度的革新,也为法国经济实务部门的融资担保提供了另一种可能。

(二)通过信托的权利分离特点,担保信托实现了担保权与被担保债权的分离,特别是"以一个担保权为多个债权而担保"的安排,为大规模资金融通提供便利

信托制度最大的特点在于权利分离的构造,英美信托的双重所有权理论造就了英美信托财产的"权利转移与分割",大陆法系的传统所有权理论带来大陆法信托财产的"权利转移与权能的分离",无论是英美信托的所有权的分割还是大陆法信托所有权权能的分离,就信托财产来看都带来受托人与受益人之间支配权与收益权的分离。由于信托权利分离的架构,运用信托制度来实现担保功能,结果带来担保权与被担保债权的分离,受托人成为担保权人,被担保债权人即成为被担保债权人。担保信托的担保权与被担保债权的分离不仅给传统担保权的附从性带来理论挑战,更重要的是对于担保实务而言,"以一个担保权为多个债权而担保"的安排为大规模的融资担保提供了极大的便利。

一方面,担保信托由专门的统一的受托人对担保财产进行担保权的管理与执行,受托人通常是唯一的且固定的,他们可以专司其职,以其专业的担保权管理与执行的技能为同一担保信托的不同的众多的被担保债权人服务,在实务中既可以同一担保财产为众多被担保债权人提供担保,也可以众多的担保财产为众多的被担保债权人提供担保,以满足针对特定或不特定债权人的大额担保融资。如美国公司债信托契约以及日本附担保公司债信托,由于信托的受托人的出现,较好地解决了公司债发行中为不特定的社会公众进行债务担保的方式,避免了发行公司与众多债权人单独一一进行债务担保的烦琐,降低了公司债发行的担保成本,② 因而成为世界多数国家发行公司债券担

---

① Claude WITZ, Réflexions sur la fiducie-sûreté, La Semaine Juridique Entreprise et Affaires n° 18, 6 Mai 1993, 244, n°5.

② Henry F. Johnson, The Forgotten Securities Statue: Problems in the Trust Indenture Act, The University of Toledo Law Review, 1981(13), P92

保的主流方式。再如，法国创设担保信托制度之后，为了发挥担保信托制度的灵活与高效性，同时也创设了再担保信托规则，所谓再担保信托，是指一项信托可以被用来担保其设立协议所及的债权之外的其他债权。[①] 依据再担保信托规则，担保信托受托人既可以对原先担保信托的受益人履行担保管理与执行职能，也可以对未来的受益人履行担保职能，这种受托人能够对众多的担保信托受益人承担担保职能的设计与美国公司债信托契约与日本附担保公司债信托的设计有着异曲同工之处。因而法国学者也认为，担保信托可广泛运用于公司债发行等金融交易的大额融资的场合。[②] 当然，担保信托运用于以一个担保权为多个债权提供担保的大额融资的场合，不仅体现为公司债券融资担保，而且在银团融资贷款担保中被活用更值得期待。[③] 另一方面，由于信托的权利分割特点导致担保权与被担保债权的附从性在很大程度上被割裂，被担保债权可以脱离担保权并借助受益权的形式实现流通与转让，还原了被担保债权本身的债权自由转让之特性。同时无论担保信托受益权如何转让，受益人如何变更，由于受托人对担保权管理的固定化与一元化均能强化担保信托受益权的担保性，从而增强受益权流通性，这将大大增强大规模融资的可流通性，使得担保信托未来在金融交易领域大有可为。

二、担保信托的制度优势

如上所述，担保信托能够满足经济担保的多种需要，其与传统担保物权相比的制度优势主要体现为：

（一）担保信托的担保标的广泛且灵活

担保信托的灵活性体现之一即为担保信托的担保标的广泛性与灵活性。通常认为，只要具有经济价值且可流通性的财产或权利都可以成为担保信托的标的。如日本《附担保公司债信托法》最初将用于担保的标的范围只限为动产质、有证书的债权质、股份质、不动产抵押、船舶抵押、铁道抵押、工厂

[①] M. GRIMALDI, R. DAMMANN, C. CHANCE, La fiducie sur ordonnances, Dalloz, 2007, P670.
[②] Martin Gdanski, Rencent changes to French law affecting fiducie and rights of secured creditors, Journal of International Banking Law and Regulation, 2009(5), P265.
[③] [日]新井诚：《信託法》，有斐阁株式会社2014年，第151页。

抵押、矿业抵押等，后来几次对《附担保公司债信托法》的修改，将物上担保的种类不断扩张，学理上不断认识到"限定物上担保的种类与实际不相符"[①]，最近所修订的《附担保公司债信托法》已经不再对公司债的物上担保种类做出限定，并且现行《日本信托法》对担保信托标的也没有作出限定，通说认为既然法律对此并无明确限制，意即任何具有经济价值、可流通的、能用金钱计算的财产或权利均可成为担保财产。法国民法典对担保信托的标的也仅抽象为不动产、动产与权利，学者们指出"所有财产和权利，包括现在或将来的财产和权利都可以设立担保信托"，"只要用于信托的财产必须是特定"。[②] 因此可见，相比较于传统典型担保物权的标的而言，担保信托标的的"不限定性"是其最大的特点，这是信托灵活性带给传统担保权领域的荣光。

尽管担保信托的担保标的具有"不限定性"的特点，但是在目前的担保信托实务中，以集合动产、集合债权、集合财产为标的设定担保信托最为常见。传统典型担保物权受限于一物一权和物权法定主义的要求，只能就单个独立物分别设定担保物权，以集合动产、集合债权甚至包含动产、不动产或权利在内的集合财产设定担保物权是非常困难且不可能实现的。如企业经营中的不动产、机器设备、库存原材料、半成品，以及票据、股票、债券，甚至企业应收账款、商誉等，如此繁多的企业财产，依照传统担保物权的设定方式需要将其作为一个个分别单独的担保客体来对待，即便可以将其作这一个整体企业抵押权来设定担保物权，由于其担保客体的构成部分处于经常变动之中，因此以此为担保物设定担保物权实务操作是非常难以实现的。但是担保信托可以借助统一的受托人来解决这些烦琐问题，无论是集合动产、集合债权乃至集合财产均可以将担保权设定给受托人，由受托人集中管理与执行担保权。

（二）担保信托设定人有占有担保物的可能，发挥担保物"物尽其用"

担保信托灵活性的另一重要体现是担保信托设定人有占有担保物的可能，这也是担保信托的重要优势之一。日本担保信托设定人仍然是担保财产的所

---

① ［日］清水拓也：《貸付信託法·担保付社債信託法と信託》，《金融·商事判例》2007年3月，第147页。

② Dominique Legeais，FIDUCIE-SÛRETÉ，Juris Classeur Commercial, 01 Avril 2011, n°22.

有权人，他当然享有对担保财产的占有使用权。法国担保信托由于采用"所有权转移"构造模式，虽然担保信托设定对担保财产不再享有所有权，但是法律授权担保信托当事人可以信托合同保留委托人对转移到信托财产中的商业资产或从事职业用的不动产的使用权或收益权。实践中通常采用"信托合同+租赁"方式来赋予担保信托设定人占有担保物的权利，即由债务人与受托人在担保信托合同中约定，担保信托成立后由债务人通过向受托人支付租金的方式从受托人处再租回担保财产，租金的收益可以归入到信托财产中作为债务的担保，也可以作为信托财产的收益由受益人享有。[1] 因此担保信托中担保设定人具备了继续占有担保物的可能性，设定人无须将担保物交付债权人占有，而继续占有并利用标的物，充分发挥担保标的用益功能，实现"物尽其用"重大意义。传统担保物权特别是动产设定质权场合，转移对动产占有是质权成立要件，并且不得以占有改定方式替代转移占有，从而导致债务人失去对担保物利用的可能性，这已经难以符合现代商事交易活动的需要。现代商事融资活动中，企业既需要获得融资，也需要占有利用机器设备、原材料等继续满足经济生产需要，因而转移动产占有的传统质押实际已与现代商事活动脱节而很难受到企业欢迎。担保信托的灵活性可以解决这一问题，担保信托在使得债务人获得融资的同时，也允许当事人选择是否由设定人占有担保物以保留对担保物的用益，可谓一举两得。

（三）担保信托的担保权"一元化管理"节约交易成本

担保信托由于信托的构架带来了担保权与被担保债权的分离，一方面导致担保信托受托人作为担保权人可以专司于担保权的管理、执行与分配，而不过分关心被担保债权的流转与优先劣后关系；另一方面，对于以一个担保权为多个债权提供担保的情形，无论担保标的是单一的财产还是集合财产，无论多数的被担保债权人如何流动与更替，担保信托的受托人担保权人固定不变，不仅使得担保权管理与执行更加容易，而且受托人对担保权实行统一管理成为可能。这在传统担保权中，为多数债权人提供同一担保是不可能的，主要原因不仅是担保权管理和执行的法律关系非常复杂，而且被担保债权的

---

[1] Dominique Legeais, FIDUCIE-SÛRETÉ, Juris Classeur Commercial, 01 Avril 2011, n°58.

转让伴随着担保权的转让，也使其更加不可能。①正是由于这些原因，在百年前的美国公司债信托契约与日本附担保公司债信托中都是采取由统一的信托受托人对公司债券担保进行一元化管理，而目前的《日本信托法》新引入的担保信托只是应实务界的要求，将散落于法律与司法角落中的"以一个担保权为多个债权提供担保"的情形进行整合并给予法律正名。担保信托受托人既可以对集合动产、集合不动产或权利，乃至集合财产作为一个担保权标的设定一个担保权，而且可以对这些为多个债权人提供担保的一个担保权客体进行统一集中管理，在债务人无法清偿债务时，对这一个担保权进行执行并向多数债权人进行统一分配。由于统一的专业的受托人的出现使得传统担保物权不能解决的问题得到了有效解决，降低了担保权设定与管理的交易成本，大大地拓展了担保物权的适用范围，为担保物权法提供新的元素。未来担保信托可适用的范围不仅是担保公司债券发行，而且在需要对担保权进行一元化管理的其他场合都可以适用。如日本实务比较常见的银团集合贷款担保，这是多个金融机构组成一个团体，为对在一个合同项下对同一贷款人的集合贷款进行担保，通常指定一个受托人为多家金融机构进行担保权管理，这种银团集合贷款担保模式即为担保信托在金融融资领域新的运用。

（四）担保信托的担保权执行方式更加灵活

担保信托的灵活性在担保权执行上体现为担保信托当事人可以依照自由意愿选择是以归属清算方式还是以处分清算方式来执行担保权。美国对信托契约与信托契据的担保权的实行基本上采取按揭等典型担保物权的实行方式，既可以直接以担保物抵偿担保债权，也可以对担保物进行变价处分，如拍卖、变卖等方式以担保物换价价金偿付担保债权。只是无论何种方式仍需要对担保物的价值进行评估，担保物的价值超过担保债权的部分需要返还给债务人，担保物的价值不足以清偿担保债权的，债权人仍有权提起债权不足的补足诉讼。同样的规定也体现在法国担保信托与日本担保信托中。依据法国民法典第 2372-3、2372-4 与 2488-3、2488-4 条的规定，法国担保信托的担保权执行方式以归属清算型为主，以处分清算型为辅，直接授予担保信托受益人即

---

① [日]長谷川貞之：《担保権信託の法理》，勁草書房 2012 年，第 127 页。

债权人以担保财产的所有权或自由处分权,但是对担保财产的清算仍以估价换价为基础;仅当担保信托受托人是第三人时,受托人可以处分清算的方式执行担保权。因此,担保信托对担保权执行方式更为灵活,赋予担保信托当事人以自由选择权,而不必如传统担保物权基于禁止流押的精神,而强制要求对抵押权和质权在执行时必须采拍卖或变卖等处分方式。这些变价处分的担保权执行方式,一方面存在手续繁杂和费用较高的特点,另一方面在变价处分中通常处分价格往往比市场价格低,显然对担保债务人不利,对担保权人由于存在不能完全以担保物受偿的风险,因而对担保权人也是不利的。相比较而言,担保信托的当事人在担保信托合同中可以选择以归属方式执行担保权,不但程序简便,而且由于不需要对担保物变价,在担保设定时对担保物的估价也会比较高,从而避免了担保权人与担保人的双方损失。至于传统民法所担心的流押的危害,担保信托对担保权的执行时无论采取归属方式还是处分方式,均需要对担保物价值进行评估与清算,担保物的价值超过担保债权的部分需要返还给债务人,担保物的价值不足以清偿担保债权的,债权人仍有权提起债权不足的补足诉讼。

(五)担保信托被担保债权的转让与分割可加速资金融通

担保信托由于信托的架构造成担保权人与被担保债权人的分离,受托人始终处于担保权人的地位,但是最初的被担保债权人借助受益人的地位,通过信托受益权的转让,被担保债权发生转移,被担保债权的受让人自动成为新的受益人,结果出现被担保债权与受益权发生事实上的附随性。① 因此担保信托中被担保债权的转让应以受益权与被担保债权的一并受让为必要。被担保债权的新受让人取得新被担保债权人与受益人的地位,有权获得在担保物的售后价金的分配与交付。这样,担保信托的被担保债权通过信托与担保相结合的设计,不仅实现了与担保权分离而单独转让,受托人对担保债权集中管理,当债权转让时,受让债权人成为被担保债权人也是担保信托的受益人,将以前担保权和债权转让的复杂烦琐程序变得简便,② 而且可以在商事交易活

---

① [日]長谷川貞之:《担保権の設定を信託の形式で行う場合のいわゆるセキュリティ・トラストとその法律関係》,《自由と正義》2008年第4期,第56页。
② [日]大野正文:《担保目的の信託》,《金融・商事判例》2007年3月,第201页。

动中获得如票据般完全流通性,将来如若再借助担保信托受益权凭证,则可有望大大加速资金融通。

除此之外,担保信托中由同一担保权所担保的被担保债权可以被分割成复数来发行。如在担保发行公司债券的场合,日本《附担保公司债信托法》第21条规定,允许将同一担保权所担保的公司债券分割成复数的同一顺位的公司债来发行,甚至经过发行公司与受托人、受益人的合意,也可以将同一担保权所担保的公司债券分割成复数的不同顺位的公司债发行。公司债发行中被担保债权的分割发行对于担保信托的被担保债权的分割具有一定的启示意义。日本学者提出,在银团集合贷款等场合,银团所贷出的被担保债权也可以如公司债发行一样分割成若干复数债权来发行,[1] 既可以分割成同一顺位的复数银团贷款债权,也可先后几次分割成不同顺位的复数银团贷款债权。而这些被担保债权的分割运用都是传统担保物权所无法做到的。

为了满足商事融资的多元化需要,担保信托最能契合融资的灵活性,担保信托的制度优势不仅体现在担保标的与担保权执行方式的灵活、担保权管理的一元化与集中、被担保债权的转让与分割上,而且原则上,只要担保信托委托人、受托人与受益人合意,可以变更担保物、变更担保权的执行方式、变更担保权的顺位、让与或放弃担保权等等。[2] 以上观之,担保信托实乃商事融资担保之灵活性的高度体现!

---

[1] [日]長谷川貞之:《担保権信託の法理》,勁草書房2012年,第121页。
[2] [日]清水拓也:《貸付信託法・担保付社債信託法と信託》,《金融・商事判例》2007年3月,第147页。

第二章 担保信托的法理审视

第一节 法理审视之一：来自信托财产双重所有权理论的审视

信托是英美法最具特色的产物，而信托财产双重所有权是架构英美信托的基础理论基石。"信托，设定人将其拥有完整的产权一分为二，其中的普通法产权（legal title）转移给受托人，衡平法产权（equitable title）转移给受益人"[1]，这种每个英美法律人熟识的思维模式，随着信托制度被引入大陆法系国家后，却成为横亘在大陆法学理论面前的一块巨石。英美信托财产双重所有权理论即受托人和受益人的权利在大陆法民法权利体系中如何恰当地解释和定位，才能使得信托的精髓不至于因为曲解而被实质性架空，也可使大陆法既有的权利体系不至于因为信托的引入而被动摇。要完成这项任务，唯有进入双重所有权理论的深处，透视其实质。对于英美担保信托的认识，同样也绕不开双重所有权理论的困扰。

---

[1] Alastair Hudson, Equity and Trust, 5th ed., London: Routledge-Cavendish, 2007, P48.

一、信托财产双重所有权理论的检讨

(一)信托财产财产双重所有权的内涵

信托财产双重所有权是英美法特有的制度,其独特性在于其对信托财产所有权的独特的安排:由于信托的设定,信托财产所有权被一分为二,受托人基于普通法的法定所有权来管理支配信托财产,受益人基于衡平法的所有权可以享受信托财产的收益。受托人与受益人对同一信托财产享有两种不同的所有权——法定所有权与衡平所有权。英美法将信托财产双重所有权表述为"受托人与受益人同时对同一信托财产享有权利,受托人享有作为法定所有权人的权利,受益人享有衡平的收益所有权。"①

对信托中受托人的所有权与受益人的所有权两者间的关系,Scott教授更进一步认为:"受托人的所有权是为了受益人的所有权实现,为对抗这个世界的其他人,他享有所有人的权利,也承担所有人的义务;他的权利与义务的宗旨均是为受益人的利益,……当受益人利益需要保护时,衡平法认为受益人才是信托财产真正的所有权人。"②更精辟翔实的描述来自Salmond,他说"信托财产双重所有权是非常重要而有趣的。因为从法律上看信托财产可同时属于两个人。受托人的信托所有权与受托人的受益所有权共存于同一信托财产之上。受托人的信托所有权与其说是所有权,还不如说是形式上的有名无实的所有权,因为他是为了受益人的利益来使用所有权,他根本不是实质性的所有人,只是法律为了让他管理他人财产的便利而赋予的权力,他更像是信托财产的代理人,虽然法律理论上他也是信托财产的所有人。……而另一位信托财产的衡平所有权人受益人是真正的所有权人,他不仅享有信托财产收益权,还拥有可对抗受托人的对人权,以及对抗其他人的对物权,受托人享有的所有权法律也赋予给了受益人。"③

---

① William F. Fratcher, International Encyclopedia of Comparative Law, Vol. 6, Property and Trust, Chapter 11, Trust , Tübingen, J. C. B. Mohr, 1973, P8.
② Austin Wakeman Scott, The Nature of the Rights of the Cestui Que Trust, Columbia Law Review, vol. 17, 1917, P269-290.
③ Salmond, Jurisprudence, London:Sweet&Maxwell, Limited, 1930, P285-286.

学者们对信托财产双重所有权的表述已经非常明显地表明，所谓"双重所有权"是针对同一信托财产而言，在同一信托财产之上同时存在两个所有权，这两个所有权分别属于两个不同的主体，受托人对信托财产享有法定所有权，受益人对信托财产享有衡平所有权。受托人的所有权是权利更是义务。对交易的第三人而言，受托人由于对信托财产享有所有权才可以像所有权人一样与第三人进行交易；对受益人而言，受托人的所有权与其说是权利，不如说是义务更为恰当，他负担有为受益人利益而享有所有权进行管理或处分行为的义务，但是信托收益却由受益人享有。受益人的衡平所有权相比较而言，则是真正的所有权，他不仅享有受托人受到信义义务约束行使所有权所产生的信托收益，并且他对信托财产的权利可以像所有权一样对抗除善意受让人之外的其他第三人。

（二）信托财产双重所有权的历史发展

据学者们考察，信托财产双重所有权并非为英美信托所独创，而是罗马财产双重所有权在英国信托领域的再生。许多大陆法系法学家认为英美信托制度受到了罗马法信托（fideicommisseo）的深刻影响，"查士丁尼法时期的遗产信托与英美法早期的用益制度最为相似"，[1] 罗马法的遗产信托通常由信任（fidei）和委托（commisum）构成，遗嘱人以遗嘱的形式基于对继承人的信任而将遗产的全部或一部分转移给继承人，要求继承人在其死亡再将遗产转移给第三人。遗产信托与英国信托一样均是为了规避法律而设计，由于罗马法对遗嘱的受益人进行了严格的资格限定，立遗嘱人为了使一些不具有遗嘱受益资格的人受益，就利用遗产信托将遗产先遗赠给法律允许的人，要求受赠人为其希望受益的人的利益而运作遗产。

后来随着遗嘱继承人违背遗产信托的增多，奥古斯塔斯帝时期，指定了一些法官执行遗产信托，强制要求遗嘱继承人按遗产信托的约定将继承财产交付给第三人，第三人的受益权得到裁判官法的保护。直到查士丁尼时期创设了被称为普布利西安诉讼的特殊程序专门对取得非要式物所有权的保护，通过普布利西安之诉，遗产信托的受益人可以依据遗产信托的约定对不诚信

---

[1] Gilbert Paul Verbit, The Origin of Trust, NewYork：Xlibris Corporation，2002，P248.

的遗嘱继承人提起诉讼，从而获得裁判官法的保护。通过裁判官法创设的所有权被称为裁判官法所有权，其与市民法所有权一样具有对抗性，可以对抗任何人。罗马遗产信托中受益人所有权即通过裁判官法创设的普布利西安之诉，不仅得到裁判官法的认可，而且赋予其具有对世效力的对物权，成为裁判官法所有权人，而遗产信托中的继承人可以取得市民法所有权，这种在同一财产之上存在的分属两个不同权利人的所有权被盖尤斯称为双重所有权，其中一人享有市民法所有权，而另一人享有善意所有权。① 虽然后来这种裁判官法创设的在同一财产上存在两种所有权，随着罗马对要式物买卖的废弃，两种所有权被整合为市民法所有权。但是罗马法上曾经存在的双重所有权对英美法所有权制度产生重要影响。

13世纪的英国教会为了规避法律对土地转移的限制，一些熟悉罗马法的神职人员利用罗马法信托制度设计了"用益"来实现规避法律对土地所有权取得的限制，从而将财产转移给为教会的利益而持有的受托人。在保护受益人利益过程中衡平法院开始出现，并利用深受罗马遗嘱法影响的教会法规则来维护受益人之权益，这样用益之受益人权益不仅得到衡平法的保护，而且衡平法官们借鉴罗马裁判官法渐渐地将受益人权益演变成衡平法所有权。

虽然英国信托受益人权益得到了衡平法院的保护，但是对受益人权益的认识以及受益权被确认为衡平所有权却是漫长的过程。

英国13世纪时，信托的前身"用益"已经得以普遍使用。"用益是指一个人为了另一个人的利益而得到一块土地，那么他就得到了土地的所有权，但是他同时就负担了向另一个人转移土地的义务。"②人们使用用益将土地留给长子以外的其他家庭成员、遗赠给教会、规避封建附属权利等各种普遍法不能给予保护的情形。由于受益人面对受托人欺诈的情形日益增多，大法官开始介入有关用益案件。由于用益权人通常向大法官诉请的理由是"违背了被寄予的信赖义务"，大法官依据衡平法"良心"认为，如果受托人没有按照先前的约

---

① Edward Poste, Gai Institutiones or Institutes of Roman Law by Gaius, Oxford: Clarendon Press, 1904, P147.

② [德]海因·克茨：《信托——典型的英美法系制度》，邓建中译，《比较法研究》2009年第4期。

第二章　担保信托的法理审视

定将土地转移给受益人，或者经营土地的利益不交付给受益人，那么受托人违背了良心，强制受托人按照与委托人先前的约定来利用土地或转移土地，这种法官的"强制执行用益的指令"实际上是通过赋予受益人以衡平的救济性程序来保护受益人的利益。因此霍姆斯在谈到用益权时会说"用益权仅仅是一项可以向法院主张传票的救济性权利"。[1] 也就是说，早期的衡平法认为，受益人的衡平权益仅主要体现为可提供衡平救济的程序性权利。

到1536年《用益法案》的颁布，促使信托从古老的用益制度中再生，15-16世纪衡平法院从古老的用益规则中发展出新的信托规则，大法官们从对良心的关注上开始转向为对受益人衡平权利的扩展上。这一时期信托受益人的衡平权益是"赋予受托人和别的因信托被束缚的人为受益人的利益使用他们的法律权力"，这时信托受益人的衡平权益主要表现为对受托人义务的强制性要求上，信托受益人只可以对抗受托人，信托受益权具有明显的对人权的特征。[2]

自17世纪以来，在衡平法院的努力下，衡平法院对受益人保护力度不断增强，信托受益权日益被视为独立于普通法财产权的财产性权利，衡平法超越了受托人或知悉信托存在的受让人受信托受益权约束的观点，持有信托土地亦受到信托受益权约束，信托受益权的对物性越来越被强调。受益人的衡平法权利除了可以对抗受托人之外，还可以对抗受托人的继承人等未支付对价而从受托人处取得信托土地的人，以及虽支付对价从受托人处取得信托土地但知晓受益人衡平法权利存在的受让人等。至此受益人的衡平法权利已经成为一种对物权，它不再是"对抗特定人"权利，而是"除了特定人，可以对抗一切人"的权利。在这一过程中，才开始出现受益人的衡平所有权之说。

20世纪以来，传统消极意义的信托已经被积极信托所取代，信托不再简单被视为消极的财产控制和传承工具，而成为积极的财产管理工具，要求受托人必须履行积极的财产管理职能。这种信托功能的转变给受益人的衡平所有权的对抗力造成一定的影响，由于受托人需要依据其专业的技能和知识为

---

[1] ［美］霍姆斯：《英格兰早期衡平法》，载［美］霍姆斯：《法律的生命在于经验——霍姆斯法学文集》，明辉译，北京：清华大学出版社2007年，第159页。

[2] W. S. Holdsworth, Historical Introduction to the Land Law, Oxford: Clarendon Press, 1927, P148.

受益人之利益进行财产管理和经营，传统受益人对受托人权利的约束和干预就显得不合时宜，受托人需要从受益人的对抗权利中解放出来，因此信托受益人的对抗力开始得到缓和。如美国有的州规定，信托受托人将信托财产处分时，买受人无需对受益人权利进行调查，只要受益人非实际占有信托财产，且权利经过合理的调查可以发现，买受人即可取得信托财产，受益人权利不对买受人发生对抗力。①

通过以上梳理可以发现，英美法信托财产双重所有权是数百年衡平法的努力的结果，最核心的变迁仍是受益人权利性质的演变。最初衡平法院仅将受益人权益视为救济性的程序性权益，后来信托受益权作为对人权登上历史舞台，由于对人权仍无法给予受益人利益充分的保障，衡平法院不断地强化受益人权利的对抗性，最终将其确认为一种对物权，受益人的衡平所有权观念开始出现。但是进入现代社会后，物权性质的受益权成为受托人履行职责的牵绊，为了使受益人更好地享有信托财产经营获得的价值，受益人的对抗力开始弱化，几百年来作为英美信托之基石的受益人衡平所有权理论开始面对新的宿命。

(三)信托财产双重所有权性质的认识

1. 英美学者对信托财产双重所有权性质的认识

虽然自19世纪以来，英美法学者皆认可信托受托人与受益人均对信托财产享有对物权，其对信托财产双重所有权的典型描述是"英国发展起来由受托人与受益人分割所有权(split ownership)的一项法律装置，受托人与受益人同时享有同一信托财产的对物权益，……其中受托人享有作为财产权人的一些或所有权利，而受益人享有受益所有权"②。就目前看来，这些对信托财产双重所有权的认识虽然基本得到英美法学者的认同，但是对受益人衡平受益权性质的认识并不是自始就可确定。

初期许多英美法学者认为受益人衡平受益权实为对人性的债权。如有学者认为，"虽然衡平法院非常重视衡平权利并给予受益人衡平受益权以很多的

---

① See e. g., Iowa Code § 614. 24(1992); Mass. Gen. L. ch. 184, § 34(1987).

② William F. Fratcher, International Encyclopedia of Comparative Law, Property and Trust, Chapter 11, Trust, Tübingen, J. C. B. Mohr, 1973(6), P8.

保护，但是受益人衡平权利仅是对人性的债权。因为虽然受益人衡平债权可以对抗受托人，甚至可以对抗所有从受托人处取得信托财产的人，但是却不可以对抗支付了对价并不知晓信托存在的善意受让人，这表明受益人的衡平权并不具有对抗一切人的特性，它不是对世权。"[1] 梅兰特也认为，受益人衡平权益本质上是对人权，不是对抗所有人的权利，而是对抗特定人的权利。[2] "由于信托受益人衡平权不是能够对抗所有人，因此信托受益人的衡平权不是物权，信托也不属于财产法"。[3] 初期由于信托受益人的衡平受益权被视为对人权，并不被视为所有权，因此受益人的衡平所有权的提法就无从产生，信托财产双重所有权理论也就不会出现。

后来，随着英美法学界对信托受益权性质认识的深入，信托受益人的衡平受益权的物权性不断被强化。如斯科特认为，"信托的创设是与债权的创设完全不同的法律行为：从信托受益权的存续期间、转移、让与来看，信托受益权更像是财产权而非债权。如同衡平法院对受益人权利的救济性质不能决定衡平权利的性质一样，不知晓信托存在而支付对价的受让人可以取得信托财产所有权并不能表明受益人衡平权利是债权。""信托受益人是衡平法所有权人，虽然该所有权不能对抗支付对价且不知晓信托存在的受让人，但是他能够对抗整个世界，可以获得世界对他最大限度地尊重并可以制止一切违背信托目的的对信托财产的行为。"[4]

于是，信托受益人的衡平权为对物权成为20世纪以来的主流观点，当信托受益权被界定为衡平法的所有权时，信托中的财产双重所有权理论才真正盖棺定论。

2. 大陆法学者对信托财产双重所有权性质的认识

两种所有权究竟有何不同，各自分别包括哪些权利和权限，由于英美法学者不喜好讨论该类问题，而使得大陆法学者在面对英美信托而意欲借鉴时，如何正确认识信托财产双重所有权，特别是受益人衡平所有权而疑惑重重。

---

[1] C. C. Langdell, A Brief Survey of Equity Jurisdiction, Harvard Law Review, 1887(55), P59-60.
[2] Walter G. Hart, The Place of Trust in Jurisprudence, Law Quarterly Review, 1912(28), P290.
[3] Walter G. Hart, The Place of Trust in Jurisprudence, Law Quarterly Review, 1912(28), P296.
[4] Austin Wakeman Scott, The Nature of the Right of the Cestui Que Trust, Columbia Law Review, 1917(17), P270-290.

在大陆法物权理论体系中如何认识信托财产双重所有权问题，一直是困惑大陆法学者重要理论问题。由于大陆法系学界坚守"一元所有权论"，一般认为，英美信托财产中的普通法所有权可对应于大陆法的传统所有权，但是英美信托财产中的衡平所有权对应于大陆法系的权利性质则有很大争论。大陆法学者通常按照大陆法系物权和债权二分法来解释衡平受益权的性质，主要有债权说和物权债权混合说。"债权说"认为，信托受益人对信托财产的受益权体现为对受托人的请求权，受益人只能针对受托人请求履行信托义务并将信托收益向其交付的权利。"物权债权混合说"认为，受益人的受益权既表现为对受托人的债权请求权，也体现为对信托财产享有一定的物权性质的权利，如对信托财产的追及权等。在此认识基础上有学者进一步指出，由于英美法信托受益人的衡平权利被视为纯粹的对人权还是对物权，都不合适，受益人的衡平权利兼具对人权和财产权的特点，但是严格来说，受益人衡平权利定位于财产权更合适，受益人衡平所有权是特殊的所有权。①

3. 笔者观点

笔者认为，信托财产双重所有权是英美信托的特有之理论，是建立在英美法独具特色的财产权理论基础上，由于英美法沿袭日耳曼法精神，没有统一的所有权理论和制度，只有各种基于财产实际利用形态而形成的财产权，同一财产上甲享有使用权，乙享有收益权，彼此独立，英美实践虽然也说所有权，但其含义完全不是大陆法上所有权，只不过是某一财产权益而已。②"英国法仅是认为受托人和受益人均以不同方式拥有信托财产，两者均未拥有大陆法系概念的所有权，而各拥有不同的利益在信托财产上，分别为普通法产权和衡平法权益……要区分信托财产为何人所有，好像区分到底同一土地终身地产权人还是剩余地产权人是所有人一样，均让人难以回答，也无益。"③因此试图用大陆法传统所有权理论解释英美信托财产双重所有权只能是画虎类犬。

---

① 陈雪萍：《信托在商事领域发展的制度空间——角色转换和制度创新》，北京：中国法制出版社2006年，第226-228页。
② 孟勤国：《物权二元结构论》，北京：人民法院出版社2002年，第14页。
③ 谢哲胜：《信托之起源与发展》，台湾《中正大学法学集刊》2000年第3卷。

再者，大陆法系传统的绝对所有权理论已经受到越来越多的挑战。一方面，传统所有权主张"所有权为对物有绝对的不受限制地使用、收益或处分的权利"，这种强调所有权的绝对性权利是以对财产的占有和归属为逻辑终点的，在传统社会中财产的归属是资源和财富的占有和分配的先决条件，是至高无上的，为了强化对财产的归属终极意义，排除他人染指财产，所有权绝对性便成为所有权规则的基石。但是现代社会人们逐渐认识到，对财产的占有和归属不是个人追求财产的终点，而是为了能够更好地利用财产。随着人类科技发展和生产方式变化，现代社会利用财产所创造的价值早已远高于财产本身的价值，因此从社会生产实践来看，重视财产归属的绝对所有权理论与现代实践已不相符，绝对所有权理论面临着巨大的革新。另一方面，社会实践所孕育出来的各种财产权理论已对传统所有权理论进行着解构。如法国学者所提出的目的财产理论（其具体内容详见下一节）。

再次，英美信托的权利实在难以用大陆法的思维来做解析，大陆法的物权—债权的模式难以准确定位英美信托的权利。比如信托受托人享有完整处分信托财产的权利，此权利具有对物性，但他不能享受信托财产带来的收益，这又与物权性相违背，因为不论何种类型物权，其行使所带来的收益应归物权人。同时受托人对受益人负担有信义义务，这种义务具有对人性特点，因此受托人权利既有物权性也有债权性，两者均不纯粹。同样的，受益人权利的对抗力不仅及于受托人，而且及于除特定人之外的任何人，因此受益人权利既是对物的也是对人的。故此意图用大陆法的权利结构模式对普通法产权和衡平法权益进行解释总是徒劳无功的。

最后，意欲对英美信托财产双重所有权做出合理的解释，需要正本清源地回到英美法财产权体系深入来考察。首先，尽管学者们常提财产双重所有权，但普通法产权和衡平法产权并不是两个大陆法意义上的所有权，英美法也不认为在同一财产上果真会出现两个所有权。实际上，在英美法学者对信托的表述中会论及"受托人是受益人与这个世界的缓冲，为对抗这个世界的其他人，他享有所有人的权利，也承担所有人的义务；但这些权利是他为受益人的利益而享有，……但当需要保护受益人时，衡平法将确认受益人为信托财产真正的受益所有人。"[①]即衡平法认为受益人才是真正所有权人，但这种认识并不影响普通法的认识"从普通法上看受托人是所有人"，由此可见，双重所有权就本质来说，只是英美法不同司法体系对信托当事人给予的不同救济的法益。普通法只认受托人产权，不承认受益人权益，衡平法既承认受益人权益，也承认受托人利益，但同时认为受益人对信托财产享有实质性利益，是实质上产权人。其次，从功能上看，信托受托人作为普通法产权人，可以对信托财产做出处分，受托人享有普通法产权所赋予的处分财产的权利，但是处分所得之收益应属于受益人，受益人享有衡平法产权赋予其的享受信托财产处分所得一切利益的权利，受托人不能实际享用信托财产，受益人不能处分信托财产，因此普通法产权和衡平法产权分别担负着针对信托财产的不同功能，普通法产权对应着处分功能，衡平法产权对应着用益功能。将其放在大陆法所有权体系中来看，双重所有权实则是所有权权能分割的产物，两个权利共同分担了一个所有权的不同功能。

二、信托财产双重所有权与担保信托的契合

(一)担保信托之基础——固化责任财产

担保信托为以担保为目的的信托，担保信托的设立即在信托财产上创立担保权，担保权的实质为优先受偿权，该种优先受偿权在担保人只面对担保权人一个债权人时，担保物与担保人的其他财产没有实质区别，只有在担保权人面对多个无担保的债权人时，担保权人可以优先于其他债权人就担保物受偿，故此担保权实为优先受偿权。[②] 这是从担保权人与其他债权人的对比角度得出的结论。如果从债务履行的责任财产角度来看，物之担保的基础在于债务履行责任财产的分割与固化。即在无物之担保时债务人的责任财产是所有债权人的责任财产，债务人的责任财产面对着多个平等的债权请求权，而物之担保的出现实则是将债务人的特定的有担保的责任财产从债务人的责任财产中固化并分割出来，以特定的责任财产优先满足特定的债权请求权，在

[①] Austin Wakeman Scott, The Nature of the Rights of the Cestui Que Trust, Columbia Law Review, 1917(17), P269-290.

[②] 孟勤国：《物权二元结构论》，北京：人民法院出版社2002年，第223页。

该特定债权实现以前，该项责任财产屏蔽于其他债权，不成为其他债权的财产，通过这种责任财产的固化与分割实现了责任财产在时间上的先后，一旦设定担保物权，在时间上优先满足其担保的债权，在担保债权得以实现后的物的剩余价值再并入普通责任财产之列，从而实现债务人责任财产的时间上顺位。

(二)信托财产双重所有权之实质——财产权内容分解有助于固化担保信托之责任财产

由于英美法中财产权被视为丰富内涵的权利束，这些权利束通过在不同个体之间以利益方式表现出不同的内容，因此英美财产法中财产权可以被分割成许多部分，这些部分就是各种不同的利益。这种财产权思想在信托财产权中表现最为明显。在同一信托财产上，信托财产权就在受益人和受托人之间进行分割，受托人以信托财产所有者的身份对信托财产占有、使用、经营、管理和处分，享受着对信托财产的占有和控制权利，而受益人享有从信托财产获得收入的收益权利，这些由两个不同主体享有的不同权利内容的权利束就集中于信托财产之上。因此信托财产双重所有权从英美法上看是一个财产权的不同利益分割或分配，从大陆法物权体系上就是所有权权能的分割。

但是认识了英美信托财产双重所有权之实质并不是目的，而是通过发掘其实质来有助于认识其重要的理论意义。由于英美法中已经将受益人和受托人等不同主体在信托财产上的权益进行明确的分割，那么各信托主体只能在明定的权益范围内行使权利，也就是说，对信托财产而言，无论受托人与受益人均不是信托财产的真正的绝对的所有权人，尤其对信托受托人来说，虽然信托财产处于其控制范围内，但信托财产也不可能成为信托受托人的债务责任财产，信托财产被从受托人的责任财产中隔离出来，不能用于受托人的个人债务的偿还，此即信托财产的隔离功能。英美信托财产双重所有权最大的价值或意义在于信托财产的隔离功能。

信托财产的隔离功能使得信托财产的独立性不断强化，依附于此种独立性使得信托财产可以用于满足多种经济需求——担保则为与信托财产的隔离功能最为契合的表现之一。通过信托方式在信托财产上设立担保，利用信托的隔离功能，将用于担保的信托财产从债务人的其他财产中固定独立出来，以强化其担保目的,即信托隔离功能与担保信托实现两者间的契合。通过信托财产方式进行担保,既可以从债务人的责任财产中划分出信托财产,使其不受债务人的其他债权人的追及,只用于为债权人的担保;也可以便于债务人对担保财产的管理经营。虽然信托财产被设定了担保,但财产仍由受托人为名义上的占有,不影响债务人对担保财产的正常运营,在债权人主张信托受益权时,由受托人为受益人利益行使担保权,实现对信托财产的处分以满足受益人的债权。

第二节 法理审视之二:来自目的财产理论的审视

"转移并分割所有权"是英美信托的本质与理论精髓,通过让渡所有权,实现财产权与受益权的分离,使受让人为受益人的利益或特定目的持有或管理财产。一项最简化的信托只需要两项基本条件,即一方当事人享有财产和基于信任关系将财产让渡给另一方当事人,这种"财产私有"和信任关系可以在任何国家或地区存在的,具有实质意义的是,不同国家或地区的法律对于该构造是否承认以及如何进行解释的问题。[1] 其中对信托财产所有权的解释是各国信托制度的核心,不同的法律传统对于该制度的解释可能并不相同,甚至大为不同,形成了完全不同的信托财产所有权归属学说,并导致信托当事人间的信托财产权利义务的不同。英美法系信托(trust)用"转移并分割所有权"理论来解释信托财产所有权的归属;魁北克信托用"转移并丧失所有权"理论来解释信托财产所有权[2]。法国法意欲重建罗马信托(fiducia),从本国具体法律区域和传统上说,最大的理论解释障碍是"传统总和财产理论",在破解传统总和财产理论基础上形成的"目的财产理论"成为法国法对信托财产权的

---

[1] 吕富强:《论法国式信托》,《比较法研究》2010年第2期,第75页。
[2] 《魁北克民法典》第1261条规定:"信托财产由转移于信托的财产构成,构成具有目的的、独立的并和信托委托人、受托人和受益人的财产相分别的财产,上述人对此财产不享有任何物权。"因此学者们普遍认为,信托委托人转移信托财产后,受托人并未享有信托财产的所有权,并且委托人、受托人与受益人均丧失了财产所有权,因此魁北克信托财产所有权成为"转移并丧失所有权"的典型代表。

核心理论。

一、目的财产理论的检讨

(一) 传统总和财产(patrimoine)理论与价值

人类进入群体化和组织化社会后，一切社会关系都凝结于人对物的财产关系。法国传统所有权理论建立在近代自然法理念基础上，吸收了古代罗马法所有权理论，通过劳动关系缔结了人身与财产间的基本的支配关系，为摆脱封建社会人身依附，破除土地上权利多重分割具有积极的历史意义。在法国传统所有权理论基础上，为解释财产与人格间的内在关系，法国法出现特有的总和财产理论。

1. 传统总和财产理论的基本内容

顾名思义，一般意义上总和财产是指财产的集合体。总和财产理论产生于19世纪初，它奠定了法国传统财产理论的基础。最早提出总和财产理论的法学家 Aubry et Rau 指出："积极财产和消极财产共同构成了总和财产，积极财产指权利的总和，消极财产是债务的总和。"[1]法国的传统总和财产理论认为，财产既包含权利，也包含债务，权利和债务共同组成的总和财产就像是一个容器，无论其中的权利和债务如何变化，总和财产始终存在。

法国传统总和财产理论与民事主体人格紧密联系。总和财产内的权利与义务如何发生内聚力而连结在一起，回答是人格。因为同一财产的权利和义务统一于主体人格的同一性，无论权利还是义务只能依附于人格，那么总和财产就是"人格的外在表现"。由此推出任何一个人都有总和财产，只有人拥有总和财产才能成为法律主体。

由于传统总和财产与人格性的必然联系，人格性带来总和财产的特征：①总和财产的同一性。在总和财产理论的框架下，任何人都有总和财产，即便只有消极财产而没有积极财产的人，也有一项总和财产，并且只有一项总和财产，也就是说，总和财产与人格是同一的。②总和财产的不可分割性。

---

[1] Aury et Rau par Bertin, op. cit., supra, note 17, P334. 转引自尹田：《无财产无人格——法国民法上总和财产理论的现代启示》，《法学家》2004年第2期。

法国传统理论认为，总和财产中的积极财产和消极财产是不可分割的，因此财产继承体现为概括继承，继承人既继承被继承人的权利也继受被继承人的义务，以及任何人的总和财产都应用于偿还债务，"即全部财产清偿全部债务"。③总和财产的生前不可转移性。总和财产与主体人格同生共灭，不仅不可分，而且生前不可转移，① 当然他可以将总和财产中的部分转让或赠与他人，但转移的不可能是总和财产。

2. 传统总和财产理论的价值

传统总和财产理论的理论价值是从法理上寻找到了民事主体的积极财产和消极负债间的连接纽带，即抽象概括的法律整体——总和财产。在民事主体的人格中，总和财产所包含的积极权利和消极义务寻找到了相互连接的纽带。总和财产已经被精妙地与人格合为一体，享有总和财产的主体必然取得法律主体资格，享有法律主体资格的人必然享有总和财产。"人格的外在表现是总和财产，体现了人格与外部事物的联系。"②以人格为基础的总和财产理论奠定了法国所有权制度的基础，更好的阐释了"所有权绝对"的思想。乃至后世学者们仍高呼，法国总和财产理论将财产与人格相连接，真正是"无财产即无人格"，其伟大的人道主义情怀成为后世之典范!③

传统总和财产理论的制度价值在于解释了"全部财产抵偿全部债务"和概括继承原则。总和财产理论非常妥当地回答了债的担保原理所要求的债务人必须以其所有财产偿付所有债务的机理。由于任何主体的总和财产包含积极财产也包含消极财产，债务人的全部积极财产与全部消极债务统一于债务人的总和财产之内，那么使债务人的全部财产用于负担债务人的全部债务也就理所当然。并且由于总和财产具有概括性和整体性特点，总和财产中的某一具体财产如果被另一具体财产所替代，那么债务人的债务清偿的一般担保财产也随之当然及于新的替代财产之上。此为"全部财产抵偿全部债务"之原因。因此总和财产理论非常有利于信用，这是附着权利主体的道德人格，每个人

---

① [法]雅克·盖斯旦, 吉勒·古博:《法国民法总论》, 陈鹏等译, 北京: 法律出版社 2004 年第 1 版, 第 153 页。

② F. Terré et Ph. Simiier, Droit cicil, les bies, 4e éd., Dalloz, 1992, Paris, P5.

③ 参见尹田:《无财产无人格——法国民法上总和财产理论的现代启示》,《法学家》2004 年第 2 期。

都应以其全部财产来保证他的全部债务。概括继承的机理也基于类似原因，总和财产具有概括性和不可分割性特点，主体之积极财产与消极负债均存在于总和财产之内，不可单独分割或转移，因此主体之遗产理应如此，无论何种财产，无论积极财产或消极负债应随之全部转移给继承人，不得为部分继承原则。

(二) 目的财产理论与价值

自传统总和财产理论建立以后，由于其强大的理论阐释力使其成为法国传统财产法的基础。但是由于其在财产与人格间建立起的紧密联系反倒使得总和财产的概念本身就得无用了，因为传统理论在总和财产和人格间建立起来的联系使人们再也无法将两者区别开来。特别是自19世纪以来，随着商业经济生活的迅猛发展，总和财产理论不断受到经济生活的挑战：其一，总和财产理论认为，一个人只能拥有一项总和财产，并且总和财产具有概括性和不可分割性，但是在商业经济生活中，一个人可能有几个不同的、范围明确的经营领域，希望将某部分财产用于特定领域而与其家庭生活部分相分离，在传统总和财产理论框架下这点很难做到；其二，总和财产理论仍将财产与人格捆绑在一处，财产是难以在无主体的状态下存在的。这种理论严格限制了基金会的设立，在被继承人死亡时由于没有适当的主体来接受权利，通过遗嘱无法将权利转移给基金会。对于以上这些重大现实阻碍，法国传统民法理论做出一定变通，既然不存在没有主体的总和财产，那么就需要创设适当的法人。但是这个理论发展仍然无法回答，基金会以及众多商业用途财产的存在合理性，因而法国学者提出"目的性财产"（patrimoine d'affectation 也译为"专项财产"）。

1. 目的财产理论的基本内容

为了突破传统总和财产理论中总和财产与人格间的紧密联系，20世纪一些法国学者提出了"目的财产"理论来否定传统的总和财产理论。所谓目的财产，即一定的目的或用途能够成为权利、义务的一种内在聚合因素，如某种特定财产用于商业经营目的，则这些财产以及在基于经营活动所产生的负债，都集合于该目的财产之下。这些特定财产只能用于该特定的目的或用途，基于该目的或用途所产生的负债也由财产清偿。于是特定的目的取代人格成为了一系列的权利和义务相联系的连接点。

一般认为，一项目的财产必须包含两个必要因素：一个目的和一个主体。① 目的财产理论确立的基本内容包括：①民事主体享有一般的总和财产，除此之外还享有用于特定目的的总和财产；②特别的总和财产可以在民事主体间概括地转移；③民事主体可以将部分财产用于特定目的，如设立慈善基金或其他基金。②

人们提出了"目的财产"，尽管目的财产理论的提出是为了否定总和财产理论，但是由于其理论提出更多只是为了解决实际中一些问题，对总和财产理论在财产法中的基础理论地位并没有产生太大的冲击。人们对目的财产理论的理解，被认为至少包括两个不同层次，在绝对情况下，认为可以在没有法律主体的存在的情况下，确认特定目的财产的合法，如基金会；在多数情况下，认为法律主体仍需存在，但同一个人可以有多个不同的总和财产。因此明确的"目的"或"用途"成为权利义务的集合体。尽管对目的财产创设的目的性难以概括或言明，但民事主体间通过合意所要达到的目标可以成为目的财产存在的基础。

2. 目的财产理论的价值

很显然，目的财产理论的产生的动因是为了满足商业经济活动的需要，与同时期法国探索解决团体的民事主体资格的理论来源有着密切的关系。在传统总和财产理论的框架下，要建构诸如法人这一崭新的民事主体，需要割断总和财产与人的关系，财产应独立于主体人格。③ 那么，团体的主体资格来源于何处？团体与成员间的差异的连接点在哪里？目的财产理论给予的回答是"具有一定目的财产"，它将成员财产凝聚起来，具有一定目的的共同体或团体将成员间的差异给予连接，目的的共同体取代了成员的人格并使特定财产无须依托于成员的人格，总和财产下的特定目的财产成为团体等新的民事主体人格的归附。目的财产理论为传统总和财产理论所不能解释的公司、基

---

① 李世刚：《法国担保法改革》，北京：法律出版社 2011 年，第 214 页。
② 参见尹田：《无财产无人格——法国民法上总和财产理论的现代启示》，《法学家》2004 年第 2 期。
③ F. Terré et Ph. Simiier, Droit cicil, les bies, 4e éd., Dalloz, 1992, Paris, P9.

金会等法人组织的出现进行了理论铺垫。将出资者或设立者用于经营或公益等特定目的事业的财产与出资者或设立者其他的一般总和财产相分离，使其与出资者或设立者的一般财产人格相独立，最终导致公司、基金会等法人人格理论的提出。直到后世，提及目的财产理论我国多数学者将其看作用来解释法人本质的重要理论之一。

虽然理论上看，法国民法典并没有完全接纳目的财产理论，但是它为法人组织等新民事主体的出现提供理论思路，更为重要的是，目的财产理论提供了一种新的财产使用和建构机制，为了任何特定的目的，部分财产便可以从民事主体的总和财产或一般财产来划拨出来仅用于特定目的或用途，基于这种特定目的或用途而产生的负债也只能由目的财产来承担。如目的财产理论既可以在承认法人主体资格的前提下，解释了法人财产的目的性，说明法人管理人管理法人财产的权利义务范围，也可以在不承认法人主体资格的前提下，构建某种财产使用和管理机制以使目的财产长期运营和维持，如基金会[1]。更重要的是，这种新的财产使用和建构机制不仅非常好地阐释了基金会的本质，而且也被学者们用于解释国家财产地位与政府管理人角色、国有资产、集体财产，以及各类具有公共性质的特殊财产的管理和使用机制。

(三) 法国信托与目的财产理论(patrimoine d'affectation)

1. 信托目的财产理论的基本内容

进入 20 世纪以来，出于商事交往与金融竞争的需要，法国对英美信托的类似制度的需求显得越来越迫切，法学家们加快了对法国式信托的理论研究。著名信托法专家 Pierre Lepaulle 指出罗马法信托(fiducia)是与英美信托最相近的制度，大陆法国家的信托是最可能发展成英美信托的法律技术。[2] 但是在研究信托的本质要素时，英美信托的双重所有权理论与法国传统总和财产理论格格不入，在传统总和理论的框架中，一人只有一项概括性的不可分割的总和财产，这种理论的主导下实在很难产生英美信托的分割所有权的性质。于是法国学者纷纷试图对信托财产所有权进行不同的理论解释，如"信托受托人

---

[1] 张建文：《目的财产学说对我国宗教财产立法的影响与实践》，《河北法学》，2012 年第 5 期，第 72 页。

[2] 参见 Pierre Lepaulle, Civil Law Substitutes For Trusts, Yale Law Journal, Vol. 36,. 1927, P1138.

所有权说""受益人所有权说"等等，由于均存在若干的理论缺陷，因此难以成为法国主导性信托财产理论。直到 Pierre Lepaulle 在研究普通法信托的本质要素时，认为无论信托委托人、受托人还是受益人都不是信托的必要因素，在推定信托中可以没有委托人，慈善信托中没有明确受益人。实际上普通法信托仅是一种财产管理机制，因而信托财产是普通法信托的必要因素。[①]

那么信托财产的本质是什么呢？毫无疑问，Pierre Lepaulle 深受目的财产理论影响指出，构成任何信托的财产是一项不同于传统总和财产的，是基于自由的约定被划拨出来的用于特定目的财产，全世界都应尊重它。[②] 他认为"将该财产划拨出来用于特定目的"这个要素在信托中是普遍存在的，受托人是实现信托这种作用必不可少的。尽管受托人的权利或义务根据其任务不同而有所不同，但其主要任务在于使划拨出来的财产被用于预定的特定目的，任何受托人均应将该财产用于特定目的。因此信托就表现为特定目的财产从个体的总和财产中分离出来，被用于特定的目的；一旦将个人总和财产中部分财产设立信托后，受托人负有对该财产的积极管理义务。

由于法国目的财产理论由来已久，自形成到被用于解释信托财产足有一个多世纪的时间跨度，目的财产理论除了用于解释基金会、法人等主体资格的本质之外，在商事实践中也是大量存在，如法国金融领域的企业贷款时向银行提供的应收账款清单即"戴里清单"，即表明企业将应收账款清单中的资产专用于担保借款目的，成为一项目的财产等。因此当 Lepaulle 用目的财产理论解释信托财产本质时，很快得到法国学界的认同并成为法国信托法的主流学说。信托目的财产理论对一些具有法国法传统的国家的影响非常大，例如在墨西哥，1932 年立法机关直接采纳信托目的财产理论，废除了原先的不可撤销的信托；[③] 1993 年修订后的《魁北克民法典》采纳信托目的财产理论，将其表述为"信托财产由转移于信托的财产构成，构成具有目的的、独立的并

[①] Smith. Lionel, Trust and Patrimony, Revue générale de droit, Volume 38, numéro 2, 2008, P384-385.

[②] Pierre Lepaulle, An outsider's view point of the nature of trusts, Cornell Law Quaterly, Vol. 14. 1928., P52-55.

[③] R. Mollina Pasquel, The Mexican Fideicomiso: The Reception, Evolution and Present Status of the Common Law Trust in a Civil Law Country, Columbia J. of Transnational, 1969(8), P54.

和信托委托人、受托人和受益人的财产相分别的财产,上述人对此财产不享有任何物权。"

2. 信托目的财产理论在法国信托法中的体现

比较有意思的是,2007年法国信托法案中并没有如魁北克信托中一般明确表明"信托财产具有目的性",仅强调"信托受托人将信托财产与自有财产相分离",但是没有人能否认信托法案确实是采用了目的财产理论。最初的信托法案的草案中专家曾明确将"信托财产目的性"表述于定义中,但是最后法案将这一概念隐藏起来,更多可能是考虑到与传统总和财产理论的兼容问题。但是从信托法案的具体条文内容中,可以看到信托目的财产理念身影:①与信托委托人财产、信托受托人自有财产相区别分离的信托财产必须公示且明示受托人名称(法国民法典第2021条);②受托人管理的与特定目的财产相关的信托财产应独立进行会计核算(第2024条);③特定目的信托财产独立于信托受托人的个人债务,免予受托人债务人的追及(第2025条);等等。从以上规定可看出,信托财产不仅独立于信托受托人的个人财产,为保证这种独立对第三人的可对抗性,明确要求信托财产进行法定公示及独立的会计核算,并且由于信托财产专用于特定目的,只能成为基于特定目的而发生的信托债务的担保,从而免受非此特定目的债务的追偿。

二、目的财产理论与担保信托的契合

(一)法国信托目的财产理论之价值——实现了财产隔离功能

诚如 Pierre Lepaulle 所总结的"确定的目的或用途在任何信托中都是存在的",他在所有信托中发现了他认为的信托最重要的必要要素"信托目的",从而提出信托目的财产理论。信托目的财产理论不仅调和了法国传统总和财产理论,为目的财产理论在具体法律制度中的解释与运用提供了新的广阔空间,更有意义的价值在于,信托目的财产理论为法国信托实现如普通法信托一样的财产隔离技术提供了强大的理论支持。

普通法信托之所以生生不息地发展了几百年,克服了技术进步带来的世界巨大变化面依然屹立不倒,其最大的魅力固然是其灵活性和极大的适应性,但是其根本的吸引力在于信托的财产剥离能力。通过英美法特有的双重所有权制度，完美地将信托财产从委托人、受托人和受益人的自有财产中独立出来，使其表面上看似乎委托人、受托人与受益人均可以从信托中享有权益，但实质上又都难以享有完整的权利。这样不仅排除了三方当事人对信托财产的完全控制，而且阻却了三方当事人的债权人对信托财产的干预，使得信托可以被用来实现各种各样的信托目的，信托成了灵活且完美的财产管理和权利分配机制。财产隔离技术才是英美信托最大的魅力！而大陆法系国家要想成功地引入或借鉴英美信托，首先需要为本国信托制度或类似信托制度提供出一套完善的财产隔离机制。

显然，法国信托在这方面是比较成功的，因为他们结合本国的法律传统和法律土壤，为法国信托提出了新的信托目的财产理论。依据该理论，信托财产一项具有目的性的、独立的，由委托人转移所有权给受托人，从受托人的总和财产中被划拨出来的一项用于确定目的的财产。[1] 基于信托目的的确定与存在，信托目的成为信托财产的本质核心与最重要的要素，对与信托财产相关的信托当事人的权利产生了内在的强大约束和限制，信托当事人的权利义务紧紧地围绕着信托目的存在和变化，信托目的也合理地界定了各当事人的财产范围。当信托委托人合法有效地设定了信托，信托目的使得委托人将财产转移给受托人，信托财产便开始了服从信托目的"履职之路"。该信托财产不再是委托人的自有责任财产，委托人的债权人不能及于该非责任财产；受托人虽然名义成为信托财产的所有权人，但是此种所有权便有了"目的所有权""临时所有权"或"受限制所有权"等称呼，可见得受托人的信托所有权绝非完整所有权，而是受到信托目的限制的被暂时转移的所有权，信托财产也不是受托人的自有责任财产，受托人的债权人也不能及于该非责任财产；信托的收益虽然由受益人享有，但是受益人的债权人也不能把信托财产作为债权的责任财产。因而对于信托财产而言，其被从委托人、受托人和受益人的自有财产中隔离开来、独立出来，成为一项具有目的性的独立财产，只对服从信托目的并与信托交易的相对人承担责任。据此，法国信托获得了与英

---

[1] Pierre Lepaulle, An outsider's view point of the nature of trusts, Cornell Law Quaterly, 1928(14), P52-55.

美信托的财产剥离技术相当的财产隔离功能。这种财产隔离功能在传统的法国总和财产理论的框架下是无法做到的，信托目的财产理论为法国信托的隔离技术架构提供了强大的理论基础。

(二) 财产隔离功能有利于固化担保信托之责任财产

如上节所述，从债务履行的责任财产角度来看，物之担保的基础在于债务履行责任财产的分割与固化，将债务人的特定的有担保的责任财产从债务人的责任财产中固化并分割出来，以特定的责任财产优先满足特定的债权请求权，在该特定债权实现以前，该项责任财产屏蔽于其他债权，不成为其他债权的财产，通过这种责任财产的固化与分割实现了责任财产在时间上的先后，一旦设定担保物权，在时间上优先满足其担保的债权，在担保债权得以实现后的物的剩余价值再并入普通责任财产之列，从而实现债务人责任财产的时间上顺位。因此物的担保的深层原理在于通过分割固化特定担保物改变债务人的一般责任财产的法律地位，以满足担保债权人的优先受偿。

这种物之担保的分离责任财产的功能实与信托财产隔离功能非常相似。利用信托财产的隔离功能，能够达到物之担保的分离责任财产的目的。通过信托财产方式进行担保，既可以从债务人的责任财产中划分出信托财产，使其不受债务人的其他债权人的追及，只用于为债权人的担保；也可以便于债务人对担保财产的管理经营，虽然信托财产被设定了担保，但财产仍由受托人为名义上的占有，不影响债务人对担保财产的正常运营，在债权人主张信托受益权时，由受托人为受益人利益行使担保权，实现对信托财产的处分以满足受益人的债权。因而法国学者在发掘法国信托的功能时，从罗马信托的历史长河中不仅发现建立在"朋友之托"基础上的管理信托，而且发现了建立在"债权人之托"基础上的担保信托[1]，并且理论上达成一致认识，信托应该成为一种有别于传统担保的崭新的担保方式。2007年信托法案中明确承认担保信托在法国法上的法律地位，经过2008—2009年信托法几次大规模增补，"担保信托"出现民法典第四卷《担保》中，结合第三卷《取得所有权的不同方

---

[1] D. J. Hayton, S. C. J. J. Kortmann, H. L. E. Verhagen(eds), *Principles of European Trust Law*. Netherlands: Kluwer Law International ---W. E. J. Tjeenk Willink, 1999, P133.

式》第十四编《信托》的一般规定，根据担保信托的不同担保标的作出特别章节处理:"动产担保信托"内容编入第四卷第二副编《动产担保》之第四章《以担保名义留置或让与所有权》，"不动产担保信托"内容相应编入第三副编《不动产担保》之第八章《以担保名义让与所有权》。"动产担保信托"与"不动产担保信托"成为法国担保信托的两大基本类型。

第三节　法理审视之三：来自担保权附从性的审视

如第一章所述，由于各国法律传统法国土壤的不同，学者们对担保信托的理解也各不相同。无论担保信托被学者们称为"作为担保的信托""让与权利的担保"，还是"担保信托""担保权信托"等，对担保信托的认识与描述不外乎是"通过转移标的物或权利的形式来实现债权担保"，基于担保信托而产生的担保权是否与传统担保权一般，受到担保权附从性所拘束，担保信托的附从性的认识，便成为一个值得探讨的问题。

一、传统担保权附从性的检讨

担保权的附从性最先为1804年《法国民法典》所确立，其承袭罗马法的传统，构建了以保全债权为重心的担保物权附从性理论，其后这一理论被大多数大陆法系国家所继受，成为当今大陆法系传统担保物权体系中重要的基础性的支撑理论。但是时至今日，这一建立于三百年前的法学理论并非亘古不破，已经不断被各国法律所缓和甚至突破。

(一) 传统担保权附从性的基本含义

一般认为，担保权附从性指担保权依附于被担保债权，其与被担保债权同命运，为被担保债权的实现而成立，随被担保债权变化而变化，因被担保债权消灭而消灭。对担保物权附从性最早的论述是乌尔比安在《论告示》指出：

"如果债务被清偿，且被全部清偿，质押便被解除。"①受此思想影响，早期论述抵押权附从性的法学家 Mazeaud 总结道，抵押权以被担保债权的存在为前提的，在抵押权与被担保债权之间存在以下两个原则：（1）被担保债权不存在时，抵押权也不可能存在；（2）抵押权乃附随于担保债权的命运。遵守以上两项原则的，便为抵押权之附随性。② 总体上说，担保物权附从性即担保物权与被担保债权同命运：（1）发生上的附从性。担保物权的成立以被担保债权为使命，只有被担保债权有效成立，担保物权才能有效。若被担保债权不存在或无效，担保物权也随之无效；若被担保债权被撤销，担保物权也将随之而失去效力。（2）消灭上的附从性。被担保债权全部或部分因债务清偿或其他原因而消灭时，担保物权无须当事人为任何行为而当然地全部或部分地消灭，即使存在抵押权或质权登记未注销的。（3）处分上的附从性。被担保债权发生转移时，担保物权也随之移转。如德国民法典第1153条规定"抵押权因债权之转让而共同转让给新的债权人；债权与抵押权共同转移，而抵押权也须与债权共同转移，两者不得分别出让"。

（二）传统担保权附从性的价值

自法国民法典开始将担保物权粘附上附从性的特征，使其与被担保债权共同命运，其唯一的理由和最大的价值就是担保物权是以确保债务之清偿之目的。③ 其一，担保物权附从性是以被担保债权得以清偿为目的的，在于对被担保债权提供强大的保全功能。④ 传统担保权对被担保债权的保全功能体现为，主债的债权人不仅与债务人间具有债权人的身份，同时与被担保债务人间也是担保物权人的身份，当债权人的债权关系无法得到债法的保护时，他可以以担保物权人身份在债务逾期得不到清偿时就担保物要求清偿，并且当债务人存在多个债权人时，即担保债权人面对多个其他债权人向同一债务人请求清偿时，设定了担保的债权人由于具有担保物权人的身份，可以凭借担

---

① ［意］桑德罗·斯契巴尼选编：《物与物权》，范怀俊译，北京：中国政法大学出版社1999年，第171页。
② Mazeaud, Op. cit., p. 213. 转引自刘得宽：《民法诸问题与新展望》，北京：中国政法大学出版社2002年，第390-391页。
③ 谢在全：《民法物权论（下）》，北京：中国政法大学出版社199年，第528页。
④ 陈本寒：《担保物权法的比较研究》，武汉：武汉大学出版社2003年，第29页。

保物权的排他性(而非优先性)特征而优先于其他债权人受偿。① 在债权人身份上由于债权人与担保权人身份的重叠，债权人的债权请求权得以扩张而具有了物权的效果，使得债权人债权的清偿有了更为确实的保障。其二，为增强担保物权的保全债权的功能，传统担保物权附从理论特别强调特定性原则，"担保物与担保债权"均必须特定，只能以特定的担保物为特定的债权范围提供担保。担保物特定性原则对债权人而言能够有效地预知担保风险，对债务人而言可以有效保护债务人的其他财产，免于担保物的扩大风险；担保债权特定化原则可以防止担保期间被担保债权的种类和数额的随意变动，损害担保物权人和第三人的利益。因此学者评论法国担保权的特定性原则时才说"其不仅可以保护债务人利益，而且利于保护第三人利益"。② 正由于担保物权附从性对债权的强大的保全功能，使得担保物权附从性成为担保物权的重要特征而被传统民法视为经典而流传至今。

"担保权是保障债权"是担保权附从性理论的基础价值已然深入担保权骨髓。为强化担保物权的保全功能而使"担保物权附从于债权"是最佳的法律技术。但是对"担保物权附随于债权"传统学说仍有学者提出了挑战。少数学者认为"担保物权不是从属于债权，而是从属于信用。立法上将担保物权从属于债权只是一种法律上设计"。③ 也即该学者认为"担保物权的附从性是指担保物权附从于信用而非债权"，在其看来，债权与信用是两回事。信用是一种纯粹的经济上的期待利益，债是保障这种信用交易的经济利益回收而创制的法律制度。而担保物权本质上也不是担保债权，担保物权也是对信用交易发生担保，担保物权担保的是信用，担保物权附随于信用。笔者认为，该观点对

---

① 通说认为，担保物权的优先性是指当债务人不履行债务或破产时，担保物权人可就担保物之价值优先于其他债权人而受清偿。然，担保权人就担保物之价金获得优先于其他债权人的满足，从债权人一方看，由于担保物的实行，使得被担保债权相比于无担保的普通债权具有优先受偿性，而不是担保物权具有优先性；况且担保物权是物权本就比债权具有优先性，这是所有物权的特性，而实不足以成为担保物权的特性。另一方面，从担保物权来看，当债务人不履行债务，担保物权人可就担保物的处分来使债权获得满足，担保物权人通过变卖或拍卖担保物并取得价金是支配担保物的结果，因而有担保的债权具有优先受偿是因为担保物权具有排他性，而不是担保物权具有优先性。

② [德]Planiol et Ripert, Op. Cit., P450. 转引自刘得宽：《民法诸问题与新展望》，北京：中国政法大学出版社 2002 年，第 392 页。

③ 徐洁：《担保物权功能论》，北京：法律出版社 2006 年，第 95 页。

于人们厘清债、信用与担保物权的三者间关系提供了崭新的视角，值得深思与借鉴。从现实的交易状态来看，信用与债不是一回事。比如在借贷关系中，借款人对贷款人存在着信用关系，当贷款借出后，借款人可以凭借信用期待贷款人能够在约定的将来偿还借款，最初这种信用关系没有法律手段来给予保障，合同之债出现后，当事人间就产生了债权债务关系，这种债的关系即是具有强制约束力的"法锁"，它对当事人的信用进行保障，故而债可以理解为保障信用而为法律创设的制度。同时从历史上看，古代社会中，物的担保制度是早于债的制度，有了信用交易而产生远期期待利益的回收问题，物的担保才出现。[①] 近现代的德国法中的土地债务等，都不需要债的关系的存在而产生担保物权。这些从某些视角或许可以说明"担保物权担保的是信用而非债权"。但是传统担保物权附从性理论的"担保物权附从于债权"相较于"担保物权附从于信用"而言似乎更符合近现代商业实际，由于信用的抽象性与概括性，担保物权在近现代商业实践中是很难以实现的，而法律上的债的关系内容中包含信用交易的数额、回收时间和方式等内容，这些特定化的具体内容可以决定担保物权的价值和执行期，因而"担保物权附从于债权"更符合社会生活实际，也更利于担保物权的执行和实现和信用交易的保障。

(三) 对传统担保权附从性的突破与缓和

依传统观念，担保物权是为确保债权清偿的手段，为债权将来的满足而存在，因而担保权与被担保债权紧密结合，"担保权附从于被担保债权"是必然性。但是随着社会经济发展，坚守绝对的担保权附从性亦是很难，对担保权附从性进行缓和和突破已是趋势。"坚守抵押权附从性的传统，不仅与投资抵押的发展走势不相符，而且也难以适应社会需要。"[②]学者们认为，坚持担保权附从性所带来的缺陷或不足主要表现为：其一，担保权附从性与一些商事

[①] 担保的出现早于契约之债。最初的担保是直接对借贷关系发生作用，而不是与借贷之债发生关系。在债的观念不健全的时代，将自己财物借贷给他人缺少强制约束人守约的法律方法，人们甚至寻找到如宗教上裁判、提供经济上保证、以名誉作担保等方法。以经济上的保证，就是由借贷人提交价值大的物品给出借人，出借人在借款人不履行义务，可以取得该物的所有权。这里，并没有契约之债的出现，担保针对的债权之外的关系——人与人间的信用关系，出借人借款及利息等利益的回收。所以早期社会担保物权并非因债而发生，而是为了某种经济利益的获得。参见徐洁：《担保物权功能论》，北京：法律出版社2006年，第22-26页。

[②] 谢在全：《民法物权论》，北京：中国政法大学出版社1999年，第552页。

交易实践不相符。如在消费借贷担保，通常是先制定合同证书，经担保权设定后再交付所借金钱，消费借贷是实践性合同，金钱交付时合同债权才成立，此种交易情形中担保权成立在先债权成立在后，显然是有违担保权附从性的，若坚持担保权附从性是否意味着否定此种消费借贷担保形式？因此"在担保金钱消费借贷或者附条件的债权时，有必要承认抵押权的设定可以先于被担保债权而成立"。① 诸如此类情形的，还有现代经济中的需连续不断的交易担保，如银行与客户间的资金借贷等，常常是连续不断的反复往来或交易，需要对某一段时间内的将来发生的交易设定担保，若严格坚守担保权附从性，则需要为此连续不断的交易反复地设定担保，手续非常烦琐成本高昂。各国立法与实务均承认针对此种情形可设定最高额抵押或最高额质押的方式担保。承认最高额抵押或最高额质押实际上是对将来未发生的债权进行担保，也是有违背担保权附从性的。② 其二，严格的担保权附从性可能会带来对物权公示公信力的破坏，不利于保护善意第三人。③ 依据附从性，被担保债权全部或部分因债务清偿或其他原因而消灭时，担保权无须当事人为任何行为而当然地全部或部分地消灭，即使存在抵押权或质权登记未注销的。在第三人因信赖该项担保权仍然存在而受让被担保债权的，因为被担保债权已消灭，第三人也无法获得担保权。因此在附从性理论下，抵押权人主张抵押权，必须以被担保的债权有效存在为前提，而不问抵押登记。这不仅不利于对担保权之善意第三人利益的保护，而且极大地破坏了物权公示的公信力这一维护市场交易安全的基本原则。为弥合担保权附从性的缺陷或不足，各国理论与立法所走道路不同，或在坚持担保权附从性基础上对其加以缓和，或对担保权附从性进行破立。

1. 以日本为代表对担保权附从性的缓和

日本理论界认为，在承认担保权附从性的前提下，对债权与担保权之间的关系应做较为缓和的解释。担保权附从性只需理解为担保权设定是为担保

---

① [日]柚木馨：《注释民法(9)物权(4)》，有斐阁昭和57年，第23页。
② 陈本寒：《担保物权法的比较研究》，武汉：武汉大学出版社2003年，第32-33页。
③ 陈本寒：《担保物权法的比较研究》，武汉：武汉大学出版社2003年，第35页。

债权的清偿即可，不需对担保权的设定、变更与处分上的附从性严格要求。① 其主要表现在立法或司法上为：①对担保权成立的附从性进行缓和解释，不仅承认了最高额担保，而且为特殊商事交易的债权担保提供依据。由于实践中的最高额担保是为将来可能发生的连贯不断的债权提供担保，最高额担保设定时将来的担保债权还没有发生，这时依据担保权附从性原则，担保债权没有产生担保权也不能成立。之外，最高额担保的处分上与消灭上附从性也是非常弱，因此1973年日本修订民法典在物权编中为最高额抵押确立了法律地位。对于上文提到的特殊商事交易中的债权担保，如消费债权担保，理论与实务界均主张对此情形担保权附从性进行稍加缓和，先于债权而成立的担保权是有效的。②对担保权消灭上的附从性进行缓和解释。在特定情况下即便主债权无效时，若抵押权人已向债权人为债务清偿的话，该抵押权仍可为该抵押权对债务人负有返还和损害赔偿请求权提供担保。② 甚至认为消灭时效完成后的债权也可设定抵押担保。③ ③担保权处分上附从性的缓和。依据担保权处分上附从性，担保权应随着债权而移转，不能与被担保债权分开单独让与或转抵押。担保权附从性缓和被立法接受后，现行的日本民法典已明确，抵押权可以单独让与或转抵押，不必重新登记。

2. 以德国为代表对担保权附从性的破立

法国民法所确立的担保权附从性理论对世界多数国家的担保权特性产生了重大影响，绝大多数国家都确立了以"担保权保全债权并且附从于债权"为基础的担保权制度，仅在特例需要的情况下对担保权的附从性作出一些例外的规定。但是处于垄断资本主义时期的德国需要更多的资本来发展经济，而德国城市产业资本并没有英国等老牌资本主义国家那么发达，为了获得更多的资本支持农业企业化经营，土地便成为当时最可能也是唯一能进行融资的标的。因为就贷款方来看，土地是农业经营中的基本要素，土地既可以是融资担保的标的，也可以是资本投资的对象，同时投资者希望在长期的农业投资中可以随时收回投下的资本，这样就对土地担保的流通性产生了巨大的需

---

① ［日］柚木馨：《担保物权法》，有斐阁1958年，第191页。
② ［日］高木多喜男：《担保物权法》有斐阁1993年，第105页。
③ 郑玉波：《民商法问题研究（二）》，三民书局1984年，第112页。

求。另一方面，在同时期德国概念法学思想的影响下，德国民法学界普遍接受了自萨维尼以来的潘德克吞学派所主张的物权与债权两分法与物权行为理论，强调所有权的转移不受债权意思的影响，物权转移的独立性和无因性，这一思想反映在担保权领域，德国民法并不认为担保权附从于债权是担保权的先天使命，在德国民法典中确立了以保全债权为基础的保全担保权和以流通性为目的的流通担保。

以投资回收为目的，以期流通之安全与确实的担保权是流通担保权；而专以债权之担保为目的而并不期待流通的担保权是保全担保权。土地债务①和定期土地债务②亦为流通担保。并且德国抵押权亦分为流通抵押与保全抵押，以流通抵押为原则，以保全抵押为例外。③ 德国民法中以保全债权为目的的保全抵押与法国民法无异，由于仅以保全为目的，不宜流通而专供债权担保，因此对保全抵押与债权的附从性要求甚严；而流通抵押是以兼具流通性和担保性，为了确保抵押的流通性，使得抵押权流通更加简单方便，法律技术的处理上需要割裂抵押权与被担保债权两者间的附从关系，使抵押权具有独立性和抽象性。以下为流通抵押为例分析德国民法对担保权与被担保债权附从性的颠覆。

(1) 德国担保权附从性的颠覆——以流通抵押为例

流通抵押又称为证券抵押，通常由不动产登记机关将不动产所有人办理了抵押登记的抵押权制作成抵押证券，当不动产所有权需要为债务提供抵押担保时，其需将抵押证券交付给债权人即可；若抵押权人需要转让抵押权的，也只需交付抵押证券给受让人，抵押权亦发生转移，而不必办理抵押权转让登记。此种抵押既可为债权提供担保，也可与被担保债权单独转让，并可如

---

① 土地债务是德国为满足土地所有人的投资需求而创立的特有的不动产物权形式，其可以是土地所有人不以债权的存在为前提，在自己的土地上以登记的内容设定某种物权并制作表示权利的证券，任何证券的持有人均可以依登记从土地的价值中获得一定数额的金钱支付的权利。土地债务具有流通性，也可作为担保形式，但是土地债务与被担保债权完全绝缘，它的设立、移转和处分等完全不受被担保债权的影响。

② 定期土地债务与土地债务比较类似，土地所有人在自己土地登记设立某种物权，权利人可以从土地的价值中连续地、定期地获得定额金钱给付的权利。在实践中其更多适用于担保定期债，是对债务性的定期支付而提供的物上担保。以定期土地债务设定担保的，其也不具有附从性。

③ 刘得宽：《民法诸问题与新展望》，北京：中国政法大学出版社2002年，第392页。

动产物权变动般完成交付权利即发生转让。如此极大地方便了抵押证券的流通性。①流通抵押的有效成立,可以不以被担保债权有效成立为前提。虽然原则上,流通抵押以债权的存在为前提,但是德国民法规定,土地登记簿上抵押权登记的公信力不仅及于抵押权,而且及于被担保债权。如善意第三人基于对抵押登记之信任,即使债权已经消灭,但抵押登记的债权并未注销的,第三人仍可依此公信力取得完整的抵押权。此时第三人的抵押权不以债权的存在为前提,并且债权的存在和内容甚至以抵押登记来确保,与其说是抵押权具有从属性,还不如说有抵押权必有债权的拟制,债权与抵押权的附从关系不仅被打破,甚至主从关系完全颠倒,抵押权不再会因债权不确实而有变化,实际上完全起到了与抽象抵押权无异的作用。① ②流通抵押可与被担保债权分开单独转让。流通抵押的转让经当事人合意与抵押证券的交付亦为完成,而被担保债权的转让只需当事人合意,一旦抵押权人交付证券而未在不动产登记簿上做债权转让的记载,这时导致抵押权脱离债权而单独转让。③流通抵押可不随被担保债权而消灭。抵押权的消灭需以登记记载的注销为准,若主债权消灭,而抵押登记未涂销,抵押权可单独继续存在而归抵押物的所有人享有。

(2)德国打破担保权附从性的理论基础

流通抵押、土地债务、土地定期债务等均是德国打破担保权附从性的典型表现。打破担保权附从性的目的在于确保担保权的可流通性,满足更多的融资需求。而能够突破源自罗马法的这一传统理论在于德国为担保权与债权的关系准备了担保权独立性理论和物权公信原则。德国潘德克吞学派在罗马法物权和债权两分法的基础,不断认识物权的对物支配性和债权的对人性,而且主张两者应泾渭分明,互相独立。依物权行为独立理论,担保物权是物权之一种,担保物权应该也是一种可以独立的物权,不必依赖于任何权利而存在,担保权的效力也不应受其他行为效力的影响。担保权的独立的价值,不仅可以为债权提供担保,而且可以使担保权成为可流通交易的对象,以实

---

① [日]我妻荣:《债权在近代法中的优越地位》,王书江译,北京:中国大百科全书出版社2000年,第54页。

现担保权的投资功能。如果说，担保权独立性为突破担保权附从性提供了理论支撑，那么德国的物权公示公信力原则则为担保权独立性提供了技术支持。由于德国民法对担保权登记赋予了强大公信力，在主债权或担保权有瑕疵的情况下，善意第三人仍可基于对担保登记的信赖取得担保权，登记公信力进一步促成了担保权的独立。不仅如此，在流通抵押中，登记公信力不仅及于抵押权，而且及于被登记的债权，即使债权不成立，仍然不影响基于对登记簿的债权记载的信赖而取得抵押权和债权，这不仅维护了交易的动态安全，甚至颠覆了担保权与主债权的主从关系，更强化了担保权与主债权的独立。

二、担保信托对担保权附从性的突破

(一) 各国对担保信托附从性的认识

担保信托是以信托方式设定担保，本质是一种新型物保，那么担保信托是否须受担保权附从性的局限，这是各国在面对担保信托时需要面对的重大理论与实践问题。

1. 法国学界之观点

法国在面对英美信托的挑战后，为制定符合本国国情的信托制度准备了几十年。学界普遍认可法国信托包括建立在罗马"债权人之托"(fiducia cum creditore)基础上的担保信托，[①] 并将担保信托视为转移所有权型担保，认为担保信托就是通过信托让与的方式转移担保物的所有权来为被担保债权提供担保，这是一种不同于传统担保权的新的担保方式。对于担保信托是否受到担保权附从性特征的拘束，学界的早期研究对此持肯定的赞同居多，学界的后期研究普遍持"缓和论"。

"肯定说"认为担保权附从性是民法典所规定的担保权都应该适用的，担保信托作为非典型担保物权，理应具有附从性。有学者指出，"如果否定担保信托的附从性，在实践中因为担保与债权不相附从了，会带来担保信托的识别问题，对交易带来不安定因素。"[②]早期研究中，学者们认为担保信托以信托

[①] Remy, in (eds) Hayton and ors, Principles of European Trust Law (1999), P133-142.

[②] Etude par Claude WITZ, Réflexions sur la fiducie-sûreté, La Semaine Juridique Entreprise et Affaires n° 18, 6 Mai 1993, 244, n. 5.

的外观形式掩盖了担保的实质具有一定的迷惑性,如果否定担保信托的附从性要求,使得本可以被识别的担保权又与债权相分离,这样加重了担保信托的迷惑性,不利于对担保权人的保护,也有损于担保信托这种担保形式的安定性。因此有学者指出,"肯定担保信托的附从性,使担保权依附于被担保债权,不仅有利于担保权人,而且也有利于维护担保权附从性特征的完整性。"①

"否定说"认为法国担保信托不是传统的简单担保,通过信托方式将担保财产转移给受托人,使担保权与被担保债权相分离,传统的担保权附从性不适用于担保信托。② 对担保信托附从性持"否定说"的主要理由为:①法国信托通过目的财产理论实现了财产所有权的暂时的转移,这种被划拨的专用于担保的所有权本质上必然是独立于债权,因此目的财产理论为创建担保信托这种非附随性的担保权起到重要作用。③ ②担保信托是转移所有权的担保,担保权附从性是传统担保方式的特征,担保信托与传统担保权完全不同,没有理由认可附从性可扩大适用于担保信托。③对于传统担保权附从性,法国司法实践中早已进行了突破或缓和,并为人们所熟知了。近几年法国实务界一直在呼吁"不动产担保的非附从性"就是明证。④

目前法国学界对担保信托附从性普遍持缓和的态度,在担保信托中担保权不必绝对与被担保债权同一命运,也不可能与被担保债权完全同一命运,如在被担保债权转让或消灭时,担保信托的担保权不可能随之转让或消灭。但是法国学界并不主张完全灭失担保信托的附从性,认为担保信托的存在是以担保债权为使命的,两者仍然具有一定的相关性,只是对担保信托附从性的要求比传统的质权和抵押权的要求要灵活得多。⑤ 因而有学者研究担保信托非附从性的适用时指出"担保信托可以在银行应收账款中广泛适用,因为不考

---

① Etude par Claude WITZ, Réflexions sur la fiducie-sûreté, La Semaine Juridique Entreprise et Affaires n° 18, 6 Mai 1993, 244, n. 5.
② V. déjà notre thèse, La fiducie en droit privé français : Paris 1981, préf. D. Schmidt, n. 151 s.
③ V. Ch. Mouly, J. -Cl. Civil, art. 2114 à 2117, Fasc. A à D. (Hypothèque, définition, caractères, effets), n. 126.
④ Assemblée de liaison des notaires de France (4-6 déc. 1989), proposition reproduite par P. Crocq, op. cit. p. 316, note 1.
⑤ Etude par Claude WITZ, Réflexions sur la fiducie-sûreté, La Semaine Juridique Entreprise et Affaires n° 18, 6 Mai 1993, 244, n. 5.

虑附从性,所以只需考虑在担保权设定或执行时的债权就可以确定债权的索赔范围,这使得担保信托具有很大灵活性。但是这种担保信托的结果的非附从性应限制在房地产领域,以及应收账款没有其他担保的情形下。"①

2. 日本学界之观点

目前日本学界对于担保信托附从性的通说认为,在担保信托中担保的观念仍然是必要的,担保权人即受托人将执行担保权的价金分配给受益人即债权人,带来了担保权与债权的结合,在被担保债权不存在的情况下,是不必要产生担保信托的,从这个意义上说,担保权人就是债权人,担保信托中担保权还是与债权发生紧密联系的,担保信托的担保权没有与一般的民法原理相抵触,担保信托的担保权原则上仍具有附从性。② 只是对担保信托的附从性要求缓和得多,其主要理由有:①目前日本学界理论与立法上均放弃了绝对的担保权附从性,担保权对债权的附从要求从"担保权与债权并存"转向"被担保债权可能发生",③ 肯定了最高额抵押等之类的担保权,采取了相对缓和的担保权附从性,将此扩大适用于担保信托也可以。②日本立法早在《附担保公司债信托法》中确立了在附担保公司债情形下,公司债担保的受托人即担保人与受益人即被担保债权人两者相分离,并且物上担保是可以与公司债相分离而单独转让的,附担保公司债的管理就是担保信托的运用,因此担保信托的非附从性早已经被法律所肯定,④ 新修改的信托法只是为担保信托给予了正名。③由于信托的运用,在担保权的实行程序中,被担保债权与担保权的分离在担保信托中被一贯地执行,特别是在商事实践若需以一个担保权为多个债权人提供担保权,如公司债发行、银行集团贷款中被广泛地由被担保债权人以外的人管理担保权,债权人与担保权人的分离是信托运用的正常结果。⑤在这些特殊情况下,由于需要满足实务部门的需求而不得以为将担保权与债权相分离的,学说上都已解释为担保权附从性的缓和。

---

① Etude par Claude WITZ, Réflexions sur la fiducie-sûreté, La Semaine Juridique Entreprise et Affaires n° 18, 6 Mai 1993, 244, n. 6.
② [日]长谷川贞之:《担保权信托的法理》,劲草书房2012年,第4页。
③ 刘得宽:《民法诸问题及新展望》,北京:中国政法大学出版社2002年,第396页。
④ [日]我妻荣:《新订担保物权法(民法讲义4)》,岩波书店1986年,第138页。
⑤ [日]新井诚:《信托法》,有斐阁株式会社2014年,第151页。

（二）笔者观点

笔者认为，对于担保信托附从性的认识应该把握以下两点：

其一，担保信托作为一种债的担保形式，不能完全割裂担保权与被担保债权之间的关系，也不能完全否定担保权附从性的适用。主要理由为：①为德国学界所倡导的割裂担保权附从性是建立在其物权行为独立性与无因性的基础理论之上，物权行为理论为德国潘德克吞学派所创立的特有理论，承担着19世纪德国排除和摒弃不动产登记之实质审查主义的历史使命，[①] 完全是德国特定历史时期的产物，目前世界各国仅德国采纳物权行为独立性与无因性理论；我国物权立法中一直采债权契约与登记或交付相结合的物权变动模式，并未采物权独立性与无因性理论，因此就我国而言，如果将来立法承认担保信托制度，也没有完全否认担保权附从性的法理基础。②从担保信托的本质上看，担保信托实为债权提供担保，这点看出担保信托必然会与被担保债权发生牵连，并且结果上看，担保权人即受托人将执行担保权的价金分配给受益人即债权人，带来了担保权与债权的结合，在被担保债权不存在的情况下，是不必要产生担保信托的，从这个意义上说，担保权人就是债权人，担保信托中担保权还是与债权发生紧密联系的。[②] 因此完全忽视担保信托中担保权与债权两者间的联系，是违背法理常情的。③明确担保信托附从性有利于对债权和担保权的识别，能够对债权人和债务人提供公平的保护，从而有利于交易安全。由于担保信托中用权利转移的外观掩盖提供担保的事实，在交易中第三人难以对当事人间的债权关系和担保关系进行识别，而要求担保信托附从性，亦使担保权与债权同命运，使担保权随债权的变动而变动，即使缺少对当事人担保内在意思的识别，也便于为债权人和债务人提供保护。

其二，担保信托运用了信托的方式构建出担保的目的，显然由于信托的运用，担保信托担保权的附从性必然会在某些方面被明显的突破，而表现出附从性的缓和。主要理由为：①从信托的角度看，担保信托是信托之一种，在债权人、债务人与担保人间由于信托的运用，必然会出现债权人与担保权

[①] 陈华彬：《论基于法律行为的物权变动》，梁慧星主编：《民商法论丛》第6卷，北京：法律出版社1997年，第154页。

[②] ［日］長谷川貞之：《担保権信託の法理》，勁草書房2012年，第4页。

人相分离的情形。如在第三人担任受托人时，第三人从债权人处取得担保权，债权人在信托中处于受益人地位，这时担保权人与债权人出现分离，因此担保信托中担保权与被担保债权的分离是必然的。②信托公示制度为担保信托的非附从性提供了技术基础。刚才提到，肯定担保信托的附从性的重要意义在于即使难以分辨识别掩藏在内的担保目的，使担保权与债权同命运也能够为交易安全提供保护。但是信托制度提供了比较完备的信托公示制度，由于信托公示能够解决当事人外观行为与内在意思不一致的问题，使第三人得知交易的全部事实，因此肯定担保信托附从性是为解决交易安全而不得为之的担忧就随之解决了，故而从交易安全问题来看就没有必要一定强调担保信托的附从性了。

因此笔者主张，担保权的附从性在担保信托中的不仅需要突破，而且附从性的适用也将被限制在较小的范围。

(三) 担保信托突破担保权附从性之典型表现

总体上看，担保信托突破担保权附从性是信托架构使然的结果，担保信托中担保权与被担保债权的关系仅仅存在于担保的观念中，在法律制度的架构上担保权与债权的关系更多表现非附从性上：

1. 担保信托中担保权人与被担保债权人的主体分离。担保信托设定目的在于为债权人提供担保，被担保债权人通常是受益人或受益人之一。担保信托的设定人通常为担保物的提供人，可以是债务人或第三人；担保信托的受托人通过从委托人处取得担保物的所有权用于担保，或者从委托人处取得担保权，受托人既可以是债权人本人，也可以是被委托的第三人。商事实践更多的是，专业的金融机构接受委托担任担保信托的受托人，利用其专业的财务管理方法，为被担保债权人的利益管理担保财产。例如法国民法典第2372-3条、第2488-3条规定"如果受托人不是被担保债权的债权人……"，即表明法国担保信托肯定第三人可为担保信托的受托人；日本学者在论述担保信托的设立时，也提到担保信托无论采用直接设定方式还是二阶段设定方式，都是信托债权人或债务人作为委托人，委托第三人担任受托人，以信托方式设定以担保为目的信托。[1]担保信托中由于信托受托人的出现，使得被担保债权人处于受益人的地位，受托人基于信托取得了担保物的担保权，从而担保权人与被担保债权人主体必然分离。

2. 担保信托中担保权可以先于被担保债权而成立。担保信托可以是债权人、债务人、受托人三方基于信托合同而成立，也可以是债权人或债务人先行与受托人订立担保合同，将担保权转移给受托人设定担保权，然后再由债权人与债务人订立债权合同，这种形式大量存在于公司债发行的场合。在第二种情况下，担保权是先于债权成立的，此亦为担保信托非附从性之一例。

3. 再担保信托的设立。再担保信托与最高额担保非常类似，是以信托不仅担保其设立时已存的债权，而且担保将来的一定限额范围内的债权。如法国民法典第 2372-5、第 2488-5 条分别规定动产再担保信托和不动产再担保信托，"担保信托合同可以明文规定其让与的所有权随后仍可用于担保该合同债权以外的其他债权。信托受托人不仅可向原来债权人提供此种担保，而且可以向新的债权人提供此种担保，即使前一债权人未得到清偿。对于多个担保债权人，依据信托登记日期确定各债权人之间受清偿的顺位。"再担保信托的场合，不仅担保权先于被担保债权而存在，而且在原债务清偿后，由于担保信托仍然存在，所以担保权也不因此而消灭，[2] 此亦为担保信托非附从性之一例。

除此之外，担保信托中受益人可将受益权凭证依自由意志而转让给新的受益权人，而受托人的担保权并不随之变动，此亦为突破担保权与债权一体转让之例外。

---

[1] ［日］井上聪：《信托机制》，日本经济新闻出版社 2007 年，第 51 页。
[2] Etude rédigée par, La fiducie-sûreté, La Semaine Juridique Notariale et Immobilière n° 42, 16 Octobre 2009, 1291, n. 13.

第三章 担保信托的法律构造

由于信托极大的灵活性与弹性设计,使其可以被用来实现担保目的,又由于各国法律土壤与法律传统之不同,担保信托的法律构造呈现出各自不同的样态,形成不同的对担保信托的法理解析。不同的法律传统对该制度的解释可能并不相同,甚至大相径庭,但是它们同样起着担保债务履行的功能。

第一节 英美式担保信托的法律构造

英美信托是现代信托制度的源头,凭借着信托制度几百年来的生长,发展出千变万化的信托形态,承载着各种不同的功能。虽然寻遍英美法历史文献与研究资料,几乎很难找到类似大陆法系被直接冠以"担保信托"的信托制度,但是信托的担保功能在信托发展的历史轨迹中随处可见,它们分散在信托的不同角落,等待着人们俯身拾起。严格意义上来说,英美法系的担保信托的适用范围比大陆法系国家担保信托要广泛得多,英美法广义上的担保信托可理解为一切能够为某种义务提供担保的信托设计,包括如前述的 Guistclose 信托,即衡平法院在特定情况下运用归复信托的衡平原理,为贷款人的所贷资金在特定情况下(如借款人破产时)提供担保[1];而与大陆法担保

---

[1] Gerard McCormack, Conditional Payments and Insolvency-The Quistclose Trust, The Denning law Jounrnal, 1994(19). P30.

信托相对应的，狭义的英美担保信托仅指在特定财产上为担保特定债务的履行而使用的信托设计，如为担保债务的履行在不动产上设定的担保信托——信托契据（trust deed）、为公司债发行提供担保的公司信托契约（trust indenture）以及用于国际货物买卖融资的信托收据（trust receipt）等。这些形式各异、内容不同的担保信托一起构成英美法担保信托的多样面孔，借助着"信托的衡平功能能使其与其他担保方式一样公平合理"。①

一、英美式担保信托的界定

由于英美法系学界并不存在着担保信托这一统称，同时在英美信托实践中担保信托的表现形式较多，既有广义担保信托的表现样态，如 Guistclose 信托等，也有狭义担保信托的表现样态，如信托契约、信托契据、信托收据等。本书研究对象主要是狭义担保信托，于是将信托契约、信托契据等作为英美式担保信托的典型样态来研究，并且从历史上看，英美公司信托契约是大陆法国家附担保公司债信托的历史源头，无论日本、法国及我国，莫不是借鉴英美公司信托契约来构建附担保公司债信托；而信托契据是美国独特的借助信托发展出来的与不动产按揭并驾齐驱的担保制度。因此本着与大陆法担保信托"最相近"的原则，本书主要选取英美信托实践中的公司信托契约与信托契据作为英美式担保信托的典型代表，并将英美式担保信托界定为以产生或设定担保权为目的的信托，希望能从信托契约与信托契据中抽取出英美担保信托法律构造的共性。

（一）**信托契约**（trust indenture）

1. 信托契约的含义

信托契约是发行公司与受托人间形成的由受托人为受益人（债券持有人）的利益进行公司债的发行与管理的格式化协议。现代信托契约与早期信托契约的含义与范围存在着较大不同。早期信托契约是公司为向不特定社会公众发行附担保债券，由于向众多分散的投资人转移担保是不现实的，因此利用

---

① Michael Bridge, The Quistclose Trust in a Word of Secured Transactions. Oxford Journal of Legal Studies, Oxford University Press, 1992(12), P2.

信托制度将对未来债券持有人的担保权益转移给受托人的设计。① 因而早期信托契约通常受托人仅负担为债券持有人利益接受用于担保的信托财产，并持有、管理与实现担保。"公司通常将集合财产交由受托人以完成债券发行的担保，那些由集合财产构成担保的契约通常被认为是信托契约。"②后来随着使用信托契约越来越普遍，在一些没有附有特定财产担保的公司债发行时也使用信托契约，并且受托人的职能除了最初的承受担保权益之外，还包括公司债的发行与管理等，后来甚至发展为与公司债相关的事务是受托人的主要职责，反而最初的担保职能显得并不那么重要了。因此美国1939年信托契约法（Trust Indenture Act of 1939）中将发行公司与受托人间的关于公司债发行与管理相关的协议，无论有无提供公司债担保，都统一称为信托契约。现代意义上的信托契约是委托人发行公司与受托人约定，由受托人为债券持有人利益管理公司债券相关事务的协议。尽管现代信托契约主要承担了包括公司债管理与担保两大功能，由于本书研究主题是担保信托，因此研究将主要聚焦于信托契约的担保功能，即还原早期公司信托契约的相关研究。

具有担保功能的信托契约是指为便于公司债的发行，委托人发行公司将用于担保的信托财产的法律上所有权转移给受托人，由受托人为将来债券持有人债权的实现持有并实现担保权的协议。

2. 信托契约的特征

由于早期信托契约仅用来为众多债券持有人提供担保，对于信托契约的担保特征可以从以下几方面来理解：

（1）信托契约为受托人创设了担保权。信托契约是公司融资需求与信托制度相结合的产物。最早可追溯到1830年morris canal company为筹集资金，便于向多数债权人发行公司债券，同一个阿姆斯特丹商人作出信托契约，委托其为公司债券管理担保权。"为了能向分散的小的投资人融资借款，借用信托的设计，以受托人为渠道，由受托人代表债券持有人的整体利益来行使事或

---

① Stetson, Preparation of Corporate Bonds, Mortgages. etc., in Some Legal Phases of Corporate Financing, Reorganization and Regulation 1917(7). P645-646.
② Stetson, Preparation of Corporate Bonds, Mortgages. etc., in Some Legal Phases of Corporate Financing, Reorganization and Regulation(1922), *supra* note 4, P13-14.

管理担保权，并强迫受托人履行义务，发行公司与受托人达成的这个协议叫信托契约"，[①] 如果没有这个设计，很难为分散的债券持有人提供担保，那样高昂的成本将会阻止公司融资。因此对信托契约关系的本质在早期是这样描述："信托契约的实质与效力上是三方的，合同参与的双方当事人是债权关系，当信托文书被制作出来时他们便成为当事人；他们与受托人之间除了信托关系，什么也不是；在受托人与抵押人之间，除了抵押担保关系，什么也不是……"[②]信托契约中委托人发行公司与受托人间基于达成的信托协议在两者间形成信托关系；其信托关系的内容实质在于为将来债券持有人的利益，为实现公司债权而拥有和管理担保，对于信托契约的受托人而言，通过这种制度设计使得"信托契约下的受托人为了债券持有人的利益拥有担保，如果信托契约所形成的担保是抵押，那么受托人处于抵押权人的地位；如果信托契约形成的担保是质押，受托人处于质权人地位。"[③]尽管英美学者没有使用"担保物权人"来表述受托人在信托契约中的实质地位，但是通过法官在案例中的描述可以看出，通过信托契约的设计，当社会公众购买公司债券时，法院亦默认债券持有人将其对发行人享有的抵押权或质押权等担保物权转移给受托人，此时受托人享有对公司债权的担保物权。

(2)信托契约的信托标的为担保权益。传统信托中信托标的通常是具有物理特性的财产，信托的隔离性要求信托财产能够由委托人转移给受托人占有和控制，但是信托契约中由于信托财产通常并不转移给受托人控制，因此英美学者认为"现代公司信托契约虽然维持了信托的基本特征，但是与一般信托最重要的区别是——信托财产仍处于借用人的控制之下。这表明信托契约下将信托财产转移给受托人控制是不现实的，也暗示信托契约下的信托标的是信托财产是不正确的。……信托契约的标的不是一个事物，而是法律利益，

[①] Henry F. Johnson, The Forgotten Securities Statue: Problems in the Trust Indenture Act, The University of Toledo Law Review, 1981(13), P92.

[②] Ashurst v. Montour Iron Co., 35 Pa. 30, 43 (1860).

[③] Phinizy v. Augusta & K. R., 56 Fed. 273, 277 (C. C. S. C. 1893); Seligman v. Mills, 25 F. (2d) 807(C. C. A. 8th, 1928).

是信托契约下隐藏在公司债券后的构成担保的法律利益。"①大陆法学者也认为，英国法所规定的公司债的受托人是公司债的债权人，物上担保权为信托客体。② 大陆法国家因借鉴英美法公司信托契约而形成的附担保公司债信托中，学者们也通常认为，应将为发行公司债所设定的担保物权，由公司债受托人为公司债债权人取得，发行公司与公司债受托人间转让的担保物权就是信托财产。③因此对于信托契约的信托标的的理解，不可拘泥于传统信托财产，这里的信托财产不再是具有物理特性的物，无论英美法信托契约还是大陆法中附担保公司债信托中，信托财产应是具有法律意义的担保权益。也许正基于此，日本有学者会将包含附担保公司债信托在内的具有担保意义的信托统称为担保权信托。

(3)信托契约运用信托的原理，使得受托人为众多的分散的受益人即债券持有人的利益而享有和管理担保权。可以说信托契约的出现与历史使命就是为了向第三人转移担保权，因为"早期信托契约由自然人担任受托人，目的就是方便担保，"④信托契约从一开始出现就必然具有信托的外部特征，存在委托人发行公司、受托人、受益人即债券持有人三方当事人。但是对于信托契约的信托关系的本质确认却是经过较长时期的司法实践才逐渐认识到的。早期人们对信托契约实质的认识还是非常模糊，由于信托契约具有契约的外在特征，又借用了信托的制度设计，因此对于信托契约的法律性质究竟为合同关系还是信托关系存在较大的争议。最初法院通常将信托契约看作合同关系，运用合同法原理处理当事人间的法律关系，但是这样造成对合同之外第三人即债券持有人利益保护明显欠缺的结果。直到1850年在一个使用信托契约为铁路发行债券提供担保的案例中，法院明确指出"这个信托是如此新颖、复

---

① George E. Palmer, Trusteeship under the Trust Indenture, The Columbia LawReview, 1941(41), P202.
② 杨崇林：《信托与投资》，中正书局1979年，第105页。
③ 刘迎霜：《金融信托业务法律问题研究》，上海：上海交通大学出版社2014年，第150页。
④ Louis S. Posner, The Trustee and the Trust Indenture: A Further Study, The Yale Law Journal. 1937(46), P738.

杂，具有公众特征的，……这是完全意义上的私人信任间的信托关系。"①这表明法院暗示信托契约当事人间的法律关系已不再只限于合同关系，而是超越合同关系的"受信任人的职责关系"，受托人的职责应成为合同的一部分。从此对于信托契约的法律性质开始从合同关系转移到信托关系，这种认识到了1939年《美国信托契约法》得到了统一。发行公司、受托人与债券持有人间存在着的是信托关系，只是这种信托关系与早期的信托关系的发生时点上存在一些不同。早期学者们认受托人与债券持有人间在债券持有人未购买债券之前，他们不存在有效的信托关系；现在英美法认为从债券持有人购买债券之时他与受托人间的受托关系可以追溯到债券交易之前、信托契约形成之时，也即是现在人们普遍认为在公司债券未发行前，受托人即与未来的债券持有人形成信托关系，可作为未来债券持有人的受托人。②

目前信托契约的信托属性已经非常确定，仅就信托契约的担保功能来说，受托人处于担保权人的地位，其对委托人提供的担保物虽然享有名义上法定所有权，但是却不是为自己受益，而必须为债券持有人的整体担保利益的实现管理担保事务，通常包括债券发行之前，受托人有义务为将来债券持有人的担保利益而要求发行人提供证明担保物价值的公允证明、尽责地记录与担保权相关的担保物的详细信息并向社会公示；在债券发行之后，受托人有义务在特定情况下要求债务人更换或替代担保物；当债务人违约时，受托人有义务向债券持有人发出通知，或给予债务人合理宽限期，或执行担保，提起司法取消赎回权诉讼，将担保物的出卖价款向债券持有人进行分配等。

(二) 信托契据(trust deed)

1. 信托契据的含义与功能

trust deed 学者们常译为信托契约或信托契书，信托契据广义上理解是信托关系人间用于表明信托关系的书面委托书。本书所称信托契据专指美国不动产担保领域中一种担保形式。美国不动产担保发展轨迹虽然与英国相同，

---

① Louis S. Posner, The Trustee and the Trust Indenture: A Further Study, The Yale Law Journal. 1937 (46), P739.
② Fowler, Legal Responsibility of Trustee Under Corporate Mortgages, (1890) 24 Am. L. Rev. P713-714.

但是在实践中发展出不同于英国法的几种不动产担保形态：不动产按揭（real estate mortgage）、信托契据（trust deed）、土地合同以及不动产留置权。前三种是约定不动产担保，后一种是法定不动产担保。①

美国西部或南部有些州的信托契据被认为是与不动产按揭相似功能的工具。通常信托契据存在三方当事人，委托人即债务人、受托人与受益人即债权人。委托人将不动产契据交付给受托人，同时将用于担保的不动产的法律上所有权（legal title）转移给受托人作为向受益人担保债务的履行，由受托人为债权人的利益掌控担保物的法定权益。如果委托人不能履行债务，受托人可以根据受益人的选择行使出售担保物的权利，用于偿还债务，剩余款项由受托人返还给债务人。

显然，信托契据与不动产按揭的功能与机理非常相似，较明显的不同是借用了信托的制度设计，由第三人受托人来担保债务履行。在这些州中借用信托设计的初衷主要在于规避不动产按揭中按揭权人烦琐的取消赎回程序。当不动产按揭中的债务人违约时，按揭权人虽然取得司法取消赎回权，但必须通过法院以诉讼形式由法院判决按揭人丧失对担保物的赎回权。这种司法性取消赎回程序不仅耗时长久，如在一个无可争议的取消赎回权诉讼中至少需要经过 8 个月时间，并且费用高昂。② 于是人们利用信托设计，在信托契据中按揭人将其对担保的不动产所享有的权益转移给受托人，并且约定在债务人违约时，受托人可以依据按揭权人的约定直接对不动产进行出售，而不需经过司法性的取消赎回程序。经过长期发展，信托契据得到一些州法院的认可，并且在美国西部一些州，如加利福尼亚州、犹他州、亚利桑那州等通过了信托契据法案，信托契据在至少 11 个州占据不动产担保的主导地位。③

信托契据与不动产按揭相比，主要有两大优势：其一，信托契据的受益人在债务人违约时，既可以选择行使与不动产按揭相同的司法取消赎回权以实现担保权益，也可以选择在法院外直接行使出售权实现担保权益，因此"信

---

① 苏号明：《美国商法》，北京：中国法制出版社 2000 年，第 304 页。

② Committee on Mortgage Law and Practice, Cost and Time Factors in Foreclosure of Mortgages, 3 REAL PROP. PROB. & TR. J. 1968, P413-414.

③ Prather, Foreclosure of the Security Interest, 1957 U. ILL. L. F. P420-421.

托契据对债权人的好处是给予债权人以两种选择权,以避免拖延和高成本"。[1]第二,信托契据中委托人在受托人将担保物在法院外出售之后,委托人是没有法定赎回权的,即由担保物的购买人享有不动产的完全所有权;但是在不动产按揭中,若按揭权人行使司法取消赎回权,法院将不动产拍卖或出卖之后,为实现对按揭人的救济通常还会为按揭人保留一定期限(6个月-2年)的法定赎回权,这个期间内若按揭人获得资金则可以将不动产从取消赎回权的出售中解救出来。这对于购买不动产的购买人来说存在较大的法律风险,因为在此期限内购买人无法排除按揭人的再次进入。[2]尽管有些州已经通过对不动产按揭进行改革,允许按揭权人的有条件出售权,使得不动产按揭与信托契据两者越来越相近,但是信托契据的这些优势仍使得其在部分州不动产担保中占有重要地位。

2. 信托契据的特征

(1)信托契据创设了担保物权。信托契据作为可替代不动产按揭的一种担保工具,在一些通过信托契据法案的州均认为"信托契据法为贷款人提供一种与按揭具有相同经济功能的、更简便的担保方式",[3] 信托契据与不动产按揭具有相同的法律性质,都为债权人债权的实现提供了不动产物上担保。"信托契据,类似不动产按揭,以担保票据的履行或其他合同债务人的义务。委托人让与其对不动产法律上所有权给受托人,受托人为保证向受益人债权人清偿而拥有所有权。"[4]依据信托契据受托人通过委托人转移对不动产担保物的法律上所有权从而享有与按揭权人相似的担保物权,处于担保物权人的地位,甚至很多州法院认为"由于信托契据与不动产按揭具有相同的经济功能,有很多相似的特征,在信托契据法没有明确规定的时候可以适用按揭法。"[5]因此,

---

[1] Gary E., The Deed of Trust: Arizona's Alternative to The Real Property Mortgage, Arizona Law Review, 1973(15), P196.

[2] Osborne George Edward, Real estate finance law: a successor to Handbook on the law of mortgages. West Pub. Co., 1979, at § 8. 4 n. 81.

[3] Richard P. Jr. Garden, In Deed an Alternative Security Device: The Nebraska Trust Deeds Act, The Nebraska Law Review, 1985(64), P92-93.

[4] Gary E., The Deed of Trust: Arizona's Alternative to The Real Property Mortgage, Arizona Law Review, 1973(15), P195.

[5] Blair Co. v. American Sav. Co., 184 Neb. 557, 169 N. W. 2d 292 (1969).

信托契据的委托人具有与按揭人相似的权利,包括对担保物的占有权、使用收益权、法定赎回权等,受托人具有与按揭权人相似的权利,包括管理担保物与执行担保等基本权利。

(2)信托契据运用信托的原理,使受托人为债权人的担保利益而管理担保事务。信托契据将不动产担保与信托制度相结合,充分利用信托的架构,使第三人为债权人的担保利益实现提供了制度便利。通常信托契据与债权文书或合同一起构成债权债务与担保,债权合同是债关系的证明,信托契据为债的担保关系的证明。信托契据将传统不动产按揭中的按揭权人与按揭人等按揭当事人糅合进信托架构中,并引入第三人为受托人,这样信托契据成为三方当事人的参与,委托人即债务人、受托人、受益人即债权人。"信托契据创建的是三方当事人关系,债务人委托人转移信托财产的法律上所有权给受托人,受托人掌握信托财产的法律上所有权作为债权人受益人债权的担保。"[1]信托契据的受托人与普通信托的受托人一样,虽然名义上享有对担保财产的法律上所有权,但是其权利的行使并不是使自己受益,而是为债权人受益人的利益而管理担保事务,通常包括在委托人债务人未违约时,受托人有为受益人利益监督或保全担保财产的职责;债务人违约发生时,受托人须及时向受益人报告债务人违约事项,并接受受益人的执行担保的指示,或提起司法取消赎回权诉讼或直接对担保物行使出售权;对担保物拍卖或出卖所得的价款向受益人进行交付或分配,并基于担保物法律上所有权人的身份将担保物的所有权凭证交付给购买人等。

(3)信托契据性质为委托人将担保物的法律上所有权转移给受托人用来为受益人债权提供担保。美国不动产担保法域中虽然不动产按揭与信托契据均为重要的不动产担保形式,但是学界对两者的性质认识却不相同。早期美国一些东部州认为,不动产按揭是按揭人将担保的不动产的法律上所有权(legal title)转移给按揭权人,按揭权人通过享有担保物的法律上所有权用于担保债务的履行,一旦债务被清偿,担保物的法律上所有权将返还给按揭人,如果

---

[1] Richard P. Jr. Garden, In Deed an Alternative Security Device: The Nebraska Trust Deeds Act, The Nebraska Law Review, 1985(64), P95.

债务人违约，按揭人则只能取得衡平法赋予的衡平赎回权；而西部一些州则认为，不动产按揭中按揭人保留有担保物的法律上所有权，按揭权人享有对担保物的留置权益(lien)，其表现为债权人有权在债务人违约时用担保物来偿债。经过各州对不动产按揭的司法改革，目前这两种观点造成差异几乎没有，主流观点认为，不动产按揭中按揭人不需要转移对担保物的法律上所有权，而按揭权人享有的是对担保物留置权，"留置权说"成为不动产按揭的主流观点。但是对信托契据的性质学说，承认信托契据的各州多数认为信托契据性质与不动产按揭不相同，因为其借鉴信托设计，委托人是将其对担保物的法律上所有权转移给受托人，由受托人通过享有担保物法律上所有权来为受益人实现担保利益。如亚利桑那州认为"信托契据，委托人将不动产的法律上所有权转移给受托人以担保合同的履行，"①内布拉斯加州指出"信托契据创建的是三方当事人关系，债务人委托人转移信托财产的法律上所有权给受托人，受托人掌握信托财产的法律上所有权作为债权人受益人债权的担保。"②犹他州将信托契据受托人界定为，"一个通过信托契据享有被转移的不动产所有权以担保债务履行的人"。③ 这些表明在承认信托契据的州的主流观点认为，信托契据实质是通过转移担保物法律上所有权来实现对债务的担保。

尽管信托契据受托人享有担保财产的法律上所有权，但是信托契据受托人的权利相比较于普遍信托受托人的权利而言要小得多，学者们认为信托契据受托人仅对担保物享有"名义上的""空的"所有权，④ 一方面受托人的法律上所有权受到担保委托人债务履行目的的限制，当债务清偿时受托人法律上所有权当然消灭；另一方面通常认为委托人类似不动产按揭的按揭人，保留了担保物的除了法律上所有权之外的其他权利，如收益权，甚至有的州认为对信托财产的占有使用权，可以由信托契据委托人保留，仅仅在债务人违约时委托人才需将担保物交给受托人占有，以实行担保。因此"受托人仅获得这

---

① Gary E., The Deed of Trust: Arizona's Alternative to The Real Property Mortgage, Arizona Law Review, 1973(15), P195.
② Richard P. Jr. Garden, In Deed an Alternative Security Device: The Nebraska Trust Deeds Act, The Nebraska Law Review, 1985(64), P95.
③ UTAH CODE ANN. § 57-1-22(1) (Supp. 1961).
④ Hamel v. Gootkin, 202 Cal. App. 2d 27, 20 Cal. Rptr. 372 (1962).

些能使他将信托财产转移给购买人的权利,担保物的其他所有权功能都保留在委托人手中"①,赋予受托人享有担保物的法律上所有权的目的,是方便受托人在债务人违约时将担保物在法院外出售以及将出卖的担保物所有权合法地转移给购买人。

二、英美式担保信托法律构造模式——分割所有权构造

(一)英美式担保信托乃是为担保债务履行而创设了担保权

概括起来,将信托契约与信托契据作为英美担保信托之典型,莫不是基于两者之共性——均可为特定债务履行提供物之担保,因而"担保目的"与物上担保是其两者之共同特征。信托契约是为发行公司的债券提供按约定履行债券还本付息的义务提供担保,信托契据可为任何具有经济特性债务履行提供担保;信托契约通常由发行公司在包括不动产、动产、权利等一系列单个或集合财产上为债务履行设定担保,信托契据常见仅在不动产以及少数视为不动产的财产设定担保。因此,英美担保信托实则为担保债务履行而在物上产生的担保权制度。

信托契约与信托契据虽然均能在物上产生担保权,但是两者担保权产生方式稍有不同。信托契约中,"在受托人与抵押人之间,除了抵押担保关系,什么也不是……"②"信托契约下的受托人为了债券持有人的利益拥有担保,如果信托契约所形成的担保是抵押,那么受托人处于抵押权人的地位;如果信托契约形成的担保是质押,受托人处于质权人地位。"③可见信托契约受托人处于担保物权人之地位,对于信托契约受托人的担保权如何产生,存在一定争议。多数学者认为,信托契约是发行公司作为信托委托人与受托人订立以债券持有人为受益人的公司债信托。部分学者认为,信托契约的委托人并不是发行公司,而是发行公司法律上被推定为将来债券持有人的受益人与信托

---

① Richard P. Jr. Garden, In Deed an Alternative Security Device: The Nebraska Trust Deeds Act, The Nebraska Law Review, 1985(64), P101.
② Ashurst v. Montour Iron Co., 35 Pa. 30, 43 (1860).
③ Phinizy v. Augusta & K. R., 56 Fed. 273, 277 (C. C. S. C. 1893); Seligman v. Mills, 25 F. (2d) 807(C. C. A. 8th, 1928).

契约受托人形成的公司债信托，信托契约真正的委托人应是公司债券持有人。[①] 笔者认为，由于信托契约的信托标的并不是具有物理特性的物，而是担保权益，如果委托人是公司债的发行公司，那么意味着公司债发行公司能将其享有的担保权转让给受托人，但这在事实上是不可能的，公司债发行公司是债务人，不可能作为公司债的担保权人，而事实上能享有担保权的只能是债权人债券持有人，因此，信托契约的委托人只能是债券持有人。具体而言，信托契约受托人之担保权是这样产生的，公司发行公司债之前，发行公司与受托人就信托契约的内容达成一致，发行公司接受未来债券持有人的委托，约定将未来债券持有人的担保权转移给受托人享有，受托人需为未来债券持有人之利益行使和实现担保权。因此，信托契约受托人的担保权是间接地从债券持有人处获得。相比较而言，信托契据受托人之担保权的产生就简单得多，信托契据是受托人接受委托人债务人之委托，委托人将担保物之法律上所有权直接移转于受托人，而使受托人为受益人债权人之利益而负担担保权，因此，信托契据受托人之担保权直接依据信托契据产生，并非如信托契约一般从债权人处转移获得。

(二) 英美式担保信托通过信托的分割所有权模式来实现担保权益

英美典型担保信托均能在物上为债务之履行产生担保权，这点与后文将提到的大陆法担保信托之功能基本相当。但是英美担保信托之担保权益的实现则需借助于英美信托，根植于英美特色的分割所有权理论。

双重所有权制度是英美独特的财产权理论，是英美信托制度的理论基石。如前文所述，双重所有权，英美法表述为"受托人与受益人同时享有对同一财产的对物权益，……其中受托人享有作为财产权人的一些或所有权利，而受益人享有受益所有权。"[②]就双重所有权的本质来说，它只是英美法普通法与衡平法两个不同司法体系对信托当事人给予的不同救济的法益。信托受托人作为普通法产权人，可以对信托财产做出处分，受托人享有普通法产权所赋予

---

① 参见刘迎霜：《金融信托业务法律问题研究》，上海：上海交通大学出版社 2014 年，第 156-159 页。

② William F. Fratcher, International Encyclopedia of Comparative Law, Property and Trust, Chapter 11, Trust, Tübingen, J. C. B. Mohr, 1973(6), P8.

的处分财产的权利，但是处分所得之收益应属于受益人，受益人享有衡平法产权赋予其的享受信托财产处分所得一切利益的权利，受托人不能实际享用信托财产，受益人不能处分信托财产，因此普通法产权和衡平法产权分别担负着针对同一信托财产的不同功能，普通法产权对应着处分功能，衡平法产权对应着用益功能。将其放在大陆法所有权体系中来看，双重所有权实则是对一个所有权进行功能分割的产物，两个权利共同分担了一个所有权的不同功能。

英美担保信托充分利用了英美法的分割权利模式来共同完成担保目的。英美担保信托中，无论信托契约或信托契据，一方面受托人虽然为担保信托的担保权人，他可以像真正的担保权人一样管理和执行担保，第三人也可以受托人为担保财产的担保权人而与之进行交易，但是他不得享有担保物上的任何担保利益，这种担保权与真正的担保权人相比与其说是实质的不如说是形式的，与其说是真正的担保权不如说是"空的"名义上担保权。并且他还需要根据信义义务行使担保权，必须为了受益人的最大利益行使管理和执行担保的权利，既不得将担保利益归属自己，其担保权利也会受到一定限制。另一方面，受益人真正地享有担保财产的担保利益，他有权要求受托人依据信义义务向其交付担保财产带来的担保利益，甚至必要时可向除了善意受让人之外的其他人主张权利。因此，担保信托的担保权益的实现通过权利分割方式由受托人与受益人共同来完成，受托人作为名义上担保权人，实质上只能行使法律赋予其的管理担保和执行担保的权利；受益人作为实质上的担保利益所有权人，享有担保利益的收益权。

第二节 法国式担保信托的法律构造

法国担保信托通过系统性的体系化的立法肯定了担保信托法律地位，它丰富了信托法的领域和适用范围，是信托法的一次重大进步。法国担保信托的出现可谓一波三折。虽然早在几十年前，法国学界已经为信托的植入准备好了理论基础，源于罗马"债权人之托"的担保信托已被认为是信托的一种重要类型,但是因为"法国财政部门无情地反对信托或相类似制度,认为其是隐藏财产、避税和洗钱的工具"①,以财税部门为代表的政府部门充满对其不信任与歧视,甚至"将信托看作犯罪"②,竭力阻止信托法产生。终于当2005年2月参议院提交了一份旨在建立"完全透明且详细监管的信托"信托法草案后,信托才终于进入法国民法典。但由于学者们对担保信托性质的争议,在信托入法之时担保信托却被有意或无意地遗漏了。直到其后两年通过一系列法令的弥补,才大致上形成了今天担保信托的基本内容。

一、法国式担保信托的界定

法国民法典在正式确立担保信托之前,法国商事实践中被视为担保信托的典型样态主要是"戴里清单式"担保(内容详见第一章)。法国民法典确立了担保信托的法律地位之后,包含"戴里清单式"担保等的几种以信托为担保的样态都被民法典中的担保信托的定义所涵盖。因此,法国担保信托不同于英美法担保信托的是,它是一个理论上具备完整统一性的法律制度,并不像英美法担保信托一般零散分布在商事实践的角落中。依据民法典信托的定义,担保信托通常被定义为"一名或数名信托委托人以担保债权为目的,将某些现有的或将来的动产、不动产或权利转移给受托人,受托人将这些财产与其本人的财产相分离,为一个或数个受益人的债权实现的操作"③。

由于多年的利益博弈与妥协,法国担保信托表现出"立足于本国法律土壤的、以合同为基础的、管制严格且透明"的特点。具体而言,法国担保信托表现出如下特点:

(1)以合同作为担保信托的构造基础

受到罗马法信托的"信托协议"的影响,法国理论上一直将信托视为委托人与受托人间的协议,"合同"的信托基础对法国信托立法产生了重大影响。法国担保信托以合同为设立基础既遵循了大陆法系国家信托创建的基本方式,

---

① James Leavy, In France we trust. International Financial Law Review, 2007. 26(4), P66-67.
② Paul Matthews, The French fiducie: and now for something completely different?. Trust Law International, 2007(21), P28.
③ Dominique Legeais, FIDUCIE-SÛRETÉ, Juris Classeur Commercial, 01 Avril 2011, n°4.

使得"能够比较顺利地将信托制度嵌入法律体系"①，同时也具有本国现实和历史的必然性。

一方面，在此之前虽然法国没有成文的信托法，但实际商事活动中信托作为信用担保工具在金融领域得到广泛运用。如被法国货币金融法典所许可的资产证券回购、银行债权转让中，双方当事人都是通过合同达成协议，一方将某项资产证券或债权出售给对方，同时与对方约定在一定条件下他将以一定的价格购回该项资产或证券或债权，在对方当事人占有该项资产、证券或债权期间，出售方及受让方当事人的债权人都不得对此资产、证券或债权请求清偿债务②。即在法国商事实践中信托被广泛地以合同的形式得以运用。

另一方面，法国担保信托的合同理论具备一定的历史特性。早在20世纪初，法国学者Pierre Lepaulle指出，罗马法的信托是与英美信托最相似的制度，是大陆法系国家最容易发展成与英美信托相似的法律技术。③ 由于罗马法早期的信托是附于物的所有权转移之后的一项附随性契约，无论何种原因发生物的所有权转移，受让所有权的一方向另一方承诺在约定条件下再将物的所有权转移给原物的所有权人。这时物的所有权转移的目的"在于增强债权人的信任，因此信托质权字面理解为基于信任的契约"④。因此，在合同的债务关系中，信托主要体现为合同的担保条款存在，以增强债务人债务偿还能力，而债权人对债务人负有依合同而存在的约定的信任义务即不得将转移所有权之物用以处分或收益等其他目的。后来由于这种信托担保方式的程式烦琐以及适用范围有限等原因，在优士丁尼法中被废除，罗马法信托开始淡出人们的视野。但是罗马法信托的"契约之义"对法国信托的性质理解产生了重大影响。

在20世纪初法国学者Pierre Lepaulle的影响下，法国学者开始加大对罗马信托历史发展的研究。如法国学者Thévenoz通过研究Guillaume Budé的著作指出，罗马法信托fiducia既不是正式也不是绝对的占有，具有信托性质，

---

① 何宝玉：《信托法原理研究》，北京：中国政法大学出版社2005年，第73页。
② 参见《法国货币金融法典》第313-23条；第313-36条；第432-12条等。
③ Pierre Lepaulle, Civil Law Substitutes For Trusts, Yale Law Journal, Vol. 36, 1927, P1138.
④ 陈朝壁著：《罗马法原理》，北京：法律出版社2006年，第326页。

本质是一种诚信合同，对这种合同可提起信托之诉①。法国学者 Remy 对罗马法信托的类型进行研究，总结出罗马法信托常见的两种类型，一种为"债权人之托(fiducia cum creditore)"，主要运用于债的担保，债务人为了让债权人放心而转移自己的财产给债权人，债权人对担保物享有所有权，债务人还债后一年内可依特定程序取回物的所有权；另一种为"朋友之托(fiducia cum amico)"，主要发生在相互信任的朋友之间，寄托人将物交给信任的保管人保管并转移所有权，保管人凭借良心决定到期保管物是否归还。②法国信托法将这两种罗马信托类型进行整理，在民法典中确立了以"债权人之托"为原型的以担保债权为目的担保信托，以"朋友之托"为原型的以管理财产为目的的管理信托。

尽管法国信托在其信托概念的表述上并未直接使用"合同"一词，而是使用较为中性的"操作"一词来描述信托。但是目前法国主流学说认为，"考虑到罗马法的传统，信托被认为是一个在设立人与受托人之间的合同，合同的目的是第三人利益的特定目的。"③因此，这种"为了第三人利益合同"的观点在担保信托的立法中得到了体现：①担保信托合同不可能由设立人一人成立，因此担保信托合同中设立人和受托人不能是同一人，但是设立人可以是受益人；②受益人是合同的第三人，不是合同的当事人，立法超越一般的合同规则，赋予其对受托人的请求权以及向法院请求更换或解雇受托人的权利；等等。

(二)运用目的财产理论实现担保目的

如前文所述，法国传统总和财产理论认为，民事主体只能有一个财产权，无论其将全部财产中某部分用于经营、消费等特殊目的，其仅是总和财产的组成部分，民事主体的一切总和财产的积极财产都要用于清偿消极债务。这种概括性的广义的总和财产理论下，难以将信托财产与受托人个人总和财产

---

① Thévenoz, Trusts in Switzerland: Ratification of The Hague Convention on Trusts and Codification of Fiduciary Transfer. Schuthess, Zurich, 2001, P344-345.

② D. J. Hayton, S. C. J. J. Kortmann, H. L. E. Verhagen(eds), Principles of European Trust Law. Netherlands: Kluwer law International and W. E. J. Tjeenk Willink, 1999, P133.

③ D. J. Hayton, S. C. J. J. Kortmann, H. L. E. Verhagen(eds), Principles of European Trust Law. Netherlands: Kluwer law International and W. E. J. Tjeenk Willink, 1999, P145.

相分离，也就无法从理论上实现信托的财产隔离功能，那么信托最大的魅力也就不复存在。为此法国学者借鉴了目的财产理论，发展出了信托目的财产理论以使信托财产从受托人的总和财产中分离出来。

法国信托法专家 Pierre Lepaulle 最早用目的财产理论来解构信托财产。他认为"从受托人处被划拨出来的信托财产用于特定目的"这个内涵是信托的特征，是构造法国法信托必不可少的要素。虽然信托中受托人的职责会有所不同，但是他的职责需要通过将划拨出来的财产用于特定目的来实现，受托人必须将划拨出来的财产服从于该特定目的。一旦从某个人的总和财产中划出部分财产用于特定目的以后，信托就成立了，受托人就需要对该划拨的财产负有一定义务。因此信托是一项由受托人实施的用于特定目的划拨财产。[①] 既然信托财产是被划拨出来用于特定目的的，那么它与受托人的总和财产相区别和独立，可以免于用于清偿被受托人总和财产中的消极负债，而只能用来承担划拨财产而来的债务。经过信托目的财产改造的法国信托实现了英美信托的信托财产隔离功能。

同时经过信托目的财产理论的改造，担保信托还成为一种新型的担保物权。设立人将特定财产划拨出来用于为特定债务担保，受托人对划拨财产享有所有权，受托人的所有权并不是真正的所有权，其受到担保目的限制，其不仅对担保财产没有如所有权人般的处分权，而且担保财产与受托人的个人财产相分离而专用于担保债权的目的。通过信托财产方式进行担保，既可以从债务人的责任财产中划分出信托财产，使其不受债务人的其他债权人的追及，只用于为债权人的担保；也可以便于债务人对担保财产的管理经营，虽然信托财产被设定了担保，但财产仍由受托人为名义上的占有，不影响债务人对担保财产的正常运营，在债权人主张信托受益权时，由受托人为受益人利益行使担保权，实现对信托财产的处分以满足受益人的债权。

尽管法国学者一般认为"特定目的财产"构成信托财产的本质，但是在法国民法典对仅强调"信托受托人将信托财产与自有财产相分离"，而没有使用

---

① Pierre Lepaulle, An outsider's view point of the nature of trusts. Cornell Law Quaterly, 1928(14), P52-55.

"特定目的财产"概念加以表述,但是这并不妨碍运用"特定目的财产"理论架构法国担保信托,主要表现为:①担保财产与委托人财产、受托人的自有财产相分离,担保财产必须公示且明示受托人名称(法国民法典第2021条);②受托人管理的担保财产应独立进行会计核算(《信托法案》第四章第12条);③担保财产独立于信托受托人的个人债务,免予受托人债务人的追及(民法典第2024条);等等。从以上规定可看出,担保财产不仅独立于信托受托人的个人财产,而且为保证这种独立对第三人的可对抗性,明确要求信托财产进行法定公示及独立的会计核算,并且由于信托财产专用于担保,只能成为债务的担保,从而免受非此特定目的债务的追偿。

但是法国信托财产的"目的性"和独立性又贯彻得不彻底,立法者既希望通过目的财产理论达到英美信托的破产隔离功能,同时又担心独立的信托财产会对第三人利益造成损害,因此法国法既肯定了信托财产的隔离功能,又突破了信托财产的有限责任,表现为在一旦信托财产无法全部清偿第三人的信托债务时,原则上可由委托人用自有财产承担信托债务;甚至信托当事人还可以约定由受托人对信托全部或部分债务承担清偿责任(法国民法典第2025条)。此种信托财产的"渗透规则"显然是立法者用以防范信托被用于欺诈或逃债,以防止对第三人利益造成损害,它极大地损害了信托的财产隔离功能,受到学者们的诟病。然而,这些"渗透规则"对于担保信托是否也能适用,是一个值得研究的问题。多数学者认为,作为所有信托均适用的一项一般规则,渗透规则当然也应该适用于担保信托,也就是当担保财产不足以清偿被担保债务时,可以要求担保信托的设立人以其他个人财产来清偿。[①] 但是笔者认为,担保信托是以特定的担保财产对债务的清偿进行担保的一种物的担保,物的担保具有特定性的特点,即担保责任的承担只能及于特定的财产之上,当用于担保的财产不存在或没有替代物时,物的担保也就消灭了;不足清偿的债权部分成为无担保的债权由债务人用其他个人财产偿还。因此,对担保信托也应受到此规则的约束,当特定的担保财产不足以清偿担保债务时,应

---

① François Barrière, La fiducie-sûreté, La Semaine Juridique Notariale et Immobilière n° 42, 16 Octobre 2009, 1291, n°15.

由债务人以个人财产来清偿。并且在担保信托中，信托的设立人可能是债务人，也可能是提供担保物的其他人，若在后者情形下，当担保财产不足清偿被担保债权时，由提供担保物的其他人来清偿不足以清偿部分，则可能显失公平。

（三）以类似公司的管制方式加强对担保信托的监管

尽管法国信托在博弈中取胜并走进民法典，但其在立法上表现出极强的公司化倾向。这种公司化倾向并不是指法国信托取得与公司一样独立的法律人格，而是立法者借用规制公司的管制方法对信托进行规制。在担保信托立法上主要表现为：①法国立法视信托为公司一般，将其担保信托的适用范围仅限制于商事领域（法国民法典第2013条）。②担保信托的受托人只能是公司实体，且是有限的金融机构或律师。出于对自然人设立人的保护，如果自然人要设立担保信托，必然为自己指定一个信托代理人，以保护自己的利益（法国民法典第2014与2015条）。③担保信托不仅需要像公司一样进行税务登记与会计核算与审计、信托财产登记，而且还需要对担保财产进行专门的评估（法国民法典第2019、2020和2017条）。这些严格的公司化规制方法使得法国担保信托自产生开始便表现出十分明显的法律干预色彩，因此有学者批评为"现行信托法相对于1992年信托草案是一种退步。……很难想象一个现代国家还能支持这种歧视性制度。……从普通法角度看，信托制度是压制的，并且是反创造性"[1]。

法国立法之所以对信托采取如此严格的公司组织化的管制，主要原因可概括为两方面。一方面，对待信托的理念上，从一开始法国人就将信托视为洪水猛兽。由于英美信托具有避税的功能，法国又是以高税收支撑的高福利国家，因此，早期法国税务部门担心信托会用于减少或逃避税收义务而极力反对信托立法；与此同时法国政府又认识到信托与洗钱罪过的关联性[2]，在此双层担忧下，法国立法者对信托进行严格管控也就不难理解。另一方面原因

---

[1] Paul Matthews, The French fiducie: and now for something completely different?. Trust Law International, Vol. 21(1), 2007, P25.

[2] 英国知名学者阿诺·蒙特堡在法国国会讨论信托草案前，为国会写作题为"全球金融资本最放松之一的特洛伊木马"的评论文章，揭示信托与世界洗钱资本的关联。

来自理论认识的不足，尽管通过法国学者多年的努力使得信托融入法国法体系，但对于普通国内法官而言，他们对信托并没有比普遍公众有更多的了解，学者对此评述为："过去民法法系法官在面对普通法信托时极力把他们不了解的信托制度认为不能采用，如同他们面对公司制度一样。刚开始由于他们不了解，新法将信托等同于公司……"①。也有学者认为立法者"将信托视同为公司"，是受到法国学者Pierre Lepaule"特殊主体说"理论的影响。总的来看，虽然法国立法对信托登记、公示、会计等内容的强制性规定从效果上看强化了信托财产的独立及信托人格化倾向，但这并不是立法者对信托进行公司组织化管制的直接动因。由于立法者的担心与不信任，无论理论与实践中法国信托都不可能获得与公司一样的平等对待，充其量只是立法者借助于公司组织化的理念来实施管制而已。

二、法国式担保信托的法律构造模式——特殊所有权构造

(一) 法国式担保信托受托人所有权

法国民法典第2011条对信托的表述是"信托是指一个或数个设立人向一个或多个受托人转让其现有的或未来的物、权利或担保，或者现有的或未来的物、权利或担保的整体，受托人将这些财产与其本人的自有财产相分离，并按照特定目的为受益人利益行事"，显然法国立法对信托采取中性的表述。但是表述中的"转让给"，再结合法国信托的合同基础，可以推断法国信托移植借鉴了多数大陆法系国家的做法，承认受托人基于信托合同，从委托人处取得信托财产的所有权，享有信托财产所有人的名义，并享有管理、处分信托财产的权利。这一论断也得到多数法国学者的支持，其通常认为"担保信托，将多种担保财产由设立人转移给受托人，受托人为担保债务的履行而享有财产所有权"②。而对于受益人，受到法国将信托合同视为"第三人利益合同"观念的影响，受益人非为信托合同当事人，其对信托的影响力非常有限，

---

① Paul Matthews, The French fiducie: and now for something completely different?. Trust Law International, Vol. 21(1), 2007, P22.

② François Barrière, La fiducie-sûreté, La Semaine Juridique Notariale et Immobilière n° 42, 16 Octobre 2009, 1291, n°10.

除了可以享有信托利益之外，法律仅赋予其请求法院变更或解雇受托人的权利和信托合同的解除和变更权。相较于其他大陆法系国家而言，受益人的受益权的债权范围要小得多。

虽然2007年信托法案缺少对担保信托的具体规定，但从学理上推断以及2009年后担保信托法案的补充规定可看出，担保信托作为信托的一种重要类别，遵从信托的基本特征，在担保信托中，受托人对转移到其处的担保财产享有名义上的所有权。

(二) 法国式担保信托受托人所有权的性质

尽管法国信托受托人享有所有权，但这种所有权不是完整的真正的所有权，学者们称为"义务所有权""特殊目的所有权"[1]"肢解的所有权"[2]，甚至认为立法创造了一个新的物权。[3] 从学者们的评论可得出，担保信托受托人所有权也不是传统意义上的所有权，担保信托受托人名义享有担保财产的所有权，但是受托人不像真正所有权人一样对担保财产享有绝对的占有、使用、收益和处分的权利，所有权由于受到担保信托合同目的拘束显然是不完整的，使得担保信托受托人所有权具有以下特点：①目的性。经过目的财产理论改造后的法国信托财产，不仅使得信托财产可以基于当事人特定担保目的，从受托人的财产中分离出来而专用于担保债务履行的目的，不受受托人的债权人的追及，而且使得"担保特定债务履行"的特定目的，成为担保信托的崇高宗旨，对受托人的名义上的所有权行为进行债权性的约束，即受托人对担保财产所为的一切类似所有权人的行为均必须是为担保债务的履行而为之，无论对担保财产的占有或非占有、利用或管理等行为。即便是受托人以自己名义对担保财产进行处分，如清算、变卖等行为，其也需是以担保为目的，处分所得利益只能归属受益人即债权人。②临时性或期限性。完整意义上所有权是无期限的永久的，但是担保信托受托人的所有权是暂时的、有期限的。担保信托受托人的所有权只有在担保权存在期限内，随着担保债权得到清偿，

---

[1] D. J. Hayton, S. C. J. J. Kortmann, H. L. E. Verhagen (eds) , Principles of European Trust Law . Netherlands: Kluwer law International and W. E. J. Tjeenk Willink, 1999, P147.

[2] Claude WITZ, Réflexions sur la fiducie-sûreté, La Semaine Juridique Entreprise et Affaires n° 18, 6 Mai 1993, 244, n°4.

[3] Dominique Legeais , FIDUCIE-SÛRETÉ, Juris Classeur Commercial, 01 Avril 2011, n°41.

或担保信托担保权得以实现,担保信托受托人所有权使命也即终止。

(三)法国式担保信托的法律构造——特殊所有权用于担保的信托

由于2007年信托法案制定时缺少对担保信托的具体规定,虽然2009年后对担保信托内容进行相应的增补,但是对法国担保信托的性质与法律构造仍然存在着一定争议。

绝大多数学者认为,法国担保信托通过立法的形式确定了一种新的担保方式,以转移所有权实现担保。如学者们普遍认为,法国担保信托是对以前司法实践和判例所承认,如以应收账款为担保、以信用证为担保以及以现金作为债务人担保等非典型担保方式的一种正名,法律将这些转移所有权以提供担保的方式统一归并到担保信托名下;[1] 有学者明确指出,"担保信托产生了一个担保,与此同时也创设了一个所有权,这个所有权是为用于担保而被划拨独立出来"[2],"担保信托的受托人对转移的担保财产至少享有排他性的所有权"[3],其意表明,担保信托受托人的源于划拨的所有权是为担保而生,担保设立人通过转移担保财产所有权方式为债务提供担保。

少数学者认为,法国担保信托只是借鉴了英美国家某种担保信托,将信托作为担保的管理方式,通过转移担保权实现担保。如有学者指出,从信托的表述来看,担保信托应是设立人向受托人转让担保权,由受托人将担保权财产与本人财产分离,为担保债权人的利益进行管理。并指出,法国担保信托似乎应该是债务人与债权人设立担保权之后,再由债权人将担保权转让给受托人,由受托人代表债权人利益统一持有担保权并管理担保权。[4] 但也有学者反驳,虽然信托的定义条文使用了"将物、权利或担保转移给受托人",此处的"担保"并不是指担保权,因为担保权也是权利,信托定义中的"权利"本身就包含了担保权,也并不是故意留下文字漏洞,定义中的"担保"只是立法

---

[1] Martin Gdanski, The French law on fiducie and its application to banking and finance transactions, Journal of International Banking Law and Regulation, 2007, 22(8), P436.

[2] Claude WITZ, Réflexions sur la fiducie-sûreté, La Semaine Juridique Entreprise et Affaires n° 18, 6 Mai 1993, 244, n°5.

[3] François Barrière, La fiducie-sûreté, La Semaine Juridique Notariale et Immobilière n° 42, 16 Octobre 2009, 1291, n°8.

[4] Martin Gdanski, The French law on fiducie and its application to banking and finance transactions, Journal of International Banking Law and Regulation, 2007, 22(8), P437.

者为了强调设立信托的财产具有广泛性,① 并且表明信托至少可以具备两种类型：管理信托与担保信托。因此也不能据此认为，法国担保信托是通过转移担保权来实现担保。

笔者认为，无论从法国担保信托的学理研究脉络还是从立法本意来看，法国担保信托的法律构造是通过转移担保财产的所有权来实现担保：①法国担保信托的历史源头——罗马法信托让与担保信托，是以担保债务为目的信托要式买卖，债务人向债权人以要式买卖的形式转让某一财产所有权，以保证债权关系的成立。债权人取得担保物的占有后，同时也会附加一项信托简约(fiducia cumcreditore)，在该协议中约定，若债务人履行了债务，担保物的所有权应返还给债务人。罗马法信托让与担保亦是以转移担保财产的所有权实现担保，法国担保信托借鉴了它的权利构造并加以简单化。② ②法国信托立法之前，对法国商事实践中普遍存在应收账款等担保方式，判例法均认可是通过信托让与权利方式直接实现担保，对于此种学理上占主流地位的解释是"为了担保当事人之间的债务关系而转移所有权，此种所有权的转移仅在实现担保目的"③。③虽然法国民法典对信托的定义让学者们对担保信托的法律构造产生了一定的误解，但是从2009年担保信托增补中的用语，可看出立法者对此问题的明确回复。增补后的担保信托依据不动产、动产或权利的分类，将担保信托的内容分别编入"不动产担保"与"动产担保"中的"以担保名义让与所有权"的章节中，并在第2372-1、2488-1条表述为"不动产（动产或权利）所有权，依据信托合同，以担保某项债务的名义让与之"，第2372-5、2488-5条的表述更为直接，"如设立担保信托合同有明确约定，让与的所有权随后仍可用于担保该合同所指债务以外的其他债务，……"，这些皆表明立法者认可担保信托是"以担保名义让与所有权"，通过让与所有权的方式实现债权担保。难怪乎我国学者会将法国担保信托称为信托让与担保。

---

① 李世刚：《法国担保法改革》，北京：法律出版社2011年，第206页。
② Dominique Legeais, FIDUCIE-SÛRETÉ, Juris Classeur Commercial, 01 Avril 2011, n°5.
③ James Leavy, In France we trust. International Financial Law Review, 2007. 26(4), pp. 66-67.

第三节 日本式担保信托的法律构造

日本传统习惯上一直将信托看作有效的管理工具，因此管理信托是其信托常见的基本类型，担保目的信托除了明治三十八年借鉴英美公司债发行而制定的《附担保公司债信托法》给予了立法肯定外，似乎立法和学理上对担保信托或类似担保目的信托兴趣并不大，至少不能与法国担保信托的历史和研究内容等量齐观。由于日本的担保信托作为信托的补充类型存在，并不似法国的担保信托，自从法国学者们开始研究植入信托制度以来，学理上就对担保信托的类型给予高度的认同，"信托至少包括管理信托和担保信托"，因而日本对担保信托的研究相较而言就少得多。自2006年日本大规模对信托法进行修订，引入了为"担保权的设定"信托，理论上普遍认为这是给予了担保信托以立法上正名，日本学界开始加大对担保信托的研究。日本对担保信托的称法可谓五花八门，有称为"担保信托""担保权信托""担保目的信托"或"作为担保的信托"等。笔者以为，在论述日本担保信托的法律构造之前，实有必要梳理日本担保信托的简要发展，寻找到能与法国担保信托相类似的担保信托制度并给予范围的界定。

一、日本式担保信托的界定

(一)《附担保公司债信托法》之担保信托

19世纪末期，日本经过明治维新后商业资本飞速发展，银行业开始出现信托业务。1905年日俄战争结束后迎来了战后经济复兴发展，为了取得外资融资，为公司融资提供安全的担保环境，日本作为一项紧迫国策制定了《附担保公司债信托法》。《附担保公司债信托法》主要是借鉴了美国商事实践中广泛运用的信托契约的一些规则，将其作为公司发行附担保债券的普遍规则。附担保公司债信托通常是公司在发行公司债券时，需要为债券持有人在公司指定的财产上设立担保权，债券发行人将该担保权委托给受托人，受托人为债券持有人的利益来保存和实行担保权。虽然《附担保公司债信托法》中没有对附担保公司债信托给予明确的定义,但是学界普遍认为依据此法发行公司债时所适用的信托是一种附担保目的信托,是信托的特殊类型。① 这是日本立法史上对担保信托的最早的立法承认,甚至早于日本信托基本法,这种早于一般法而先立特别法的情形也是让人惊讶的。

《附担保公司债信托法》创造了这样一种担保信托:公司在发行附带有担保的公司债时,与受托人订立信托契约,为受托人设定担保权,受托人为全体公司债债权人的利益保管行使担保权以及履行其他与公司债相关义务的信托制度。概括起来,日本《附担保公司债信托法》创设的担保信托具有以下特征:

①附担保公司债信托具有担保的特征,实为公司发行债券创设担保权。由于公司债的发行不同于普通债,需要面对不特定的多数债权人融资,为增强融资的信用与安全,附带提供担保为债权人所需。因此附担保公司债信托与无担保社债信托的根本区别在于为债权人创设了担保权,并且允许公司使用尽可能多的动产、不动产或权利为债权人设定担保。《附担保公司债信托法》第70条规定"依信托契约的物上担保,对于信托证书所记载的总社债,归属于受托人",鉴于公司债发行的特殊性,该法还为这种担保信托设置了特殊的形式,第72条规定"依信托契约的物上担保在社债发行前生效的,亦为有效",表明依据附担保公司债信托创设的担保权的设立方式通常表现为两阶段,首先可由发行公司与受托人就担保权的设立签订担保合同,然后发行公司向公众发行附担保的公司债,发行公司再与受托人就公司债和担保权的管理签订信托契约。这个程序中,显然受托人的担保权是先于公司债权人的债权成立的,因此学界普遍承认,附担保公司债信托打破了担保权与被担保债权的附从关系原理,是担保权附从性的特例。②

②附担保公司债信托运用了信托原理,信托契约是其基础。同样由于公司债的发行不可能依照普通借贷关系一样,由发行人与每个借款人分别签订借款合同与担保合同,进行担保公示、清偿债务或执行担保权,在现实中是

---

① [日]長谷川貞之:《担保権信託の法理》,勁草書房2012年,第55-58页。
② [日]新井诚:《信託法》,有斐閣株式会社2014年,第151页。

完全行不通且成本高昂。为了便于对公司债的统一集中管理和对多数债权人的保护[1]，借鉴了信托原理才得以实现。该法第 2 条规定"社债欲附以物上担保时，可由发行社债的公司与信托公司以信托契约发行之"，第 8 条"信托契约当依信托证书缔结之"，第 22 条"公司依信托契约募集担保附社债，当公告以下事项"，第 23 条"委托公司依信托契约，应将募集社债的事务委托于受托公司。若信托契约无特别约定，受托公司有为关于发行债券、偿还社债、支付利息的一切行为的权力"，第 70 条"依信托契约的物上担保，为信托证书所载的总社债额，归属于受托公司"，等等，在附担保公司债信托的设立与运行过程中，信托契约必不可少，既是附担保公司债信托成立的基础，也决定了附担保公司债信托当事人间的具体权利义务。并且从近年来《附担保公司债信托法》的修改趋势来看，修法的用意在于放松立法对附担保公司债信托当事人意思的管制，赋予其更多的自由裁量权，[2] 以还原信托契约的意思自决原则。

[3]附担保公司债信托由于信托原理运用于担保权的设立，其对民法的一般原理提供了新的别开生面的东西。[3] 除了上文提到的，附担保公司债信托中担保权先于被担保债权而成立，成为民法担保权附从性理论的例外；由于信托原理的运用，附担保公司债信托的成立使得受托人成为担保权人，被担保债权人为信托的受益人，由此透过信托受益权的转换机能，将担保权与被担保债权相分离，这也对民法上担保权人就是被担保债权人的观点提出了挑战。

附担保公司债信托所具有的这些特征，使得日本学界对其有着较浓的研究兴趣，目前普遍认同，附担保公司债信托是具有担保目的不同于管理信托的特殊信托，是运用信托原理设立担保权的特殊方式，其也是日本担保信托的前身，可以说其为 2006 年《日本信托法》确立担保信托提供了立法的实例与理论的积淀。

---

[1] [日]清水拓也：《貸付信託法·担保付社債信託法と信託》，《金融·商事判例》2007 年 3 月，第 146 页。
[2] [日]清水拓也：《貸付信託法·担保付社債信託法と信託》，《金融·商事判例》2007 年 3 月，第 149 页。
[3] [日]長谷川貞之：《担保権の設定を信託の形式で行う場合のいわゆるセキュリティ・トラストとその法律関係》，《自由と正義》2008 年第 4 期，第 56 页。

(二) 2006年《日本信托法》之担保信托

除了附担保公司债信托之外，鉴于日本商事实践中信托用于设定担保权的情形越来越多，学界试图对担保信托从立法上给予正名，早期主要是通过学理解释确认担保信托的合法性。1922年《日本信托法》第1条将信托定义为"信托指将财产权转移或者为其他处分，使他人依照一定的目的管理或处分财产"，学界通说认为其中"其他处分"可以解释为包含担保权的设定，从而承认了担保信托。[①] 从而看出，日本学界认为担保信托不同于管理信托，其信托的成立不在于财产权转移，而是设定担保权。这种看法在新信托法中得到了进一步的确认。

2006年信托法进行大规模修改后，通说认为2006年《信托法》第3条与第55条是立法对担保信托的一次明确的肯定。该法第3条规定"在特定人之间，为向特定人进行财产的转移、担保权的设定、其他财产的处分，以及该特定人按照一定目的，为进行财产的管理或处分，或为实现该目的而缔结契约（遗嘱）的方法"，第55条"担保权为信托财产之信托，当信托行为中指定受益人为与被担保权的债权相关的债权人时，身为担保权人的受托人，可为信托事务申请该担保权的执行，接受已结款项的分配或赔偿金的支付"。其中第3条是关于担保信托的成立要件，第55条关于担保信托受托人之权限等。第3条中明确规定，担保信托是为"担保权的设定"而成立的信托。

(三) 目前学理探讨之担保信托

1. 担保信托与作为担保的信托

近年来，日本学界对担保信托的相关内容进行广泛的研究。在担保信托与相似制度对比中，如有学者指出，担保信托与作为担保的信托是不同的制度，担保信托是担保权与被担保债权相分离的信托，作为担保的信托并不以设定担保权为目的。如设备信托、退职给付信托、顾客金信托等。退职给付信托通常是以退职给付年金为目的，以公司的资产设立信托，在一定条件满足时，向退职员工给付年金，由受托人依据信托契约管理退职给付金，将该项信托财产与企业的资产相分离，以防止企业破产时企业债权人侵害企业员

---

① [日]四宫和夫：《信託法新版》，有斐阁，1989年，第138页。

工年金利益。顾客金信托是证券公司需将顾客存放在公司的用于担保融资融券等资产与自己资产分别管理，以使公司破产时顾客分别金可以优先受偿。退职给付信托与顾客金信托，债务人（雇主或证券公司）以债务额（给付退职给付金或返还顾客财产）为信托，债权人（使用人或顾客）能够获得清偿，因为债权人相对于其他债权人有优先清偿权，这表明这些信托具有了担保的效力。[①]但这些虽然符合信托的一般要件，也具有了担保的效力，但是却不是 2006 年《信托法》所认可的担保信托，因为担保信托是设定或产生担保权的信托，具备担保权与被担保债权相分离的特征。

诚然，日本学者所谓的"作为担保的信托"是指将信托运用于特定目的，使信托的受益人享有优先于其他权利的清偿权，这种信托并不能直接产生或设定担保权，只是由于具备了"优先受偿性"的特点而将其视为担保的工具。将担保信托与作为担保的信托相严格区别开来，为日本担保信托的界定明确地界定了范围。

2. 担保信托的设立方式或类型

由于 2006 年《日本信托法》所称之担保信托为设定担保权信托，因而其常也被学者们称为担保权信托。目前，日本学界普遍认为，担保信托可依两种方式设立或包括两种类型：一种是以信托方式直接设立担保权，一种是间接设立担保权。前者是由债务人作为信托设定人将自己的财产或权利，以债权人为受益人，与第三人受托人间形成信托关系以设定担保权；后者是在第一阶段，债权人与债务人先为债务设定担保权，第二阶段，债权人即担保权人作为委托人兼受益人，与第三人受托人形成信托关系，将担保权与被担保债权相分离以信托方式而转移。[②] 显然，附担保公司债信托通常被包含于直接设定方式中。这两种方式的区别仅在于商事实践中，担保权的设定是直接通过信托方式设定还是间接通过信托转移担保权而设定，其共同点都强调担保信托是设定担保权的信托。

[①] ［日］道垣内弘人：《担保としての信託》，金法 1811 号，2007 年，第 29 页。
[②] ［日］長谷川貞之：《担保権信託の法理》，劲草書房 2012 年，第 6 页；［日］新井誠：《信託法》，有斐阁株式会社 2014 年，第 153 页。

二、日本式担保信托的法律构造模式——担保权构造

(一)日本式担保信托受托人的担保权

如上所述,附担保公司债信托是运用信托原理为公司债发行而创设担保权;新信托法肯定的担保信托无论其通过哪种方式设立,也皆是运用信托原理来架构担保权的实现。那么是不是可以这样概括总结:日本担保信托是产生担保权的信托,信托目的是为债务履行提供担保,通过为受托人产生担保权实现担保目的,而实现担保的方式是通过担保信托直接为受托人产生担保权。

由于日本担保信托是在信托财产上产生担保权,因而属于物上担保之一种。其不同于传统的物上担保的最大特点在于担保权与被担保债权的分离,由于信托的转换机能,传统物上担保的债权人身兼担保权人的身份,由于信托受托人和受益人的分离,使得担保信托出现担保权与被担保债权的分离便是必然的。

(二)日本式担保信托的法律构造模式——设定担保权的信托

日本担保信托与法国担保信托的相同之处在于:都是运用信托与担保制度相结合,为债务履行提供物上担保;这种担保与传统物上担保最大的不同是担保权与被担保债权的分离,传统担保权附从性在担保信托中表现极弱。由于基础制度的相通,也带来了两国担保信托在设立与效力(如受托人权限与义务)等方面的相似之处。

虽然两国对担保信托的架构内容上颇有些相似之处,但是细究起来终会发现两国担保信托的构造模式有较大差别。如日本担保信托无论在立法还是学说上,均认为担保信托是借用信托的机理创设担保权来实现担保目的;法国担保信托学说上的解释为,借用信托的机理以移转担保物的所有权来实现担保目的。由此便形成了担保信托构造的两个不同构造模式"担保权模式"与"所有权模式"。

日本担保信托所采的担保权构造模式中,认识到产生担保权的担保信托与所有权转移的管理信托的极大不同,认为担保信托本身就是直接产生了担保权,而不是通过转移所有权来用于担保,由此日本担保信托的构造模式是

发现了当事人创建担保信托的内心真意——产生担保权,而抛开对担保物权利转移这一外在形式的关注;法国担保信托的构造模式恰恰相反,较多地关注担保物权利转移的外在形式,看到了担保信托中的所有权转移的现象,而不过多地探究当事人创建担保信托的真意来创设担保。

笔者看来,此两种担保信托的构造模式并无孰优孰劣之分,均是与本国的法律传统和对法律制度的理解密切相关。①法国目的财产理论对法国信托影响深远,其不仅打破了传统总和财产理论对信托制度的桎梏,为法国信托奠定基础,而且带来法国信托财产所有权的变革,信托财产所有权被认为是"特殊的目的"所有权。那么经过演化后的担保信托所有权也成为"用于担保目的"所有权。因此体现在担保信托上就理所当然认为,担保财产所有权虽然转移给了受托人,但是它是专用于担保目的的所有权,受托人的所有权受到担保目的的债权性拘束,这样运用信托当然就能创设出物上担保。因此,受法国法上所独有的目的财产理论的影响,法国担保信托当然采取所有权构造模式。而目的财产理论对日本法律来说既是外来学说,也觉得没有接受之必要,故日本只能依照本国法律传统来对担保信托作出架构和解释。②担保信托这种非典型担保对于日本来说,可能并不陌生。如让与担保、所有权保留等非典型担保,日本司法与学理上早已形成自己特有的解释学说。如对让与担保的学理解释,早期受到德国判例与学说的影响,将让与担保看作是以信托方式转移所有权的担保方式,后来逐渐抛弃这种源于罗马信托担保的"所有权转移"担保的学说,而转向于对让与担保的社会作用和目的性来探索理论构造,目前日本学界普遍认为,让与担保的当事人间并没有转移标的物所有权的真正意思,设定人只是根据担保债权的目的来赋予债权人以担保物权。① 由于"担保权说"是日本学界非典型担保的普遍学说,那么其对担保信托的理论构造的影响也是不言而喻的。③从明治三十八年(1905年)日本制订《附担保公司债信托法》时起,日本学界一直将附担保公司债信托作为以信托创设担保权的特例,新信托法的担保信托只是延续这种构造模式的传统,并对包含附担保公司债信托在内的担保信托加以概括与抽象总结。

---

① 王闯:《让与担保法律制度研究》,北京:法律出版社2000年,第164页。

第四章 担保信托的设立与生效规则

担保信托是运用信托的原理创设担保权以实现债务履行的担保，信托原理的架构在当事人间产生了信托法律关系，而担保权的创设在当事人间产生了担保关系，信托关系与担保关系显得错综复杂，因此，对担保信托问题的研究就特别重要。自本章起，本书将主要围绕担保信托的具体法律问题进行探讨，如担保信托的设立与生效、担保信托当事人权利义务等。本章主要探讨各国担保信托设立与生效的规则。从信托的角度看，担保信托是与管理信托相并列的信托类型之一，其设立与生效必然有适用一般信托的设立与生效规则之处，也有与一般信托设立与生效规则的不同之处，因而本章研究先从一般信托的设立与生效规则开始。

第一节 担保信托的设立规则

担保信托设立是使担保信托关系成立，是担保信托关系的开始。担保信托运用信托关系对债务的履行提供担保，担保信托的设定既包括信托关系的设定也包括担保关系的设定，此为担保信托设定与一般信托设定之特别之处。下文结合信托设立的一般规则，探讨担保信托设立的特殊规则。

一、担保信托设立的主要形式

信托设立的主要形式包括合同、遗嘱与依法律而设立等几种形式，而又

第四章 担保信托的设立与生效规则

以合同设立信托最为常见，尤其是商事信托必须以书面合同设立是各国信托法的普遍要求。担保权的取得通常依担保权的设定和法律规定而来，担保权的设定方式最主要的也为合同形式。

1. 英美典型担保信托设立的形式

这里英美典型担保信托仍以前文所提及的公司债信托契约与信托契据为例。公司信托契约是以向公众发行公司债为目的，因此自其出现开始均是以书面合同形式为必要，通常由发行公司与受托人就公司债与担保的具体条款达成协议，到近代法院逐渐认识到信托契据"复杂的具有公众特征，……这是完全意义上的私人信托间的信托关系"[1]。到现代司法不仅肯定信托契约的信托性质，而且强调为了对社会公众利益的保护，需要对信托契约的条款进行严格的监督与约束，这才有了以为信托契据设定最低标准的《美国信托契约法》。依据该法，发行公司与受托人需要签订书面的信托契约，而且将信托契据向SEC(证券交易委员会)申请登记时必须附上对信托契约任何条款的分析说明书，其包括：对违约的界定；对债券的验证和交付的规定；对担保财产的解除或替换；对契约的履行和解除等内容。[2]

对于信托契据所设定的担保，通常既可以由信托契据与单独的债务合同共同构成，前者用于形成担保权，后者用来表明债权债务关系；也可以将债务合同包括在信托契据条款内。在制定了信托契据法的美国州中，信托契据法案通常对债务合同没有形式上的限制，但是信托契据本身必须书写并记载。[3] 这与美国习惯法上认为，不动产的物权行为应采要式的法定形式相符。

2. 法国担保信托设立的形式

法国民法典对担保信托设立仅确认唯一形式——担保信托合同，其民法典第2372-1条与第2488-1条有相似规定："动产或权利(不动产)的所有权，应根据第20111条至2030条之规定订立信托合同，以担保某项债务的名义让与之。"虽然法国民法典对信托的设立规定，可依法律规定设立或合同设立，

---

[1] Louis S. Posner, The Trustee and the Trust Indenture: A Further Study, The Yale Law Journal. 1937 (46), P739.

[2] See Section 305(a)(2) of Trust Indenture Act of 2010.

[3] Gary E., The Deed of Trust: Arizona's Alternative to The Real Property Mortgage, Arizona Law Review, 1973(15), P198.

但对于担保信托仅强调只可采取合同形式设定担保信托，而否认了信托另一种常见设立形式——遗嘱的效力，主要原因在于法国财政部门担心信托的逃税功能，而对以无偿赠与为目的遗嘱形式连带一同否定，使得法国信托主要以信托合同为设立基础。

3. 日本担保信托设立的形式

对于担保信托的设立形式，日本旧信托中没有明确规定，学者们通常依照一般信托的设立认可担保信托可采合同、遗嘱形式。新修订的信托法对担保信托给予明确肯定，同时对担保信托的成立形式也给予明确规定，其第3条第1、2、3款规定信托的设立方法，"在特定人之间，为向特定人进行财产的让渡、担保权的设定、其他财产的处分，以及该特定人为一定目的，为进行财产的管理和处分，或为实现该目的而缔结必须实施必要行为之契约（或遗嘱）的方法"。通说认为，该条为立法者对担保信托入法进行了正名，并且该法第3条第1款规定了担保信托合同对担保权的设定，第2款遗嘱信托、第3款宣言信托同样肯定了担保权的设定。① 由于日本新信托法引入英美信托法的宣言信托，对担保信托的设定同样允许以宣言的形式设立。因此，目前日本担保信托设立形式包括合同、遗嘱与宣言。

尽管日本肯定担保信托可以合同、遗嘱与宣言方式作出，但是实践中担保信托最主要是通过担保信托合同来设立，因此下文主要探讨担保信托合同的设立与生效的相关问题。

虽然《日本信托法》并未强调担保信托合同必须以书面形式作出，但是日本商事活动中对营业信托的规定中却强调以书面合同为必要，而担保信托合同更多适用于商事活动，因此推论担保信托合同通常采书面形式。并且"在不转移占有的动产担保情形中，为防止日后纠纷，就不转移占有的担保作成书面，实际上绝对必要"②。并且依日本学者观点，《附担保公司债信托法》是信托法的特别法，对于信托法中一些未有规定事项，可以适当地援引《附担保公

---

① ［日］大野正文：《担保目的の信託》，《金融·商事判例》，2007年3月15日通号1261期，第198页。

② ［日］铃木禄弥：《让渡担保》，经营法学全集(9)，昭和41年8月，第173页。

司债信托法》的规定为之。① 依《附担保公司债信托法》的规定，"发行附担保的公司债时，发行公司与信托公司应以信托契约发行之"，因此，签订书面信托合同是发行附担保公司债的必要条件，如果没有信托合同的缔结，是无法发行附担保公司债的。这点对担保信托的书面合同形式具有极大的借鉴意义。

二、担保信托设立的一般要件

(一)订立担保信托合同

1. 担保信托合同的必备条款

担保信托合同乃是以信托形式设定担保，因而担保信托合同必然需要满足信托合同的一般必备条款，包括信托目的、信托财产、受托人与受益人。除此之外各国法律依据担保信托的担保权设定的特殊之处，还规定了特殊条款。

(1)英美典型担保信托合同的必备条款

公司债信托契约依据英美信托成立的"三个确定性"要素，信托契约必然包括委托人目的、担保财产与信托受益人等必备条款。除此之外，由于英美两国一直遵循契约自由精神，对公司债券信托契约进行法律约束实为出于对社会公众利益保护的不得已手段，其对信托契约的内容约束主要体现为对限制受托人的权利与免责条款进行审查，因此《美国信托契约法》对信托契约的必备条款主要体现为：①受托人的任职资格条款。依信托契约法规定，发行人向 SEC 申请公司债登记时除了需要提供信托契约之外，还需要提供能够使 SEC 确定受托人适合作为受托人的信息和文件，② 因此关于受托人的资格条款，必定成为信托契约的必备条款，需要由 SEC 进行审查；②受托人的职责条款。依据信托契约法，发行人向 SEC 申请债券登记时，还必须附上对信托契约任何条款的分析说明书，其包括：对违约的界定；对债券的验证和交付的规定；对担保财产的解除或替换；对契约的履行和解除等内容。③ 因此以上这些与受托人履行信托契约职责相关的内容，如验证和交付公司债券、请求

---

① ［日］長谷川貞之:《担保権信託の法理》，勁草書房 2012 年，第 114 页。
② See Section 305(a)(1) of Trust Indenture Act of 1939.
③ See Section 305(a)(2) of Trust Indenture Act of 1939.

交付债券所得、解除或替换担保、履行和解除契约等也是信托契约的必备条款。

信托契据并不似公司信托契约这般"与社会公众利益密切相关",也不似信托契约的债权人债券持有人处于相对弱势的地位,因此信托契据性质更为简单,法律对信托契据并没有做出太多限制。依据信托的三个必要要素,以及信托契据的条款通常借鉴不动产按揭契约的条款,其主要包括①信托契据当事人名称或姓名;②担保债权的数额、期限等;③担保财产的相关情况;④用以表述担保目的的文字;等。

(2)法国担保信托合同的必备条款

法国民法典第 2018 条、2372-2 条、2488-2 条对信托合同的必备条款与担保信托合同的必备条款进行分别强制性规定,共同构成法国担保信托合同的必备条款,其概括起来是:①转移信托的财产、权利或担保,如转移的是将来的财产、权利或担保,这些财产、权利或担保应当是可确定的;②信托期间,自信托合同签字起,不超过 99 年;③信托委托人的身份;④信托受托人的身份;⑤信托受益人的身份,或不指明受益人时,应写明指定受益人的规则;⑥受托人的任务及其管理和处分权限;⑦被担保的债务;⑧转移给托人的用于担保的财产或权利的价值。仔细分析以上担保信托合同必备条款的内容,会发现在法国立法者眼中是将担保信托合同作为信托合同与担保合同的结合体起来看待,担保信托合同的必备条款前 6 项是信托合同生效的必备条款,而后两项通常即为一般担保合同生效的必备条款。

(3)日本担保信托合同的必备条款

《日本信托法》对信托合同的必备条款没有明确规定,通常依据学界对信托的基本要素的理解,认为信托合同包括信托目的、信托财产、受托人与受益人条款。①

由于《日本信托法》对担保信托的相关规定比较粗糙,对担保信托合同的必备条款也没有明文规定,那么借鉴《附担保公司债信托法》的相关规定,似乎可以给予一点启示。《附担保公司债信托法》第 18 条规定,"信托契约应依

---

① [日]能见善久:《现代信托法》,赵廉慧译,北京:中国法制出版社 2011 年,第 15 页。

信托证书缔结",第 19 条规定"信托证书之必备条款"包括①委托公司及受托公司的商号;②公司债的总额;③每个受益人对应的公司债的数额;④公司债发行的价格;⑤公司债的利率;⑥偿还公司债的方法及期限;⑦支付公司债利息的方法及期限;⑧担保的种类、标的物、顺位、附有先顺位的担保债权的数额,及其他关于标的物,有与担保权人对抗权利的表示;⑨委托及受托及表示;⑩作成本证书的日期等。依据《附担保公司债信托法》规定,委托人与受托人需要根据信托合同制作成信托证书,而以上若干记载事项虽为法定信托证书必备条款,但是信托证书乃是根据信托合同制作,因而可以推断信托合同必然记载以上事项,因此以上事项也可推断为附担保公司债信托合同的必备事项。仔细分析以上必备事项,可将其划归三大类,与信托相关事项、担保相关事项以及公司债相关事项。除去与公司债相关的事项,如每个受益人对应的公司债的数额、公司债发行的价格、公司债的利率等内容,其他内容可归为担保信托合同的必备条款,主要包括:委托人与受托人的姓名或名称;受益人的姓名或名称;委托人与受托人担保之意思表示;被担保债权的数额、期限、偿还方法等;担保物的种类、顺位等。

根据以上分析,笔者认为担保信托合同既需要满足信托合同的要求,也需要满足担保合同的要求,那么担保信托合同的通常必备条款大致可包括如下几类:①担保信托合同之当事人——委托人、受托人(担保权人)与受益人(被担保债权人)的身份,如姓名或名称、地址等信息;②担保信托之目的——委托人与受托人间关于设立担保信托之意思表示;③担保财产——担保物的种类、价值及各担保物所对应的债权等;④被担保债权,包括被担保债权之数额、期限与偿还方法等。

2. 担保信托合同必备条款的法律效力

美国公司债信托契约的必备条款,依据信托契约法规定,缺少必备条款的信托契约为不合格契约,不得依据不合格契约发行公司债券。因此缺少必备条款的信托契约不能发生确定的法律效力。虽然在信托契约成立之前,发行公司与受托人已就公司债券发行的担保达成担保协议并履行担保财产权利变动的相关手续,也即信托契约之担保部分已在信托契约生效前生效,但若信托契约最终为不合格契约而不能发行公司债,则必将影响为未来债务而担保的原担保协议的效力。但对于其他典型担保信托，如信托契据，如缺少信托的必备的三项确定性要素：担保的目的表述不确定的、担保财产不确定的以及信托受益人不确定的，会导致信托不成立或不生效。

对于担保信托合同必备条款的法律效力，法国民法典赋予的结果是"缺少任一条款者，合同无效"。此处"合同无效"应理解为担保信托合同缺少任一必备条款，合同不成立且不生效。

日本《附担保公司债信托法》对信托证书之必备条款效力没有明示，依据合同自治原则，信托证书及信托合同的必备条款只是起到法定示范作用，并无法定强制干预效力，缺少相关条款，附担保公司债信托合同仍然成立并生效力。担保信托合同的必备条款似也做此解。

(二)担保信托合同的性质与担保信托的成立

担保信托合同是以信托合同形式设定担保权，法理上看其兼具信托合同与担保权合同的特征。由于对信托合同与担保权合同的特征认识，对信托合同与担保权合同的成立与生效会产生影响，因此有必要探讨担保信托合同的性质。对担保权合同(如抵押与质押合同)的性质认识，学理上有债权合同说与物权合同说的对立，如认为抵押与质押合同是债权合同，则当事人合意时合同成立；如认为抵押与质押合同为物权合同的，除当事人间有设定担保权的合意外还需为一定的物权行为，合同始成立并生效。而从信托合同的性质上看，学理上有诺成合同与要物合同说的对立，如认为担保信托合同为诺成合同的，当事人意思表示一致合同成立；如认为担保信托合同为要物合同的，除当事人意思表示一致外还需为一定行为，合同始成立。因此本书尝试着从担保权合同与信托合同的两个角度对担保信托合同的性质进行探讨。

①从创设担保权的角度看，担保信托合同是债权合同

担保权合同即设定担保权的合同，通常包括抵押合同、质押合同与留置合同等。这里由于担保信托创设的是债的履行的一般担保，因此担保权合同仅认为包括抵押合同与质押合同。由于抵押合同与质押合同设立、内容与法律效力相似，仅在于创设担保的标的物在于不动产与动产或权利之区分，因此质押合同的性质与抵押合同的性质作同一解，学理上主要争论的是抵押合同的性质。

关于抵押合同的性质，通说认为其是要式、诺成合同。但对于抵押合同是债权合同还是物权合同，存在较大争议。一种认为，抵押合同本质上是一种物权行为，是系物权之变动意思表示加上外部变动之表征的行为，抵押合同符合物权行为的成立方式，也创设了抵押权的物权变动，因此抵押合同是物权合同。[①] 也有学者指出，我国担保法所规定的抵押合同实为物权合同，理由还包括我国担保法第39条详细规定了抵押合同的必备要素，这是基于抵押权特定化原则的要求而对抵押物及所担保的债权的描述，并不包含对债权契约主要内容的描述，因而可以认定我国抵押合同也是物权合同。[②] 另一种观点认为，抵押合同与抵押权的设定不同，抵押合同是在当事人间产生设定抵押权的债务和请求设定抵押权的债权，抵押合同的设定，并不当然发生抵押权设定的结果，抵押权的设定为履行抵押合同的结果，因此抵押合同是一种债权合同。[③]

笔者认为，判断抵押合同的性质不应脱离本国的法律实际，事实上各国对抵押合同性质的认识是与本国法律土壤密不可分的。在法国，抵押合同是可以直接产生抵押权的效力，登记仅是抵押权对抗第三人的条件，法国的抵押合同是债权合同；在德国，抵押合同是物权合同，抵押合同本身并不能直接导致抵押权的产生，还需要与外部的物权变动行为如登记相结合，才能发生抵押权的物权变动效力。两国之间的差异主要在于德国承认并采纳物权行为理论，而将设定物权的当事人间合意与外部表征物权变动的行为结合视为完成物权行为的变动，从这个角度来看德国抵押合同当然为物权合同，而法国并未采物权行为理论，合同也未区分为物权合同与债权合同，所有民事合同均视为债权合同，法国的抵押合同当然是债权合同。再观我国抵押合同性质，一则我国立法上并未采物权行为理论，学说上对物权行为与债权行为之区分仍有分歧，实难认为我国抵押合同为物权合同；二则从法理上看，当事人以合同就特定财产设定抵押权的合意是具有债权性质的合意，根据这种合

---

① 程啸：《中国抵押权制度理论与实践》，北京：法律出版社2002年，第49页。
② 温世扬、廖焕国：《物权法通论》，北京：人民法院出版社2005年，第600页。
③ 梁慧星：《中国物权法研究》，北京：法律出版社1998年，第822页；许明月：《抵押权制度研究》，北京：法律出版社1998年，第125页。

意，抵押权设定人产生了设定抵押权的义务，债权人据此义务享有请求设定人履行登记的权利，抵押权设定根据抵押合同负有完成抵押权设定并对特定财产用于担保的义务，因此单纯的抵押合同是债权合同，登记行为才是直接导致物权变动的物权行为。质押合同与抵押合同一样，做债权合同解似更合理。

担保信托通常设定在不动产、动产与权利上，从法理上看担保信托合同与在不动产设定担保的抵押合同与在动产或权利上设定担保的质押合同相似，因此担保信托合同也应认为债权合同更合适。

②从信托合同角度看，担保信托合同是诺成性合同

对于信托合同的性质，如前文所述，学说上对信托合同的性质主要有诺成说与要物说。前者认为信托合同属于诺成性合同，当事人达成合意，合同订立即信托合同成立和生效，信托合同生效后，委托人有义务将财产转移给受托人，受托人有义务接受信托财产，并依合同之约定为受益人利益管理和处分信托财产，因此信托合同的成立与生效是信托成立与生效的必要要件。后者认为信托合同属于要物性合同，当事人意思表示一致，合同不能成立，还需委托人向受托人转移信托财产，那么信托合同的成立要件为信托合同的意思表示一致和委托人向受托人为财产权转移。虽然除《日本信托法》肯定信托合同为诺成合同外，多数大陆法系国家对信托合同的性质没有明确规定，但是大多数学者认为信托合同属于诺成合同，信托合同成立时信托合同生效，信托的生效还需要委托人向受托人完成信托财产的转移。依此观点，担保信托合同亦应为诺成合同。

总结一下，依前文分析，担保信托合同从创设担保权的角度看，担保信托合同是债权合同，担保信托担保设定与担保权人以合同书的形式确认意思表示一致时，担保信托合同成立；从信托合同角度看，担保信托合同是诺成合同的，担保信托委托人(担保设定人)与受托人(担保权人)以合同书形式意思表示一致时，担保信托合同成立且生效。因此只要担保信托合同以书面形式订立且具备合同必备条款，担保信托合同成立，担保信托亦成立。

三、担保信托设立的特殊问题

(一)担保信托的设立方式

1. 英美典型担保信托的设立方式

英美担保信托无论公司信托契约还是信托契据,都是在英美双重所有权构造基础上利用信托的架构实现债务担保的目的。但是由于对不同担保信托的学理解释不同,担保信托的设立方式也表现不同。如前一章节所述,公司债信托契约实践中虽然是由发行公司与受托人签订的协议,但是学理上通常解释为,信托契约的委托人非为发行公司,而是未来购买公司债券的债券持有人,委托人同时也为受益人,受托人为第三人,发行人被视为未来债券持有人的受托人而与第三人受托人签订信托契约,由受托人为未来债券持有人的债权实现管理和实行担保。

信托契据的设立方式则简单得多,通常是债务人、债权人与受托人三方达成信托契据,债务人作为委托人,第三人为受托人,债权人为受益人,债务人将担保标的物的法律所有权转移给受托人,受托人以担保债务的目的为债权人利益管理和实行担保。

2. 法国担保信托的设立方式

采"所有权构造说"的法国担保信托,其设立通常由担保信托设定人作为委托人与受托人达成担保信托协议,委托人将担保标的物所有权转移于受托人,受托人以担保目的为受益人利益管理信托事务。根据法国信托法相关规定,担保信托的设定通常是债务人作为委托人,受托人可以是被担保债权的债权人或第三人,受益人是被担保债权的债权人,当受托人是第三人时其也可与被担保债权人一起成为共同受益人。因而法国担保信托合同的设立通常由债务人作为委托人与受托人被担保债权人或第三人订立。

3. 日本担保信托的设立方式

日本担保信托由于"担保权构造说"的法律构造,对于如何设立担保信托或者如何以合同形式设立担保信托,《日本信托法》并没有详细规定。依据学者们研究,通过信托形式设定担保信托,主要有直接设定与二阶段设定两种方式。①

担保信托的直接设定方式是债务人以自己的或他人的财产作为债权人即受益人债务履行的担保标的物,通过与受托人约定以信托方式设定以担保为目的的信托。在这种设立方式中,债务人作为担保的提供者设定者成为担保信托的委托人,指定被担保债权的债权人成为担保信托的受益人。由于这种方式是由债务人委托人与受托人直接订立担保信托合同来为受托人设定担保权,因此被称为直接设立方式。担保信托的二阶段设立方式是将担保信托设立分为两个阶段来完成,第一阶段中,债权人先与债务人就债务的履行设定担保权,债权人成为担保权人;第二阶段,被担保债权的债权人即担保权人作为委托人和受益人,委托第三人担任受托人,以信托的方式将自己的担保权再转移给受托人,实现被担保债权与担保权的分离。由于这种设立方式是先设定担保权,然后再通过信托转移担保权来完成,因此这种担保信托的设立方式也称为"间接设立"。

很显然,两者设立方式最终都使担保信托的受托人取得了担保权,但是受托人担保权的取得方式表现不同,直接设立方式中受托人的担保权来自担保信托通过信托的直接创设;间接设立方式中受托人的担保权来自通过信托委托人的权利转移。对于这两种不同的担保信托设立方式的立法依据,日本学者指出,新信托法第3条1款的规定"发生特定人间,当该特定人间进行财产的转移、担保权的设定、其他财产的处分、或为特定目的,由特定人进行财产管理或处分或当该目的达成时所为的必要行为的契约",实际上为两种担保信托设立方式提供立法依据,其中"担保权的设定"从文理上暗示信托契约的缔结人委托人与受托人之间在此之前是没有担保权的设定行为的,也没有产生担保权,②所以担保信托的直接设立方式是依据该条"担保权的设定"来实现的;而担保信托的间接设立方式中由于是将债权人事先设立的担保权转移给受托人的,担保权作为一种经济利益,可被视为财产之一种,委托人向

---

① [日]井上聪:《信托机制》,日本经济新闻出版社2007年,第51页;[日]新井诚:《信托法》,有斐阁株式会社2014年,第155-156页。
② [日]新井诚:《信托法》,有斐阁株式会社2014年,第155页。

受托人转移担保权的可理解为"财产的处分",① 因此学理上认为担保信托的间接设立方式的法律依据第3条"其他财产的处分"来实现。

尽管担保信托两种设立方式在实践中都有被运用的可能,但是两者所带来的后果可能不大相同。由于直接设定方式中是债务人将自己的或他人的财产与受托人直接以信托合同设定担保权,这里只需要一个担保信托合同即可;而在间接设立法中,第一阶段,债权人在实行债权担保时需要先与债务人设定担保权,第二阶段,债权人作为委托人兼受益人,与第三人受托人以信托方式转移担保权,这里需要一个担保合同和一个信托合同,这两个合同不是同一个合同,两个合同的当事人并不相同。相比较而言,"直接设定法"设定担保信托的法律关系更简单,时间和费用上也比"间接设定法"设定担保信托更方便,成本更低。② 因此担保信托的直接设定方式被认为灵活且更有前景。

(二)担保信托设定时债权人的同意

1. 英美典型担保信托设定时债权人的同意

依据以上对英美公司信托契约法理推断,虽然信托契约实质为债权人债券持有人与受托人签订,按道理自然不会产生是否需要债权人同意的问题,但是实际上的信托契约签订时债权人还未出现,是由发行人与受托人实际主导信托契约的谈判与签订,因此对债权人的同意或参与信托契约是直接关系到债权人利益的保护。正是由于与信托契约利益密切相关的利害关系人——债权人在信托契约的谈判与签订时是缺席的,所以《美国信托契约法》才高举"保护债权人利益"的旗帜,由SEC代表缺席的未来的债权人对信托契约的内容进行事先的详细审核和登记。因此信托契约签订时虽然缺少债权人的参与,但是法律将发行人的同意视为全体债权人的同意,同时将信托契约签订后SEC的审查作为对发行人同意的补充和监管,这样便形成对信托契约的债权人同意的双重保护。

除信托契约外的其他英美担保信托,由于通常由债务人、债权人与受托人三方共同直接设立,因此不存在是否需要债权人同意的问题。

---

① [日]新井诚:《信托法》,有斐阁株式会社2014年,第156页。
② [日]長谷川貞之:《担保権の設定を信託の形式で行う場合のいわゆるセキュリティ・トラストとその法律関係》,《自由と正義》2008年第4期,第50页。

2. 法国担保信托设定时债权人的同意

法国担保信托由于是通过信托以转移所有权来担保债务的履行，因此法国担保信托的设立方式相对日本担保信托设立来说更简单，法律似乎认可采取类似日本担保信托的直接设立法来设定。虽然有少数学者曾提出，法国担保信托可以借鉴英美国家信托契约，通过转移担保权的方式来设定，担保信托应是设立人向受托人转让担保，由受托人将担保财产与本人财产分离，为担保债权人的利益进行管理。并指出，法国担保信托似乎应该是债务人与债权人设立担保权之后，再由债权人将担保权转让给受托人，由受托人代表债权人利益统一持有担保权并管理担保权。[①] 但是这种观点并没有得到立法的认可，也没有得到法国学界的认同，只是担保信托的补充立法前极少数学者的猜测。故而，法国担保信托通常只能由债务人作为委托人与受托人被担保债权人或第三人直接以信托合同形式为受托人产生担保权。那么在这种情况下，如果第三人担任担保信托的受托人，被担保债权人并没有直接参与担保信托合同的订立，而是作为担保信托的受益人身份，担保信托合同的订立是否需要取得被担保债权人的同意，或者被担保债权的债权人不同意设立担保信托的，是否可以成立担保信托，是一个值得思考的问题。

关于这个问题，法国信托法没有给予正面回答，只是在民法典第 2028 条规定"受益人未接受信托合同的，委托人可取消该合同"，"受益人接受信托合同之后，只有经其同意或经法院判决，才能变更或解除信托合同"。从该法条规定可看出，法国法上的信托是作为"第三人利益合同"来对待的，如前文所述，法国学者为信托的引入进行理论准备的数十年中，第三人利益合同是法国信托的合同基础。依据法国第三人利益合同的理论，第三人对合同利益的取得是否作出意思表示并不是第三人取得合同利益的必要条件，第三人作出受益的意思表示只是对已取得利益的给予确定，第三人未作出受益表示前，第三人的合同利益处于不确定状态，当事人可以变更或取消该利益；在第三人作出受益的意思表示的，当事人不得取消该利益。[②] 因此，第三人是否作出

[①] Martin Gdanski, The French law on fiducie and its application to banking and finance transactions, Journal of International Banking Law and Regulation, 2007, 22 (8), P437.

[②] 宁红：《合同法》，北京：对外经济贸易大学出版社 2013 年，第 238 页。

受益的意思表示即接受还是拒绝该受益,并不影响第三人利益合同的成立与生效。这一结论对法国担保信托设立中如果债权人没有参与担保信托合同的订立,是否需要债权人的同意有着一定的借鉴意义,即如果债务人与第三人受托人就担保信托合同达成一致,担保信托合同亦可成立,债权人是否同意或接受该担保信托合同对担保信托合同的成立与生效不产生影响。

3. 日本担保信托设定时债权人的同意

日本担保信托的两种设立方式,间接设立法中债权人基于先前的担保合同的设立而享有担保合同上的一切权利和地位,然后再通过信托合同将担保权转移给受托人,债权人本身即为担保信托的设定人,因此间接设立法中不存在债权人的同意问题。

但是在直接设立担保信托的场合,对被担保债权人不同意设立担保信托是否可以成立担保信托,学说上存在较大争议。否定说认为,担保信托是依据委托人与受托人的信托契约的有效成立而产生的,被担保债权的债权人作为受益人不需要对信托契约表示同意。[①] 其主要理由是,信托契约只需要委托人与受托人同意,信托合同就成立,受益人不是信托合同的当事人,不需要经过作为受益人的债权人的同意,担保信托即可成立;此种情况的他益信托是不以受益人同意为必要的,在信托内部关系中,如担保权的实行、受托人对担保的管理等都是不需要受益人同意的。肯定说认为,担保信托的有效成立应以被担保债权人的同意为必要。其主要理由是,信托受益人不同于第三人契约中的第三人,信托设立后受托人和受益人的关系,信托的变更、信托的合并、信托的终了等许多情况都需要受益人同意,受益人处于信托当事人的法律地位,因此被担保债权人作为受益人对担保信托契约的了解和同意应是必要的。[②]

笔者认为,日本担保信托的直接设定中,担保信托的成立应以被担保债权人的同意为要件,主要理由为:①从日本信托法受益人的地位来看,信托的合并(信托法第151-151条)、信托的变更(信托法第149-150条)、信托的

---

① [日]山田誠一:《担保信托》,《旬刊金融法务事情》2007年1811号,第21页。
② [日]長谷川貞之:《担保権信託の法理》,勁草書房2012年,第9页。

终了(信托法 164 条),在信托设定后的各种场合都需要受益人的同意,受益人并不是与信托无关的人,受益人在信托中当事人的地位得到了新信托法的认可;②从担保信托的构造来看,在被担保债务无法清偿时,受益人即担保债权人的利益的实现需要通过担保权受托人出售担保物并分配担保物的价金,被担保债权人与担保信托具有重大的利害关系,需要被担保债权人对信托内容有充分了解,这意味着担保信托的设立需要被担保债权人的同意;③商事实践中,担保信托通常运用于为多数债权人设定同一个担保权,在这种场合中,涉及多数债权人且每个债权人利益并不相同,担保信托合同的内容体现为多方相互交涉的结果,每个受益人的受益权所对应的担保物的价值、受益权的先后等内容,必须在合同中明确规定,在这种情况下,应以委托人即债务人、受托人即担保权人、受益人即被担保债权人三者的合意为必要。④此外,为了防止债务人与受托人在担保信托的设定与担保权执行上的通谋,以虚假行为消灭债权,从而损害被担保债权人利益的,也应以被担保债权人参与担保信托的设立为必要。

第二节 担保信托的生效规则

担保信托的生效是指使设立的担保信托按照当事人的意愿发生法律上的效力。由于担保信托结合了信托法律关系和担保法律关系,所谓担保信托的生效也就指担保信托既能产生信托法律效力,也能产生担保权法律效力,因此担保信托的生效要件包括,从信托的角度看使担保信托生效的要件与从担保角度看使担保信托生效的要件。

一、担保信托生效的一般要件

(一)从信托关系看,担保信托生效的一般要件

如前文所述,信托的生效要件一般包括:当事人合格、信托目的合格、信托财产合格、信托财产的转移。下面结合担保信托的特点,对上述这些要件分述之。

1. 当事人合格

信托关系所涉及的委托人、受托人与受益人对信托效力的发生至关重要。委托人是信托意思开始和产生的地方，是能依据自由意思对信托进行控制的人。委托人合格通常包括三层含义：委托人具有行为能力；委托人对信托财产享有所有权；委托人未陷入破产的境地。受托人是以自己行为对信托财产履行信托义务的人，受托人的合格包含：受托人具有行为能力，受托人未陷入破产的境地，以及在营业信托中受托人通常需要满足特殊要求。在信托中受益人是单纯获有利益的人，对其是否有行为能力通常在所不问，因此受益人只要是具有权利能力和行为能力的民事主体即可，甚至在英美目的信托中受益人有可能是人之外的动物或无生物等。除此之外，各国信托法对信托当事人资格会有特殊规定。

美国公司信托契约与信托契据均要求受托人须为机构受托人。《美国信托契约法》规定，信托契约的受托人中至少有一个为依据美国或州法律成立和经营的公司，并且机构受托人的合并资本和盈余不得低于15万美元。[1] 存在有信托契据法的美国州通常要求受托人为法人和律师、房产经纪人，并且只允许几类与不动产商业经营活动相关的法人作为信托契据受托人，如银行、建筑和贷款协会、储蓄和贷款协会、信托公司、产权保险公司等，而明确禁止一般自然人担任受托人。[2] 理论上解释为，这些法人与特殊自然人有足够的商业能力管理不动产信托契据，且他们长期存在和经营不动产，有利于受到国家监管。

法国信托法对信托委托人资格的要求独具特色。信托法刚制定时法律规定，"信托委托人只能是交纳了公司所得税的且在欧盟成员国或是《欧盟反欺诈和逃税条约》成员国有住所的法人"，同时信托委托人不得将享有的基于信托而来的权利转让给法人以外的主体。虽然在2009年的修订中废止该条规定，目前法国允许自然人和法人设立信托，但是依据民法典2017条强制性规定"信托委托人为自然人的，其必须指定第三人来辅助保护其履行信托利益，该第三人可以享

---

[1] See Section 310(a)(1)(2) of Trust Indenture Reform Act of 2010.
[2] See NEB. REV. STAT. §76-1003(1)(d)(c)(1981).

有委托人的权力;并且该项指定不得由委托人放弃",即自然人虽然可以设立信托,但是必须为其利益指定第三人,该第三人成为自然人委托人的利益保护人,甚至可以替代委托人行使委托人一切权利,对于此种信托委托人的特殊规定,学者们评价为"其体现了对自然人委托人的歧视和不信任"[①],由于法律担心自然人委托人不能很好地设立信托并保护其利益,才会强制要求一位具有相应能力的第三人作为信托保护人来保护信托的执行,甚至在实践中有可能这些专业的信托保护人会完全取代自然人委托人的信托意思。

法国法对信托受托人的资格要求,"只有《信贷与金融法典》第511-1条所指的信贷机构、第518-1条列举的机构与服务部门、第531-4条所指的投资公司以及《保险法典》第310-1条所指的保险公司,才有资格接受委托成为信托受托人",2008年修订中扩大了受托人主体范围,使执业律师可以成为信托受托人。由于法国信托立法的目的在于为商事领域的信托提供与英美信托的竞争力,因此法国法将信托只局限于商事信托领域,商事信托的受托人通常只能是信贷机构、投资公司、保险公司及律师等几类商事主体。

担保信托中委托人、受托人与受益人需要符合一般信托的当事人资格要求。因此法国担保信托只有为银行、投资公司、保险公司和执行业律师等几类商主体才能成为受托人。

《日本信托法》并未对担保信托的受托人主体资格作特殊规定。但学者认为,担保信托通常适用于商事活动,对于营业信托的主体资格法律均有特殊规定,担保信托也应遵从特殊的主体资格要求。并且在《附担保公司债信托法》第3条"受托人信托公司的附担保公司债信托事业非经过主务官厅免许,不得从之",第7条"信托公司资本及以金钱的出资总额,不得少于百万圆","若出资之入账总额不达五十万圆的,不得进行该事业",这里对附担保公司债信托的受托公司的主体资格以及设立提出明确要求,从而指出担保信托如果将来在商事活动中活用,受托人一般应是金融机构,并且需要获得兼营业法的许可以及信托从业资格。[②]

---

① M. Griamaldi et R. Dammann, *La Fiducie Sur Ordonnances*. Recueil Dalloz 2009, P670.
② [日]長谷川貞之:《担保権信託的法理》,勁草書房2012年,第118页。

2. 信托目的合格

信托目的合格通常包括两层含义：信托目的确定与合法。①信托目的确定，要求委托人无论采取何种形式设立信托，必须表明自己设立信托的明确意图，英美信托法通过长期判例积累形成完成的委托人"言辞确定性"判断规则，即使委托人未使用"信托"字样，只要能够给受托人施加强制性义务，也可认定设立信托的意愿。大陆法系民事信托并不发达，商事信托中必须采书面合同形式，合同中委托人的信托意图是明确易判断的。②信托目的合法，指信托目的不违反法律强制性规定、公共政策或损害公共利益。各国对信托目的不法的信托主要包括：以诉讼为主要目的的信托①、损害债权人的信托②、妨害财产流通的信托③等。比较独特的是，法国禁止以无偿赠与为目的的信托，民法典 2013 条规定"信托合同如果出于为受益人的利益进行赠与的意图，合同无效"，根据此条法国信托不可以用于公益事业。

担保信托的信托目的合格也体现为信托目的确定与信托目的合法。担保信托的信托目的只能是为保全债权而担保债权，通过使受托人产生担保权的方式来实现债权担保。通常担保信托需用书面合同或以合同附加条款进行记载，担保目的显而易见。担保信托目的合法性主要体现为债权人与债务人的债务发生原因的合法，若债的发生原因为违法或非法，则基于此原因而生之债的关系也不能受到法律保护，那么基于担保权附从性所导致的担保信托也不能得到法律的肯定。这一点在不信奉物权行为无因性与独立性的英美各国、法国及日本都能得出结论。

3. 信托财产合格

信托财产是信托的必备要件之一，因此它的合格与否关乎信托的生效与否。一项财产能否成为合适的信托财产，需要满足以下条件：①信托财产是

---

① 各国法律禁止以诉讼为目的的信托，主要立法目的有：回避律师辩护主义所结成的结果；防止没有执业资格的诉讼代理人滥诉；减轻滥诉的弊端；防止介入他人法律纠纷，利用司法程序，谋取不正当利益等。

② 如果债务人明知所为之信托行为有害于债权人的，各国法律规定，无论受托人是否为善意，债权人均可请求撤销该项信托。

③ 如果一项信托的存续期限超过法律规定的期间，委托人意图通过信托长期控制财产，妨碍财产的交易或流通，或者在很长时间内积累信托收入，这与现代社会鼓励财产流动的观念相违背，此即英美信托中"禁止永久和积累信托"。

具有财产价值的财产或财产权。信托财产通常要求具备一定经济价值，其既包括可以用金钱来计算的特定财产，如不动产、动产、有价证券等，也包括具有经济价值的财产权，如知识产权等。②信托在设立时，信托财产必须为委托人享有所有权且为其可自由处分的财产。③信托财产在设立时应该现实存在且确定。两大法系信托法都要求信托财产在信托设立时应该是能够明确且确定的，只有在信托设立时信托财产确定才能保证信托财产与受托人个人其他财产相分离开。受托人也无法履行信托职务，受益人也无法行使追踪权救济自己权利。两大法系对信托财产是否须现实存在，则要求不同，英美法系不强调信托财产现实存在，允许委托人以未来取得的财产设立信托，大陆法系认为只有在现实取得财产或财产权才能作为信托财产。

担保信托既是为债务履行提供担保，信托财产必然是可流通、能以金钱计算的具有市场价值的财产或财产权；担保信托的财产要求在信托设立时是现实或能确定的；委托人对担保财产享有财产所有权和自由处分权。

通常认为英美法信托契约的信托财产为附于担保财产的担保权，担保权的标的才是用于设定担保权的公司财产，包括不动产、动产、有价证券及权利等。美国信托契据是存在于不动产上的担保制度，因此信托契据的信托财产是不动产，以及被视为不动产之一的交通运输工具也可成为信托契据的信托财产。①

法国民法典对担保信托的财产没有直接规定，但是从立法将担保信托分为"不动产担保信托"与"动产或权利担保信托"来看，法国担保信托的信托财产为不动产、动产或权利。同时依据法国信托的定义可看出，法国信托财产不仅包括现实存在财产或权利，而且未来财产或权利也可用于担保。学者们指出"所有财产和权利，包括现在或将来的财产和权利都可以设立担保信托"，"只要用于信托的财产必须是特定"。② 因此法国可用于担保信托的信托财产范围非常广泛，法律没有任何权限，学理上理解只要具有经济价值可流通的不动产、动产、权利都可用于担保信托；并且突破大陆法系认为只有现实存

---

① Gary E., The Deed of Trust: Arizona's Alternative to The Real Property Mortgage, Arizona Law Review, 1973(15), P197.

② Dominique Legeais , FIDUCIE-SÛRETÉ, Juris Classeur Commercial, 01 Avril 2011, n°22.

在财产才能作为信托财产的限制,只要是能特定或被特定的,能与其他财产相区分开来,现实财产或权利以及将来财产或权利都可以成为担保财产。

《日本信托法》对担保财产也没有特别规定,学理上认为用于担保信托的物上担保的种类可以借鉴《附担保公司债信托法》的相关规定。早期依《附担保公司债信托法》规定,动产质押、有证书的债权质押、股份质押、不动产抵押、船舶抵押、铁路抵押、企业抵押、矿业抵押这几种法定担保权才可用于公司债担保信托,后来随着几次对《附担保公司债信托法》的修改,将可用于公司债担保信托的物上担保的种类不断扩张,学理认识到"限定物上担保的种类与实际不相符"①,最近一次所修订的《附担保公司债信托法》已经不再对公司债的物上担保种类做出限定,亦即担保信托的物上担保种类也可不需要做出限制,这样才能发挥其灵活的担保品的特点。

(二)从担保关系看,担保信托生效的一般要件

担保信托为债权的实现提供担保的信托,担保信托生效除了从信托角度考虑外,还需要从担保关系角度来考察。担保信托合同是约定担保权产生的形式,约定担保权生效除了担保信托合同有效外,还需要担保标的合格、被担保债权合格以及物权公示合格等要件。

1. 担保标的合格

担保标的合格,通常需要满足以下几个条件:①具有经济价值的物,担保物权本质为通过交换实现担保物的交换价值,因此要求担保物具有交换价值才能为债权提供担保。②具有可流通性,当债务人不履行债务时,用担保权实现债权的手段在此担保物的折价、变卖或拍卖,因此担保物具有可流通性、可让与性。禁止流通性不可作为担保物。③担保物需具有特定性与独立性,担保物权是在特定的物上成立的物权,因此担保物必须具有特定性;设定不动产担保物权,需要登记,动产担保物权需要转移占有,因此只有独立存在的物才能成立担保物权。

担保财产从担保角度看就是担保标的,担保财产需要满足的合格条件与

----

① [日]清水拓也:《貸付信託法·担保付社債信託法と信託》,《金融·商事判例》2007年3月,第147页。

信托财产的合格要件基本相同。因此担保信托担保标的合格也可理解为信托财产的合格。担保信托的财产包括一切财产或权利，不动产、动产、股票债券等有价证券、知识产权、地上权、渔业权、矿业权等他物权，都可以成为担保信托的信托财产亦即担保权的标的。

担保信托是以其担保物的交换价值为债权实现担保，为确保担保标的价值的确定性，对担保标的进行价值认定是非常必要的。美国公司以信托契约发行公司债券之前，按照信托契约法规定，发行公司需要向受托人提供由专业技术人员、鉴定人员或其他专家出具的对担保财产的相关公允价值的证明或意见，[1] 由受托人对这些表明担保财产状况的证书进行验证，验证合格成为发行公司对公司债提供担保的真实证据。[2]

法国民法典第 2372-3-3、2488-3-3 条分别规定对"动产或权利"与"不动产"的"让与财产或权利的价值，可由当事人协商指定或法院指定的鉴定人确定，也可由按照《货币与金融法典》所认定的有组织的市场公开挂牌价来确定"，并且关于担保物的价值"任何不同的条款均视为未成立"。根据法国民法典该规定，担保信托的担保标的的价值必须具有确定性，并且对担保标的经济价值的确定只能采用法定方法来确定。

相似的要求，也被日本相关立法与学理上所采纳。昭和 8 年的《附担保公司债信托法》修订中，增补了附担保公司债信托发行的公告事项（《附担保公司债信托法》第 24 条），以及信托证书记载的担保相关事项，其中规定"受托公司对担保物的价值进行调查的结果"需要公告，以使投资人知悉担保物的确切价值，若担保物价值与被担保债权不相当，应追加担保，从而保护投资人利益。对于担保物价值的调查公示在《日本信托法》中没有规定，有学者认为，应借鉴担保附社债的相关规定，在担保权设定时，担保物的将来价值是很难预测的，为了让债权人清楚权益不发生误解，在担保信托没有特别规定的情况下，对担保物价值的调查公示应是必要的。[3]

---

[1] See Section 314(d)(1)(2) of Trust Indenture Act of 1939.

[2] Louis S. Posner, The Trustee and the Trust Indenture: A Further Study, The Yale Law Journal. 1937 (46), P741.

[3] [日]長谷川貞之：《担保権信託の法理》，勁草書房 2012 年，第 119 页。

2. 被担保债权的合格

担保权所担保之债权，通常是没有限制的，只要被担保债权是确定或可以确定的。[①] 任何债权都可以成为担保债权，以金钱债权为常态，但实物债权，或者以不作为为给付标的的债权，也可为被担保债权。因为此类债权在债务不履行时，可转化成金钱损害的债权，故可以设立担保权。[②] 因此只要属于合法为法律所保护的债权，就可以为之设定担保权。

担保信托之被担保债权也从其解释，无论金钱债权、实物债权还是其他类别债权，只要被法律所认可的合法的债权，均可成为担保信托之被担保债权。对于被担保债权的确定方式，通常由担保信托合同予以确定。但是在同一个担保权为多数债权人为担保时，通常担保信托合同中需要明确每个被担保债权所担保的债权数额，需要根据债权人的数量分别记载被担保债权。[③] 因为此时虽然担保信托合同为一个，但是每个债权人与债务人间的债权债务关系是分别独立。

(1) 担保信托可否为将来之债权提供担保？在一般担保权设定时，要求主债权存在为前提，但各国民法典或学说判例认为被担保债权可以附有条件或期限，可为将来之债权设定担保权，且不以担保设定之时主债权存在为必要，仅在担保权实现时被担保债权存在即可。[④] 这点在法国担保信托中得以贯彻。

法国民法典第 2372-5、2488-5 条规定"如担保信托合同有明文规定的，让与的所有权随后仍可用于担保该合同债务以外的其他债务。担保信托委托人不仅可以向原债权人提供此种担保，也可以向新的债权人提供此项担保，即使前一债权人未得到清偿。若委托人是自然人的，交付的担保财产只能在新的担保设立之日新债务的价值限度内用于担保新债务。……"，此条规定被学理上称为"再担保信托"，意味着担保信托设立时，可以在担保信托合同中约定，担保财产为将来的合同债务以外的债务提供担保，日后如果需要用同一担保财产为新的债权担保的，

[①] François Barrière, La fiducie-sûreté, La Semaine Juridique Notariale et Immobilière n° 42, 16 Octobre 2009, 1291, n°19.
[②] 郑玉波：《民法物权》，三民书局 1998 年，第 224 页；谢在全：《民法物权论(下)》，北京：中国政法大学出版社 1999 年，第 570 页。
[③] [日]長谷川貞之：《担保権信託的法理》，勁草書房 2012 年，第 12 页。
[④] 温世扬、廖焕国：《物权法通论》，北京：人民法院出版社 2005 年，第 694 页。

需要新订立担保信托合同,如果担保信托设立是自然人的,还要求再担保设立之日交付的担保财产应在新债务的价值限度内。

《日本信托法》对担保信托可否为将来之债权提供担保未有明确规定,学理上也未见太多讨论,法理上推论可适用一般担保权之规定,即担保信托设定时不以被担保债权存在为必要,担保信托可为将来之债权为担保,只要在担保权执行时被担保债权能确定即可。

(2)担保信托可否为债权一部分提供担保,或者可否为同一债权被分割的债权提供担保?依一般担保规则,债权人对债权享有处分权,对其债权在什么范围内进行担保有决定权,各国立法均承认担保权可对部分债权为担保。法国民法典对担保信托的部分债权担保问题没有明确规定,依法理上分析似可适用一般担保规则,允许担保信托对部分债权为担保。

《日本信托法》对此问题也未有明确规定。但是在修订后的《附担保公司债信托法》第 21 条,允许将同一担保权的担保公司债券分割成复数的同一顺位的公司债券发行,在此种情况下需将历次分割发行的公司债利率、偿还期限等内容记载于信托证书上。学者们认为,虽然新信托法对此问题未有规定,但是《附担保公司债信托法》已承认公司债场合的担保信托可对部分债权提供担保,那么在一般担保信托场合也没有禁止的理由,特别是在银团贷款等场合,让担保信托为长期的贷款债权的分割发行提供担保,是完全有理由可以期待的。①

(3)担保权可否先于被担保债权而存在?依据一般担保权的附从性特点,担保权是为担保债权而生,随着担保债权的存在而存在,随着担保债权的消亡而消亡,因此必是先有债权的成立而后才有担保权的成立,或者债权与担保权两者同时产生。但是在担保信托中该条规则将会被打破,担保信托中担保权的附从性将变得非常微弱。担保权可能先于被担保债权而存在,这一点在美国公司信托契约与日本附担保公司债信托中表现得非常明显。

依据《美国信托契约法》,在信托契约向 SEC 申报成为合格生效契约之前,发行公司与受托人就公司债的担保权设定达成协议后,应该向受托人立

---

① [日]長谷川貞之:《担保権信託的法理》,勁草書房 2012 年,第 121-122 页。

即提供律师意见书,以说明是否有必要为维持该担保权进行必要的登记和归档,[①] 这表明在信托契约合格生效前,公司债并未发行,发行公司与债券持有人间的债权债务关系还未形成,而担保权已经先于被担保债权而生效。日本附担保公司债信托也是如此,《附担保公司债信托法》规定"依信托契约之物上担保,虽在公司债成立以前,亦生效力",在公司债发行的场合,发行公司可与受托公司就债发行的担保先行设定担保物权,然后再据此公告发行公司债,公司债购买人购买公司债才与发行公司成立债的关系。这条规定被学者们视为担保权可先于被担保债权而成立的特例。因此在特定情形下,担保信托的担保权先于被担保债权成立也是可行的。但是学者们也认为,受托人的担保权在债权前就成立,这只是在特定情形下为了劝导更多的投资人申购公司债,不得已为了获得担保融资而为之,[②] 言外之意,法理上看担保信托中担保权先于被担保债权而成立,过于违背了担保权附从性的规定,不能作为一般担保信托的常见情形,至少在担保信托的担保权设立的情况下应该强调担保权对被担保债权的依附性,否则担保权便成为无源之水。

3. 担保权公示

担保权生效要件中是否需要进行担保权公示,各国要求不一。英美法系国家,无论不动产或动产的物权设定均以当事人意思为准,物权的公示对物权的生效不产生影响,因此英美担保权公示不是担保权生效的要件。以法国、日本为典型代表的物权意思变动主义的国家,抵押权的生效只需要抵押权设定当事人意思表示一致即可使抵押权生效,抵押权登记仅起到物权公示与对抗效力;大陆法系国家通常要求质押权的生效除了当事人意思表示一致外,还需要转移质物的占有。但是在担保信托中对担保权的公示,是依照一般担保权规则还是需要遵照特殊规则,则是非常复杂的问题。

法国法早先对一般担保权的成立与生效要件是区分不动产与动产适用不同的规则,后来经过2006年担保法改革,学者们认为要求质押的设立必须"移转占有",已经不再能够反映法国民法的实际生活,因为不转移占有的质

---

① See Section 314(b)(1)(2) of Trust Indenture Act of 1939.
② [日]長谷川貞之:《担保権信託の法理》,勁草書房2012年,第120页。

押经常出现，因此主张将"转移占有"视为质权对抗第三人的条件或一个最初的履行行为，① 因此民法典2337条修改为"将有体动产质权之标的财产占有转移给债权人或约定的某个第三人的，产生对抗第三人的效力"，至此转移质物占有不再是质权设立和生效的条件，动产质权的成立与生效仅需当事人以书面形式订立质押合同即可。目前对一般担保权的成立生效，法国实现了统一，无论不动产与动产，担保权公示均不是担保权生效的必要要件。但担保信托中无论信托财产为不动产、动产或权利，都需要进行信托登记始生效力，学理上认为信托登记起到了担保权公示的作用。

在日本，虽然动产质权的生效需要转移质物的占有，但是担保信托具有的一个明显特点"可不转移对担保财产的占有"，这也是担保信托的优势所在，基于此，担保信托的生效无论不动产、动产或权利均不以转移占有为要件。此时如何进行动产或权利质权的公示？学理上认为，信托登记起到了担保权公示的作用。② 由于担保财产可不转移给受托人占有，可能发生信托财产混同，损害债权人利益的情形，因此对于担保信托虽不以信托登记为信托生效要件，但是进行某种方式的信托公示确是非常有必要。

二、担保信托生效的特殊要件

一般而言，担保信托成立以后，只要完成担保信托财产权的移转，信托目的、信托财产、信托当事人、被担保债权等要素均符合法律规定，担保信托亦可生效。但在法国，由于特殊的公共政策等原因，对担保信托生效规定了特殊的条件，其对担保信托生效产生了重大影响。

(一) 信托税务登记

由于英美信托具有一定避税的功能，早期英美信托产生的动因亦在于避税，因此初始法国人将信托视为洪水猛兽。又法国是以高税收支撑的高福利国家，法国税务部门一直以来非常担心信托会用于减少或逃避税收义务而极

---

① M. CABRILLAC, Droit des Sûretés, 7ᵉ éd. Litec, 2004, n°665.
② [日]長谷川貞之：《担保権信託的法理》，劲草书房2012年，第12页。

力反对信托立法；与此同时法国政府又认识到信托与洗钱罪过有关联性[1]，因此法国立法者对信托进行了严格管控。其中信托税务登记就是一大特色。

法国民法典第2019-1规定"信托合同以及附加条款应在合同订立之日起1个月内在受托人的总机构所在地的税务机构进行登记，或者受托人不在法国的，应在非长期居民税务部门进行登记，否则无效"，这被称为"信托合同的税务登记"。对于担保信托来说，担保信托合同设立后，受托人应在合同签订一个月内在总部机构所在地税务机构办理担保信托合同登记，否则担保信托不生效力。担保信托合同税务登记通常包括合同当事人身份、合同的内容及变动、合同终止、受益人的确定或确定方法等。[2]

担保信托合同的税务登记只是法国公共政策导致的结果，其并不具有太强的法律意义，学者认为，该登记目的在于打击逃税、洗钱和金融恐怖活动，这种登记的效力是有限的，并不具有对抗第三人的效力。[3]

(二) 不动产权利公示

影响法国担保信托生效的要件除了特殊的信托税务登记之外，民法典第2019-2条规定"信托合同及其附加条款如涉及不动产或不动产物权的，应按照《税收法典》规定的条件进行公示，否则无效"，学理上解释认为，该条规定强调了不动产物权登记的法律效力，如果担保信托合同涉及不动产或不动产物权变动的，需要到担保登记部门进行不动产物权变动登记公示，否则担保信托合同仍不生效力。

(三) 信托登记

法国信托法也建立了各国普遍采用的信托登记制度，法国民法典第2020条"按照最高行政法院提出资政意见后颁布的法令规定的条件设立全国信托财产登记处"，"信托财产内如有变动即应公示的财产或权利的，所进行的公示应当写明符合资格的受托人的名称"，第2019-3规定"信托合同引起的权利的转移以及在信托合同中未指明受益人的，对于随后的指定，均需要按照相同

---

[1] 英国知名学者阿诺·蒙特堡在法国国会讨论信托草案前，为国会写作题为"全球金融资本最放松之一的特洛伊木马"的评论文章，揭示信托与世界洗钱资本的关联。
[2] Dominique Legeais，FIDUCIE-SÛRETÉ，Juris Classeur Commercial，01 Avril 2011，n°37.
[3] Dominique Legeais，FIDUCIE-SÛRETÉ，Juris Classeur Commercial，01 Avril 2011，n°33.

条件制作书面文书，以便登记"，这两条规定被视为法国信托登记制度的法律承认，对于新的信托登记制度的设计，法国似乎借鉴不动产物权登记的契据登记方式①。进行信托登记需要根据信托合同制作书面文书，记载包括引起财产或权利变动原因、受托人名称等，以表明该项财产或权利为信托财产，以备公众查阅。对于信托登记的法律效力，法律并未强调，学理上认为信托登记并不是担保信托生效要件。

概括起来，法国担保信托的生效除了需满足担保信托生效的一般要件外，包括信托目的、信托财产、信托当事人、被担保债权等要素均符合法律规定，还需要进行担保信托合同的税务登记，如涉及不动产的，还需进行不动产权利登记。

三、担保信托的信托公示

如上文提到，法国具有法律意义的担保信托公示主要是信托登记，如涉及不动产权利变动的，还包括不动产登记。信托登记的主要法律效力在于对信托的公示，将信托财产的情况向社会公开而产生公信力；不动产登记的基本法律效力在于确认不动产物权的变动，从委托人转移给受托人，信托不动产登记在受托人名下，法律上确认成为信托不动产的所有人。因此信托登记与不动产登记两者的法律效力与作用完全不同。但是由于法国信托登记被法律确认不久，进行信托登记的实例较少，难以找到与法国担保信托登记确切相关的资料，因此下文所提到的担保信托公示，主要以日本学界对担保信托的研究为依据。

(一)担保信托公示的性质与效力

《日本信托法》施行已久，已形成比较完备的信托登记制度。日本不动产登记法改革以后，信托登记与担保权登记分别成为不动产两大类别的登记。但是担保信托是以信托机制来设定担保权，既涉及信托登记，也关乎担保权登记，进行担保信托的公示，按照不动产登记法，信托登记是与担保权登记

---

① 法国不动产契据登记，不动产交易当事人订立契据，根据不动产契据作成公证文书，登记机关将书面文书附在登记簿之后，以供公众阅览。不动产权利的得丧变更皆依意思主义，即双方当事人的意思一致，订立契据，便可发生物权变动效力，但非经登记，不得对抗第三人。

同时申请并办理。那么这种登记的实质是什么？担保权登记还是信托登记呢？有学者研究后指出，在涉及不动产担保信托的场合，信托登记才是担保权信托的宗旨①。其主要理由是，在不动产抵押权登记的场合，依据不动产登记法第 59 条、83 条、88 条的规定，进行不动产抵押权登记需要登记的事项包括：登记目的、申请登记日期、登记原因、登记权利人身份等；债权额、债务人身份、所有权以外的权利为担保目的；利息、债权清偿条件、民法第 375 条之损害赔偿额的确定；担保债权的范围及总额度、担保本金的确定等，依据不动产登记法第 97 条信托登记事项包括：委托人、受托人、受益人的身份、受托人指定的相关条件或方法、信托管理人身份、受益人代理身份、信托目的、信托财产管理方法、信托终了的事由等，将此两者登记事项对比发现，信托登记事项包含了担保权登记事项大部分，甚至比担保权登记事项更全面，信托登记可以涵盖担保权登记，两者登记均以公示为目的，具有对抗第三人效力，因此担保信托的公示需要信托登记，只是在信托登记时还需要在制作的信托目录上记载抵押权人身份、各债权人的债权额和利息以及与受益人相关的具体事项。

笔者对上述观点较为认同，在日本信托登记与担保权登记承载不同的法律意义，信托登记是对信托财产的公示，产生对抗第三人效力；担保权登记是用于确定担保权的设立，明确不动产权利转移的原因，产生不动产担保权对抗效力。担保权登记一般仅涉及债权人与债务人或担保权人与担保设立人两者间的关系，这与担保信托通常会涉及三方当事人的实际不相符，如若仅为担保权登记，势必会遗漏掉某一方当事人，使其身份无法得到公示，并且担保权登记的绝大多数事项都可以为信托登记所涵盖，因此担保信托的登记公示以信托登记附之以担保权登记更合适。按照日本不动产登记法的做法，进行信托登记申请同时，应当同时提出一份不动产担保权登记的申请，将信托登记与不动产担保权登记同时进行。

(二) 担保信托公示的基本内容

担保信托中，受托人为担保权人，通常为担保信托的信托登记申请人，

---

① [日]長谷川貞之：《担保権信託的法理》，勁草書房 2012 年，第 13 页。

担保信托的委托人是担保权设定人，也是登记的义务人，只是根据担保信托的设立方式不同，登记义务人表现也不同。如在担保信托的直接设立方式中，担保信托的设立人通常是债务人，那此时担保信托登记的义务人是债务人；在担保信托的间接设立方式中，担保信托设立人是债权人，担保信托登记的义务人也为债权人。无论何种情况，受托人可以单独提出登记申请，也可以与担保信托设立人一起提出登记申请，也可由受益人与委托人代替受托人进行信托登记申请。

申请人向信托登记官提出登记申请，如涉及不动产的，同时进行不动产担保权登记申请。申请人提交登记申请文件应附上一份书面文件，载明下列事项：委托人、受托人、受益人、信托管理人等姓名、名称、住所，信托标的物，信托财产管理方法，信托终了的事由等与信托相关主要条款，由登记官将信托文件中主要事项作成信托目录；另外与不动产担保权相关的事项，如抵押人名称、各债权人的债权额与债权总额、利息、债务清偿条件等记载在不动产担保权登记中，通常将信托目录附加于不动产担保权登记之中，以备社会公众查阅。

如担保信托登记涉及动产的，实践中适用于担保信托的动产担保物通常为企业的机构设备、成品、原料等重要动产，这些动产抵押担保信托的生效既不需要转移对担保物的占有也不需要进行抵押权登记，这种情况下难以依据动产的交付或转移占有来确定担保财产的权利，因此动产担保信托公示非常重要。对于动产信托公示，日本一般采取添置标签的办法，担保信托动产的公示也采取相同办法，将标签挂置于动产的显著位置，并在标签上标明担保财产的字样、受托人姓名、被担保债权数额、利息等重要内容。若担保信托登记涉及有价证券的，传统上要求在证券上表明"该财产是担保财产"，另外还需在公司债券存根簿上记载其为信托财产。但是这种公示方法已与有价证券的频繁交易和无纸化交易完全不合，日本实务界采取分别管理的方法，即将信托财产的有价证券与受托人固有的有价证券分别管理，① 或尝试电子标签法，这也是不得已而较实用的方法。

---

① ［日］能见善久：《现代信托法》，赵廉慧译，北京：中国法制出版社2011年，第31页。

第五章　担保信托当事人规则

信托关系当事人通常包括委托人、受托人与受益人三方，担保信托是利用信托关系架构出来的以担保为目的的法律关系，因此担保信托法律关系通常也包括委托人、受托人与受益人。由于各国担保信托构造模式不同，三方当事人的法律地位与权利义务可能会有不同，本章主要探讨各国担保信托当事人的权利义务的共性之处。

第一节　担保信托受托人规则

受托人是信托法律关系最重要的信托当事人。信托设立之后，委托人将信托财产转移给受托人后，信托财产便处于受托人的控制和管理，受益人要取得和享有信托财产所生之信托利益，需要依赖信托受托人的对信托财产的管理和处分，需要仰仗受托人对信托事务的执行，从这个意义上来说，信托的存续、信托目的的实现，都完全依赖受托人的种种努力。并且随着现代信托的发展，传统受托人的消极地位已经被积极地管理信托财产并努力使其增值而取代，因此受托人已经处于信托法律关系中核心地位。在担保信托法律关系中，受托人的核心地位也是不容置疑的，担保信托设立后，受托人既是担保信托的受托人，也是担保财产的担保权人，作为受益人的被担保债权人的债权能否得到清偿，需要依赖受托人对担保财产的管理和对担保权的实行。因此对担保信托受托人行为规范和调控，是担保信托法律规制的重点。

一、担保信托受托人的权利

受托人在信托中所享有权利的宗旨是为受益人谋利,从这个角度看,受托人的权利"与其说是权利,不如说是权力或者为任务的权利更为合适。"[①]具体来说,受托人的权利是为实现受益人利益的职权,为履行其职责的权力。受托人的权利与权力具有同等意义。

担保信托是以担保为目的信托,其应符合一般信托的基本特征。担保信托受托人既应符合一般信托受托人的权利与义务要求,同时从担保的特性出发,也具有不同于一般信托受托人的权利与义务要求。

(一)基于一般信托的担保信托受托人的权利

1. 广泛的信托权力

通说认为,受托人的广泛信托权力是对受托人基本信托权利的一种高度抽象概括,难以用具体的法律条文内容来描述这一权利所包含的内容。通常也被各国信托法或学者们称为"管理信托财产、处理信托事务的权利"。受托人的广泛的信托权力,是基于信托关系而产生的受托人最基本权利,信托成立后,受托人天然地享有这一权利,因为它是保证信托得以实施,信托目的得以实现,受益人利益得以享有的基本保障。英美信托法通常以判例法形式将受托人广泛的信托权力进行具体化和细化,推演出如包括为管理信托财产而为保险和利用保险收入的权利、出租或出售信托财产的权利、了结信托财产上债务的权利、雇用专业代理人的权利等等。相比较而言,大陆法国家通常采用抽象概括的方法来肯定受托人广泛的信托权力,而不直接规定这一权利具体包括的内容。如法国民法典第 2023 条规定"受托人在与第三人交易时被视为享有对信托财产最广泛的权利",学者们认为这该条规定不仅肯定了受托人的信托财产所有权人的地位,而且可以推断出受托人享有广泛的信托事务管理权限。[②]《日本信托法》第 26 条"为实现信托目的,受托人有权就信托财产项下的财产行使必要的管理或处分的行为,但是不妨碍对信托行为的权

---

① [法]路易·若斯兰:《权利相对论》,王伯琦译,北京:中国法制出版社 2006 年,第 261 页。
② Dominique Legeais,FIDUCIE-SÛRETÉ,Juris Classeur Commercial,01 Avril 2011,n°47.

限加以限制。"

具体到担保信托而言，只要信托文件没有限制，担保信托受托人为实现债务担保目的所必需的一切的管理、处分权，均属于受托人的权限范围，包括担保财产的保存、利用或改良行为，担保财产的出售或拍卖等行为，为信托取得权利或承担债务的行为，为保护信托财产的诉讼行为等。

2. 获得报酬的权利

信托的早期主要是民事信托，一般会选择受委托人信任的具有较高道德品行的人担任受托人，那时受托人替他人管理财产既是一种道德上的义务，也是一种高尚的荣誉，因而受托人是不得请求管理信托事务而获得经济上报酬的，因为受托人已经从信托中获得了"声誉与德行上的报酬"了。后来随着信托运用于商业和金融领域越来越普遍，商业信托逐渐成为信托活动的主导力量，允许商业受托人收取报酬成为各国信托法的常见做法。受托人的获得报酬权利一般来源于信托当事人的自由意思或者法院的授权等，各国对受托人获得报酬权的请求权对象分为对信托财产行使、向受益人请求及向委托人请求。[1]

由于担保信托主要适用于商业和金融领域，通常为商业融资借贷等经济债务提供履约的担保，因而担保信托受托人依照商事惯例，为其担保信托活动享有一定的经济报酬既是情理之中，也为各国信托法所认可。美国无论为公司债券发行提供担保的信托契约，还是为一般债务提供不动产担保的信托契据，其受托人均为商事公司，如信托公司、银行、建筑和贷款协会、储蓄和贷款协会等，实践中他们通常依据通用的格式条款来协商报酬的具体内容。从美国各州信托契据法来看，立法通常没有对受托人的报酬收费权进行限制，法案允许信托契据当事人根据当地的具体经济情况，由债务人和受托人协商评估确定受托人的报酬费用。[2] 并且随着信托受托人报酬越来越公开化，许多机构间的竞争也使得担保信托受托人的报酬越来越低。

法国信托法虽然对受托人的报酬权没有明确规定。但是从实践来看，法

---

[1] 张淳:《信托法原论》，南京：南京大学出版社1994年，第144页。

[2] Richard P. Jr. Garden, In Deed an Alternative Security Device: The Nebraska Trust Deeds Act, The Nebraska Law Review, 1985(64), P110.

国信托主要适用于商事领域，立法对信托设立人和受托人的诸多限制也表明法国信托是以商事信托为主，既然信托法没有限制担保信托受托人的报酬权，表明法律允许当事人对受托人报酬权进行私法自治，[①] 结合实践中的商事信托通常以有偿为主，法国信托受托人有从信托获得报酬的权利。

日本《附担保公司债信托法》明确肯定受托人的报酬权，第91条规定"受托人公司对于委托公司对于处理信托事务，可以请求相当的报酬"，2007年《信托法》第54条又规定，如信托行为中规定了可由信托财产获得报酬的，受托人可上信托财产获得信托报酬。受托人的信托报酬可准用受托人费用等补偿权之约定——基于受托人和受益人的合意，也可从受益人处取得信托报酬。日本担保信托通常也为商事信托，担保信托合同中会约定信托报酬，因此担保信托受托人可如附担保公司债信托受托人一样享有报酬权，并且依据2007年信托法之明定，担保受托人的报酬权行使对象原则上从信托财产中获得，只有在受托人与受益人有特别约定时，也可从担保信托受益人处获得报酬。

3. 补偿请求权

获得补偿的权利，是指在信托关系存续期间，受托人对于其无过失且为管理信托事务所支付的必要费用及因处理信托事务所受到的损失，享有获得补偿的权利。"管理信托事务所支出的必要费用"通常包括非因受托人过失而发生的信托财产的税金、维修费、管理费等，"因处理信托事务受到的损失"则包括由受托人垫付的信托财产造成他人的损害赔偿金以及受托人无过失而遭受到损害等。这些情形中受托人可以行使补偿请求权。对于受托人补偿请求权的行使对象，英美信托法允许受托人针对信托财产主张求偿，只有在受托人和受益人有特别约定的情形时，受托人才可以向受益人主张补偿权。大陆法信托法通常规定，受托人既可以向信托财产请求补偿，也可向受益人要求补偿。同时各国信托法肯定受托人补偿请求权的优先性，受托人的补偿权可优先于受益人的信托利益以及信托财产的一般债权人而获得给付。

同理，担保信托的受托人在履行担保过程中，也必然会发生一些与担保财产相关的费用，如占有担保财产时担保财产的保管费、维护费、保险费、

---

① Dominique Legeais，FIDUCIE-SÛRETÉ，Juris Classeur Commercial，01 Avril 2011，n°48.

税负，与担保财产的权利变动的相关费用、担保财产的评估费用，以及因担保财产瑕疵造成他人损害而发生的损害赔偿金等等，由于这些费用发生受托人没有过失且无法获得利益，因此没有理由让受托人用自己财产来负担。美国公司债信托契约中通常会约定，信托契约受托人有明示或暗示的权力，以合理的方式来维持担保物的价值，"因为一旦担保财产损坏，或者未纳税，或者未保险等，都会危及担保财产的价值。受托人对于这些支出，如担保财产的保险、纳税、或维护费等可以优先于已存在的担保权而从债务人的本金和利息中得到补偿。"[1]同时，由于这种费用补偿优先受偿权，其是与已存在的公司债担保权平等或者优先于担保权的，所以费用补偿权实际上会稀释或减少债券持有人的担保利益的，[2]尽管如此，但是保护这种受托人的预付款是非常重要的，因此受托人不能隐藏这些预付款，必须在合理时间内向债券持有人为通知义务，以使债券持有人可以充分保护自己权利。

日本《附担保公司债信托法》第 92 条规定，"受托公司因处理信托事务，正当支出的一切费用、支出以及利息，并无过失的，受有一切之损害，委托公司负有偿还赔偿之义务。受托公司处理信托事务所必要之费用，得对委托公司请求支付。"第 93 条规定，"依前条第一项规定为受托公司所生的债权，对于信托契约之物上担保亦有效力。受托公司对于前项债权有优先于公司债权人，从担保物中接受偿还的权利。"受托人因信托事务而生的正当费用、损害等债权，也可成为信托契约的担保债权，并且享有优先于其他公司债权人从担保物中优先受偿权。

但是上述这些规定被 2006 年日本《信托法》第 48、49、52、53 条等给予了修订，"受托人由于处理信托事务之必要而用固有财产支付了相应费用的，可由信托财产偿还费用以及利息；……基于受托人和受益人间的合意，也可从受益人处受偿该费用等；"，"当受托人在可由信托财产偿还费用等情形下，可以该金额为限，将信托财产项下之金钱归于固有财产；……在对信托财产

---

[1] Louis S. Posner, The Trustee and the Trust Indenture: A Further Study, The Yale Law Journal. 1937 (46), P752.

[2] First Trust Co. of Lincoln v. Carlsen, 129 Neb. 118, 122, 261 N. W. 333, 336 (1935); Marshall & Ilsley Bank v. Guaranty Investment Co., 213 Wis. 415, 425, 250 N. W. 862. 866 (1933).

项下之财产实施强制执行或在担保权执行程序开始时,受托人享有前项权利的可视为金钱债权;受托人为了各债权人的利益而实施的对信托财产的保存、清算或分配费用等,依据前项的规定享有的权利,在强制执行和担保权执行程序上,优先于其他债权人;若系用于信托财产的保存与改良而支出的费用,是出于维持信托财产之价值或有益于该财产之增值者,对该金额,有优先于其他债权人的权利。""受托人在以固有财产偿还信托财产之债务的,受托人便代位拥有了信托财产负担债务之债权人地位,可享有补偿权。……""受托人可就处理信托事务,本身无过失而蒙受的损失,接受信托财产的赔偿,但信托行为另有规定的,从其规定……"。那么依据现行《日本信托法》相关规定,担保信托受托人的补偿请求权变更了原《附担保公司债信托法》以及原信托法的相关规定,受托人的预付费用及损害等均可由担保财产偿还,仅在受托人与受益人有合意时,才可向受益人请求偿还;若受托人的费用补偿可用金钱偿还的,在对担保财产进行执行时,受托人可对担保财产的价金提出分配请求。并且受托人只有对为维护担保财产价值而发生的保存和改良费用以及为各债权人利益而发生的担保权保管、清算或分配费用,才可优先于其他担保债权人而受偿。对于受托人因处理担保信托事务而发生的其他费用、对他人的负债以及受到的损失等,担保信托受托人的补偿权不具有优先受偿性。

4. 辞任请求权

受托人需要具备与其履行职责相匹配的能力、知识、经验以及时间才能更好完成信托任务。当受托人不具备管理或处分信托的能力,或者由于特殊情况导致受托人不再适合担任受托人的,各国信托法允许受托人请求辞任。

担保信托受托人的一般职责是管理担保财产以及执行担保权,受托人也需要具备与履行此职责相当的能力与条件,当受托人不具备此种能力,不能履行职责或不愿意再履行职责时,也应该允许受托人辞任。日本《附担保公司债信托法》第97、98条规定,"受托公司可依信托契约的规定,或经委托公司与公司债权人会议同意,可以辞任。""受托公司有不得已事由时,受主管官厅许可,可以辞任。"日本《信托法》第57条规定,"除非信托行为另有规定外,受托人在取得委托人和受益人同意后可以辞任,……受托人有不得已的事由时,在获得法院许可后可以辞任;受托人在向法院做出辞任申请时,必须说明造成其原因的事实。……"那么日本担保信托受托人在以下几种情形下可以行使辞任权或辞任请求权:其一,信托文件有规定的,担保信托受托人有权辞任;其二,委托人和受益人同意的,担保信托受托人可以辞任;其三,特殊情况下,有权向法院请求辞任,并说明理由。

(二)基于担保信托的担保权人的特殊权利

担保信托之与一般信托而言的特殊之处在于其以担保债务的履行为目的,因此担保信托受托人基于此种担保目的所生之特殊权利,亦为担保权。如前所述,担保信托从信托的角度而言,是为担保债务履行而为的信托制度的构架;从担保的角度来说,是能够产生担保权的制度。此种担保权制度,由于信托的灵活运用,既可以如抵押权、质权等传统担保物权制度一样,直接产生新的担保权,如信托契据、法国担保信托、日本担保信托的直接设立方式;也可以从前担保物权人处继受"间接"获得担保权,如公司债信托契约、日本担保信托的间接设立方式。因此担保信托都为受托人产生了担保权,由于担保信托受托人处于担保权人的地位,因此担保信托受托人的广泛的信托权力主要表现为管理担保财产、执行担保权以及分配担保权利益。由于担保信托受托人的这些特殊信托权力,也是履行职责之应尽的义务,因而这部分内容将置于后文"担保信托受托人的特殊义务"中详述。

二、担保信托受托人的义务

在受托人的权利与义务的两个法律的规范纬度中,"权利是使法律成为法律的东西"[1],但是"权利仅仅是简单的约束"[2],而法律义务才是真正使权利主体获得利益的有效手段。因此如何规范受托人义务是信托法的核心任务,为保护受托人利益,法律对受托人规范的主体是义务,而非权利。信托法为受托人设置了一个强大完善的约束性义务群,其中包括忠实义务、注意义务、信息披露义务等。担保信托受托人必然也将置身于这些重要的约束义务群中,

---

[1] [美]罗纳德·德沃金:《认真对待权利》,信春鹰、吴玉章译,北京:中国大百科全书出版社1998年,第21页。
[2] [日]小岛武司:《诉讼制度改革的法理与实证》,陈刚等译,北京:法律出版社2001年,第1页。

除此之外，同时也负担着不同于一般信托的特殊约束性义务。

(一) 基于一般信托的担保信托受托人的义务

1. 忠实义务

忠实义务是受托人约束性义务群中的核心义务，"受托人对受益人的信任关系中，首先是完全为了受益人的利益采取行动的忠实义务"。① 由于受托人处于受信任的一方，同时又对他人财产享有最大的控制权，因此受托人应对受益人负担最高标准的信任义务。忠实义务通常体现为要求受托人只忠实于受益人且只为受益人利益服务的积极内涵以及要求受托人为信托行为时不得与受益人利益相冲突的消极内涵。尤其是忠实义务的消极内涵即对受托人行为不得与受益人利益相冲突的禁止性规则成为各国信托法对受托人忠实义务所规范的重点。

学者们对忠实义务的禁止性规则的概括有"四个禁止规则"②、"三个禁止规则"③、"五个禁止规则"④等。在学者们所总结的受托人忠实义务的禁止性规则的范围大小不同，通常认为应包括：受托人不得为自己利益而为信托行为；不得将信托受益人利益与自己的利益相冲突；不得为除受益人外的第三人谋求信托利益等。

一般认为，随着信托的发展，受托人忠实义务的判断标准也相应地有了一些变化。早期英美信托法将受托人忠实义务的判断标准概括为"唯一利益规则"，就是要求受托人在处理信托事务时，应将受益人利益作为其为信托行为的唯一行为准则，禁止受托人在进行信托行为时将包括自己个人利益在内的除受益人以外的其他任何人的利益作为行动依据，不得使自己个人利益或任何其他人的利益与受益人的利益相冲突。⑤ 在"唯一利益规则"下具有冲突的交易都是无效的，无论受托人行为是否善意、是否有害于受益人、是否支付

---

① [日]藤仓皓一郎：《英美判例百选》，段匡、杨永庄译，北京：北京大学出版社，2005年，第493页。
② John Norton Pomeroy, A Treatise on Equity Jurisprudence VI, Spencer W. Symons ed., 5th ed. 1941, P1075-1078.
③ 徐国香：《信托法研究》，台北：五南图书出版公司1988年，第104页。
④ 何宝玉：《信托法原理研究》，北京：中国政法大学出版社2005年，第211-217页。
⑤ George Cleason Bogert, Case and Text on the Law of Trusts, 7th ed., New York Foundation Press, 2001, P343.

公平对价都不重要，只要同信托财产的交易涉及受托人个人利益，当然无效，无须其他证据。"衡平法认为否定所有的忠诚的行为，要优于试图通过允许受托人为其双方代理行为进行合理解释的方式来区分有害或无害的利益冲突交易行为，"[①]之所以这样认为，是因为受托人"存在欺诈的危险，但受益人难以证明，法院难以查证"[②]。后来随着现代信托对受托人履职要求的提高，过去的单一的刻板的"唯一利益规则"不再适合现代信托对受托人的要求，法院对受托人忠实义务的判断标准慢慢转向是否符合受益人的"最大利益规则"，在面对受托人的利益冲突的个案中，只要被指控的受托人能够证明冲突交易是符合受益人最大利益的谨慎交易，那么受托人的行为就被法官认为是合理适当的，因为受托人与受益人间存在利益冲突不一定会损害受益人利益，受托人为信托行事时即便不是只以受益人的利益为唯一依据，也并不表明该信托行为就不符合受益人最大利益。因此受益人"最大利益规则"的适用使得一些禁止性行为规则出现了例外和宽松。

在当代担保信托受托人进行信托行为时也负担了忠实义务的要求，应为受益人的最大利益行事。如《美国信托契约法》详细具体地罗列了信托契约受托人的忠实义务条款，因为"当债权人利益与受托人利益发生冲突时，债券持有人利益并不会优先于受托人利益来考虑，……应尽力减少这些利益冲突，最好由立法将受托人限定为合理的受托人，由立法来管制信托契约的这些特别条款"[③]，以"保证债券持有人拥有无私的契约受托人的服务"。依据《美国信托契约法》第310(b)分条规定，信托契约违约时，具有以下情形的受托人被认为与受益人的最大利益相冲突而违背了忠实义务：①受托人同时也是公司债券的债务人的另一已发行债券的受托人，除非债务人主营不动产业务并且不动产是全部债券的担保；②受托人是契约债券债务人的承销商；③受托人与债务人的公司债券承销商间有直接或间接的控制关系；④受托人或其董

---

① George Cleason Bogert, Case and Text on the Law of Trusts, 7th ed., New York Foundation Press, 2001, P228.

② Langbein, Questioning the Trust Law Duty of Loyalty: Sole Interest or Best Interest, Yale Law Review 2006(114).

③ Henry F. Johnson, The Forgotten Securities Statue: Problems in the Trust Indenture Act, The University of Toledo Law Review, 1981(13), P101-102.

事、执行官是债务人或债务人的承销商的董事、合伙人或其他执行业务的人员；⑤债务人或债务人的董事或其他执行人员拥有受托人的有表决权证券的10%以上或集体拥有20%以上的；⑥受托人是作为担保的债务人或债务人承销商享有一定比例表决权的证券的收益所有人；⑦受托人应当是或应当成为债务人的债权人的，等等。综合起来看，《美国信托契约法》对公司信托契约受托人的为忠实所包含的禁止性规则归纳得非常详细且符合实践，信托契约受托人个人利益可能与受益人利益相冲突的表现，既可能是双重受托，也可能是身份重叠，如受托人同时为债务人的债权人，更多的是利益交叉与重叠，如担任双方人员或在双方均享有利益等。尽管《美国信托契约法》对受托人忠实义务的利益冲突规则规定如此严苛，但是在实践适用时并不会产生太多困难和麻烦，因为对受托人的利益冲突的判断仅只在受托人违反信托契约时才会产生，立法允许受托人在有利益冲突时，只要能善意、诚实地为债券持有人利益行事即可。

相对而言，大陆法系国家对担保信托受托人忠实义务规定比较原则和抽象。日本《附担保公司债信托法》第68条规定，受托公司应当公平诚实处理信托事务。2006年《信托法》一改过去信托法对忠实义务的抽象原则性的规定，借鉴英美信托法作法对受托人的禁止性行为规则也规定比较详细，第31-1条"受托人的禁止性行为"，包括信托财产与受托人固有财产的混同；将信托财产归入其他信托的信托财产；与信托财产为交易行为；将信托财产为个人债务设立担保权，而与第三人处理信托财产的。这些规定适用于担保信托受托人，即担保信托受托人如有以下之行为可视为利益冲突的行为，将担保财产归入其个人财产，或将个人财产归入担保财产；或与担保财产为交易行为；或为个人债务以转移到名下的担保权来设立担保等。当然，依据信托法第31-2条，尽管以上利益冲突之行为，只要担保信托文件中约定允许为之，或获得受益人债权人之同意，或该行为是受托人实现信托目的而必要且合理的，不损害受益人债权人的利益或被认为是正当理由的，都可以排除利益冲突之认定，而被认为符合担保信托受托人忠实义务要求。如对于担保财产之处分，受托人如出于善意且以合理的市场对价购买担保财产，只要其履行了其他信托义务，应可认定该买卖行为有效，不构成受托人利益冲突。此规则在美国信托契据中得到肯定,认为信托财产的出售中受托人参与竞标购买,只要受托人履行了必要的通知义务,不构成利益冲突。①

2. 注意义务

注意义务也是受托人约束性义务群的核心义务。注意义务与忠实义务关注的对象与内容不同,注意义务关注的对象是受托人对信托的控制权与自由裁量权,关注的是受托人处理信托事务时的主观心态,是否诚实、信用、谨慎是注意义务的主要内容;忠实义务关注的对象是受托人需要为受益人利益而不是他人的利益。英美信托法受托人注意义务的标准最初为"诚实善意标准"后来逐渐发展为"谨慎人标准",即受托人管理信托事务时,应如同处理自己的事务般的谨慎的商人一样注意且须具备相应的技能来行事。② 一般的谨慎人标准在20世纪以后逐渐增加了许多内容:①受托人是有偿还是无偿,有偿受托人比无偿受托人适用更高的勤勉和知识标准;②专业的机构受托人不能仅要求像普通谨慎商人一样行事,他们应当体现出专业的从业人员应当具备的专业素质和谨慎要求;③如果是投资性的信托行为的,对受托人的谨慎标准提出了更高的要求。大陆法系信托受托人的注意标准仍适用民法的善良管理人的标准,即认为受托人应保持有比处理自己事务更高的注意,根据受托人所从事的职业或所处的社会阶层或所应具备的知识和技能的一般要求所能达到的注意或谨慎程度,来衡量受托人在为信托行为时是否应尽合理的谨慎和注意。

担保信托受托人在管理担保和执行担保权事务上处于核心地位,享有较大的控制权和自由裁量权,对受托人的控制权和自由裁量权进行义务性的约束是非常必要的。美国信托契约经过多年判例法的发展,意识到由于受托人在信托契约违约前后所承担的信托责任不同造成受托人在信托契约违约前后的注意标准不同。在 Sturges V. Knapp 案例中,法院认为在信托契约下债务人违约前或后信托的本质是不同的,受托人的注意义务也会不同,由于在违约

---

① Gary E., The Deed of Trust: Arizona's Alternative to The Real Property Mortgage, Arizona Law Review, 1973(15), P206-208.

② Speight v. Gaunt(1883)Ch D727 at 739 per Jessell MR.

之前，受托人的义务通常表现为被动的消极的，[①] 如对债务人提供的表明担保物情况的证书进行验证、对专家意见书进行签收，检查担保物的情况等，而在债务人违约之后，受托人的作用才开始变得积极的、有责任的和严厉细致[②]。因此受托人在债务人违约前的注意义务标准是"诚信善意的标准"，即信托契约受托人只要在违约前诚信善意地处理信托事务，对于由于善意的判断决策的失误所造成的损失，可以免除受托人责任，除非有证据证明受托人对损失的造成有过失和故意的违法行为。[③] 受托人在违约前的"诚信善意"注意义务具体包括的内容体现在《美国信托契约法》第315(a)条，信托契约违约前，受托人遵守了信托契约的特别规定的义务；或者受托人不存在故意的情形时，受托人可以确定性地信赖符合契约要求的证明或意见，只要受托人审查了这些证明或意见是否符合契约的要求。显然受托人在债务人违约前的注意义务标准相对而言比较宽松，这与受托人在债务人违约前所需履行的信托职责密切相关。由于债务人违约前，信托契约的担保物通常由债务人占有，受托人既不需要像一般信托受托人一样占有信托财产，更不需要像一般信托受托人一样积极地管理和利用信托财产，他的职责特点就是"安静的""被动的"对相关的证明或专家意见进行形式上的审核。相对而言，债务人违约之后，信托契约受托人的职责不再可能是被动的，而变得积极主动起来，如果被授权，他既可以提前要求债务人支付欠款，也可以对债务人提起违约诉讼，也可以对债务人要求执行担保，同时还需要判断对债务人提起诉讼是否对债券持有人有利，如果对债务人执行取消赎回权诉讼之后，需要对担保物进行清算以及将担保物出售价款公平地向债券持有人进行分配等等，因此债务人一旦出现违约，受托人的义务增多，"诚信善意的标准"不再适合此时的受托人，受托人则需要适用更高的标准——"谨慎人标准"，像一个谨慎商人在处理自己事务时同样的勤勉、注意以及技能要求。因而《美国信托契约法》第

---

① Sturges v. Knapp, 31 Vt. 1 (1858).

② Payne, Exculpatory Clauses in Corporate Mortgages and Other Instruments, CORN. L. Q., 1934(19), P171.

③ Henry F. Johnson, The Forgotten Securities Statue: Problems in the Trust Indenture Act, The University of Toledo Law Review, 1981(13), P109.

315(c)条规定，契约受托人在发生违约的情况下，应当行使契约赋予其的权利和职能。契约受托人在行使该权利和职能时，应当尽一个谨慎之人在从事自身事务时所尽的同等程度的注意和技能。

日本担保信托受托人的注意义务依然承继大陆法系的信托受托人善良管理人注意标准，《附担保公司债信托法》第69条规定，受托公司对委托公司及公司债权人处理信托事务时应负担善良管理人的注意义务。2006年信托法也对受托人的善良管理人的注意义务进行强调。

3. 信息披露义务

信息披露义务也是受托人约束性义务群中的重要义务。除了使受托人负担起约束其外在行为和主观状况的忠实义务与注意义务之外，还必须为受托人的信托行为设置外部监督，最好的外部监督来自受益人。受益人要能够履行好对受托人的监督权利的前提是他需要获得与信托财产及受托人处理信托事务相关的重要信息。因此受托人必须履行披露义务，受益人也有权知道这些重要信息。[1]"披露重要信息是受托人的职责的核心，受托人不仅有义务告知受益人信托所发生的新信息，而且还有义务告知那些可能会威胁到受益人利益的一些具体情势。"[2]只要是对受益人利益有影响的重大事实、受益人为了保护自己利益所需要知道的信息，受托人都有义务给予披露。各国信托法受托人的披露义务通常包括：①设置信托财产的账簿，记录信托财产的交易管理情况，并向受益人提供的义务；②向受益人通知和报告受益人有权知道与信托财产和处理信托事务的任何情况；③真实地向受益人答复自己在管理信托事务方面所负担的义务等。

担保信托受托人处于担保权人的地位，履行着管理担保物和执行担保权的职能，其负担的信息披露义务通常表现为，设置担保财产账簿、真实记录担保财产的替代或解除与交易处分等信息并向债权人报告；向债权人通知债务人违约以及担保财产执行与分配清算等情况；及时地回复债权人对担保信托事务处理的相关询问和质疑等。《美国信托契约法》为保障受益人债券持有

---

[1] Alan Newman, The Intention of the Settlor under the Uniform Trust Code: Whose Property Is It, Anyway., Akron Law Review, 2005(38), note. 129.

[2] See Eddy v. Colonial Life Insurance. 919 F. 2d 750(1990).

人的利益，规定了较为详细的受托人的报告与通知义务。第313(a)条规定，受托人每年应向债券持有人提交的定期报告包括：受托人资格的变化情况；受托人与受益人利益冲突的变化情况；受托人已支付的还未得到偿还的预付款的情况；债务人对受托人的个人负债与担保情况；受托人拥有的财产变化情况；之前未报告的信托契约所附担保的解除与替换等。同时第313(b)规定了受托人的不定期报告义务：发生了契约担保的解除与替换的；以及未偿付的预付款达到债券本金的10%以上的；都应该在情形发生后90天内向登记的所有债券持有人以邮寄的方式提交报告。同时，当债务人发生违约的90天内，也应向登记的所有债券持有人以邮寄方式发生违约的通知。

美国信托契据受托人也负担有设置账簿并提供、报告与通知等信息披露义务，除此之外，美国有关州的信托契据法为确保受益人债权人的担保权利益能够得以公平地实现，为受托人行使担保物拍卖出售权规定了比较翔实而有特色的记录与通知义务。如亚利桑那州信托契据法规定，当债务人违约不能履行债务时，受托人负担的记录与通知义务包括：向受益人以及之前希望得到违约通知的人作出违约的通知，并在信托财产所在地的城镇的信托契据登记上记录债务人违约的事实；[①] 并且违约的通知的记录要求对委托人和信托财产进行具体描述，以及对义务违反和选择出售信托财产以满足债务的声明。如果委托人在违约通知发出一个月内不能治愈违约的，受托人需要履行出售的通知义务：应当在信托财产所在地的城镇具有流通性的报纸上进行信托财产出售的公示，包括出售的时间和地点以及对信托财产的描述等，并同时向信托契据规定的人或与信托财产记录相关的人或曾提出要求的人发出出售通知。[②] 只有充分履行了通知义务的信托财产才被允许由受托人自行出售，否则因为程序的瑕疵会带来信托财产权利变动的瑕疵。

法国担保信托受托人的报告义务适用一般信托的规定，法国民法典第2022条规定，信托合同应该具体规定受托人向委托人报告其履行信托任务的情况。受托人按照合同规定的定期，应受益人或指定的第三人的要求，向其

[①] ARIZ. REV. STAT. ANN. §§33-808(A)(2)(3)(1972).
[②] ARIZ. REV. STAT. ANN. §§33-809(A)(B)(C).

报告信托任务的情况。除此之外,学者们认为依据该条规定,还可引申出,受托人为能向委托人或受益人等报告信托事务的情况,应当根据担保信托的性质,制作和保存信托账簿和文件,以便证明其担保信托履职行为的正当合理性。①

《日本信托法》对信托受托人的信息披露义务的详尽规定同样可适用于担保信托受托人,其第37条,受托人为明确有关信托事务的计算和信托财产与信托财产负债的状况,应当备置信托财产的账簿、其他文件或电磁记录;受托人应每年制作一次资产负债表、损益计算书等;受托人在制作完前项会计报表时,就其内容向受益人作出报告;一些重要的信托账簿、信托文件或电磁记录等应当保存十年。

(二)基于担保信托的担保权人之特殊义务

担保信托的特殊之处在于以担保为信托目的,担保信托受托人处于担保权人的地位,担保信托受托人负担着管理担保物权、执行担保物权的基本职责与信托义务。如美国信托契据之所以成为独立的担保物权,因为其赋予受托人可依据受益人的选择而行使执行担保物权的新方式"自行出售权",因此各州信托契据法通常围绕受托人的出售执行担保权做出详细规定。法国信托依据担保信托标的不同,分别制定了受托人执行动产担保信托与不动产担保信托的不同规则。日本2007年信托法在修订后,明确肯定了担保信托的法律地位,第55条明确赋予担保信托受托人的特殊权利与义务:担保权为信托财产的信托,当信托行为中指定的受益人为被担保权所担保债权的债权人时,身为担保权人的受托人,可作为信托事务申请该担保权的执行,接受已结款项的分配或赔偿金的支付。因此,担保信托受托人有着不同于一般信托受托人的特殊职责与义务,具体而言主要包括:管理担保权、执行担保权与接受交付担保之价金。

1. 管理担保权的义务

担保信托受托人须为受益人担保利益的实现而行事,虽然担保信托设定后受益人担保利益只要在将来债务人不履行债务时才能存在,在债务人的违

---

① Dominique Legeais,FIDUCIE-SÛRETÉ,Juris Classeur Commercial,01 Avril 2011,n°48.

约未到来之前，担保信托受托人只是被动地消极地行事，但是这不能意味着此时担保信托受托人可以不作为或怠懈，"法律在违约前给受益人以积极地保护是非常必要的，受托人应该负担起这种保护"。① 在债务人违约前，担保信托受托人所负担的管理担保权的义务概括起来主要有：

(1) 检查担保物的义务

担保信托依据担保物的占有是否转移为标准，可将担保信托区分为两种类型，即占有转移型的担保信托与非占有转移型担保信托，实践中以非占有转移型担保信托为担保信托常见的形态。担保物是否需要转移给受托人占有或者判断担保物的占有使用权，主要由担保信托的当事人意思以及各国对担保信托的制度目的所决定。其一，担保信托是当事人意思自治的产物，遵循契约自由的原则，可由当事人的意思来决定担保信托担保物的占有；其二，担保信托之不同于一般信托在于目的的不同——以担保为目的，为受益人担保利益的实现赋予受托人以管理和执行担保权，这些职能的实现与受托人是否有必要占有担保物，没有必然联系，并且担保信托的优势也在于"能够使设定人在继续占有使用标的物的同时，还可以以标的物获得融资"②。因此各国实践的担保信托形态，无论美国信托契约或信托契据，还是日本担保信托都是以非占有型担保信托为常态。甚至在采用"目的财产理论"来构建担保信托的法国，即使从法理上认为担保信托生效以后，受托人取得了受到担保目的限制的担保物的所有权，但是当事人依据合同自由原则，可以在担保信托合同中约定使债务人保留对已转移给受托人的信托财产的占有使用权。③

为保障担保信托受益人的未来担保利益的实现，维持担保物的价值而对担保物进行定期或不定期的检查是担保信托受托人管理担保权的主要职责。特别是对实践中常见的非占有型担保信托而言，由于担保物处于债务人的占有与控制范围，担保信托受托人不能像一般信托受托人一样能够对担保物的

---

① George E. Palmer, Trusteeship under the Trust Indenture, The Columbia LawReview, 1941(41), P208.

② François Barrière, La fiducie-sûreté, La Semaine Juridique Notariale et Immobilière n° 42, 16 Octobre 2009, 1291, n°12.

③ Martin Gdanski, Recent Change to French Law Affecting Fiduce and Right of Secured Creditors, Journal of International Banking Law and Regulation, 2009, 24(5), P266.

价值与权利变动状况了如指掌,所以对担保物的状况进行检查就显得更为重要了。担保信托受托人应当定期或不定期地对担保物进行检查或核查,通常包括核查担保物的相关资产账簿、查阅担保物价值变动的评估说明或专家意见、现场查看担保物等等。如《美国信托契约法》要求信托契约受托人每隔12月向债券持有人作出定期地简要报告,报告的内容就包括提交契约受托人持有的担保财产和资金的变化情况,实质上要求契约受托人履行定期的检查或核查担保物的义务。日本学者也认为,担保信托存续期间,为避免担保权的对象与担保物有出入,例如在以集合财产设定担保信托时,需要定期对担保资产进行清查,但是资产检查也不能太频繁,频繁地进行担保物检查以及进行担保物的信托变更登记会有损交易效率。[①] 因此为维持担保物的价值,定期地或有特定事由发生时对担保物进行检查是担保信托受托人履行管理担保权职责的义务内容之一。

(2)保全担保权的义务

依据担保信托实质为受托人设定了物上担保,担保信托受托人作为担保权人在管理担保权的职责过程中,除了需要为维持担保物的价值对担保物进行检查之外,由于担保信托通常由债务人占有担保物,因此不能排除他人对担保物的非法占有或毁损以及对担保权的其他非法侵害行为的发生,在这种情况下受托人是否能够享有排除妨碍请求权,防止担保物价值的减损,以保全担保权?日本学者认为,从法理上看担保信托受托人为担保权人,受托人在担保物的管理范围内,可以基于担保权人的权利提出类似抵押权人的排除妨碍请求权。因为从最近高等法院的裁判来看,对于非占有型担保受到侵害的案例中,如非法占有不动产抵押物的,或对抵押物的交换价值实现有妨碍的,或对抵押权的优先清偿权的实现造成困难的,法院支持非占有的抵押权人基于抵押权提出排除妨碍请求权。[②] 这一观点也得到美国法院的认可,他人对不动产担保物进行非法侵害的,信托契据受托人取得不动产按揭权人或类似按揭权人的地位,可以以担保物权人的身份要求他人排除对不动产担保物

---

① [日]長谷川貞之:《担保権の設定を信託の形式で行う場合のいわゆるセキュリティ・トラストとその法律関係》,《自由と正義》2008年第4期,第55页。

② [日]長谷川貞之:《担保権信託的法理》,勁草書房2012年,第17页。

造成的妨碍。①

(3) 变更担保物的义务

在担保信托受托人管理担保权的过程中，当发生担保信托合同约定的情形时，可能会发生担保物的变更与解除。如公司债信托契约中有可能会约定，当债务人在偿还部分债务时有权取回部分担保物并给予变更担保物；或者当债务人的商业经营业务是出售和购买财产，而这些财产成为担保信托的担保物时，为维持债务人的商业经营活动对担保物进行变更是非常常见的；以及债务人为了保证使担保物的价值与被担保债权相当，需要维持担保物的最低价值，而当担保物的价值出现变动低于约定的最低价值时，替换担保物也是必要的。②

由于在担保物的变更中受托人处于重要的地位，因此除了要求受托人对担保物的变更尽到善良管理人的注意义务之外，《美国信托契约法》还对受托人解除原担保与接受新担保物提出更为严格的要求，依据第314条，要将合格契约所附的担保给予变更或解除，需要向受托人提供专业技术人员、鉴定人中或其他专家的有关担保物的公允价值的证明或意见，受托人审查后始得为之。同时在公司债到期前债务人提前偿付，使得债务人的债务减轻的，也可依约定向受托人请求按比例取回担保物，但是解除担保时也应提供公允价值证明，以保证不损害担保债权。对于担保物的变更与取回等变动，受托人还应定期向债券持有人为报告。

担保物的替换与变更，属于担保信托内容的变更，对于信托的变更，依据《日本信托法》第149条，信托的变更可在委托人、受托人和受益人的同意下而为，且必须明确变更后的信托行为的内容。即担保信托的担保物发生替换等变更的，应以当事人的合意为必要；且当受益人认为担保物的变更损害了自己的担保权益而反对的，依据信托法第103条，在信托发生以下事项的（信托目的变更、受益权转让的限制、减免受托人的全部或部分义务的、受益

---

① Richard P. Jr. Garden., In Deed an Alternative Security Device: The Nebraska Trust Deeds Act, The Nebraska Law Review, 1985(64), P100-101.

② Louis S. Posner, The Trustee and the Trust Indenture: A Further Study, The Yale Law Journal. 1937 (46), P748-749.

债权内容的变更等),受益人觉得可能会因此蒙受损失,则可以公正的价格向受托人请求取得自己拥有的受益权。那么反对担保物变更的受益人有权行使受益权买回请求权。日本学者认为,担保价值的维持是担保物替换的前提和原则,无论担保信托出现因为"信托目的变更"和"受益债权内容变更"而需要替换担保物的,都需要考虑担保物替换的原则是"以维持担保价值",因此最好由当事人在信托契约中明确约定担保物替换的规则,并由受托人依据这些规则对担保物的替换进行自由裁量,这样担保信托的灵活机制才能发挥出来。①

2. 执行担保权的义务

担保信托的重要的效力在于,在债务人不履行债务时,担保信托受托人可以实行担保权以获得优先受偿。担保信托受托人在被担保债权的债务人违约前主要的职责是管理担保权,而在债务人违约之后受托人的主要职责则是实行担保权,将受益人的担保利益变为现实。在占有型担保信托中受托人在债务人违约时可以直接实行担保权,以获得优先清偿;在非占有型担保信托中,当债务人违约时,受托人享有要求债务人交付担保物的权利,然后按法定程序执行担保权。因此在通常的担保信托中,担保信托执行是以债务人届期不履行债务为充分条件,以受托人向非占有型担保信托的设定人请求交付担保物为执行担保权的必要条件。

通常各国对一般担保物权的执行即担保债权的清偿方式主要有流质型与清算型、处分型与归属型等几种分类。依据担保物权人是否负有清算义务将担保债权的清偿方式分为流质型与清算型,流质型清偿是指担保物权人在执行担保物权时,依据流质契约的约定,不对担保物的价值与担保债权之间的差额进行清算,即使担保物的价值超过担保债权的,担保权人也无须将差额返还给设定人;清算型清偿是担保物权人对担保物的价值与担保债权的数额负有清算义务,将担保物以变卖或拍卖等方式来评估其价值并清偿担保债权,担保物的评价值超过担保债权的部分返还给设定人,不足部分仍可由担保物

---

① [日]藤原彰吾:《担保信托活用及未来法的课题》,金融法委员会1795号,2007年,第35-36页。

权人请求清偿。依据债权人在债务人届期不履行债务时是否确定地取得担保物所有权的清偿方式分为处分型与归属型，处分型指担保物权必须将担保物进行换价并以其价金清偿担保债权；归属型清偿是担保物权人直接取得担保物所有权而以物代偿的方式满足债权。现代担保物权的实现方法基本上清算型为主，通常包括处分清算型和归属清算型两种常见清偿方法，即均以对担保物进行清算为基础，前者是对担保物进行换价处分，后者不需换价处分，但是仍需要就担保物的评估价值与担保债权之间进行清算。

由于担保信托的优势之一在于其灵活简便，因此各国通常对担保信托的执行没有像典型担保物权的执行规定得那么严格。美国公司债信托契约的发行公司违约后，受托人为受益人利益开始执行担保权，可提起取消司法赎回权诉讼，请求法院直接抵偿或出售担保物。信托契据法规定在债务人违约后，除了赋予受托人提起取消司法赎回权诉讼要求直接抵偿或司法出售担保物之外，还可以接受受益人命令直接行使法庭外私人出售权，以满足被担保债权。可见，美国对信托契约与信托契据的担保权的实行基本上采取类似按揭等典型担保物权的执行方式，以清算型的方式实行担保权，即使请求直接以担保物抵偿担保债权，也仍需要对担保物的价值进行评估，在此基础上进行换价清偿债权，担保物的价值超过担保债权的部分需要返还给债务人，担保物的价值不足以清偿担保债权的，债权人仍有权提起债权不足的补足诉讼。为保证担保物评估价值的公允，《美国信托契约法》第 314 条规定，发行公司发行债券时，应向受托人提供由专业技术人员、鉴定人或其他专家作出的有关担保财产的公允价值的证明或意见，并由受托人进行审查和验证，否则为不合格信托契约，不得依据此发行债券。

法国民法典第 2372-3、2372-4 与 2488-3、2488-4 条分别规定，动产担保信托与不动产担保信托在被担保债务无法清偿时，如果受托人是担保债权的债权人的，受托人可取得担保财产的自由处分权；如果受托人是第三人的，债权人既可取得担保财产的自由处分权，也可以由受托人出卖担保物。且担保物的价值可以依据市场公允价值、当事人协商以及法院指定的鉴定人来确定。而且如果受益人取得担保物的自由处分权时，担保物价值超过担保债权的，需向委托人支付超额部分。可见法国担保信托的担保权执行方式以归属清算型为主，以处分清算型为辅，直接授予担保信托受益人即债权人以担保财产的所有权或自由处分权，但是对担保财产的清算仍以估价换价为基础；仅当担保信托受托人是第三人时，受托人可以处分清算的方式执行担保权。

日本《附担保公司债信托法》第43条规定，在担保附社债偿还期限到来前，公司债没有偿还的，或者发行公司在公司债偿还前解散的，受托公司或以对担保权的执行采取必要的措施。何为必要措施？日本2007年信托法第55条规定给予补充规定，担保权为信托财产的信托，当信托行为中指定的受益人为被担保权所担保债权的债权人时，身为担保权人的受托人，可进行信托事务，申请该担保权的执行，接受已结款项的分配或赔偿金的支付。可见"申请担保权的执行"是担保信托受托人在债务人不能清偿担保债务的情况下采取的必要措施。但是对如何申请担保权执行，是否能够以一般担保权人的身份依照民事执行法上担保权的执行方式而为？日本学者认为，民事执行法的担保权执行方式通常适用于担保权人与债权人为同一主体时，而担保信托中担保权人为受托人与债权人为受益人通常为不同主体，这种场合，担保权执行权限如何分配没有明确规定，尚需研究。① 但是从日本学界研究看，担保信托的担保权执行方式可依据两个原则来确定：其一，尊重当事人意思原则，担保信托当事人可以在担保信托契约中约定将来担保权的具体执行方式和权限；其二，防止暴利原则，担保信托作为以担保为目的的担保物权制度，担保权的执行也要体现担保目的，应坚持以担保财产的清算为基础，防止担保权人因担保财产价值与债权额之间的不平衡而不当地获取暴利。至于担保信托的执行方式到底是归属清算还是处分清算，可以由当事人依据具体情况灵活选择适用。

3. 接受与分配担保物之价金的义务

担保信托受托人执行担保权之后，对于换价处分所得的担保物的价金由受托人受领，并将其交付或分配给担保信托受益人。哪些债权或费用支出应当被处分的担保物价金所覆盖，即担保信托所担保的被担保债权的范围包括哪些。依据传统担保物权所担保债权的范围，通常包括原债权、利息、迟延

---

① ［日］長谷川貞之：《担保権信託的法理》，劲草书房2012年，第122-123页。

利息和实现担保权的费用，但合同另有约定的不在此限。[1] 担保信托受托人接受担保物换价价金后也应按此规则进行分配。美国信托契据法规定，受托人在出售担保物之后，应该按以下规定的优先事项处理出售所得：首先，受托人应该支付所有用于执行担保而出售而支付的费用；其次，执行出售的费用支付之后，再用来满足由信托契据所担保的债务的本金和利息；再下一步，次于信托契据的其他担保权，如按揭等应该用剩余的款项支付。[2] 对于受益人为多数人的，如美国信托契约、日本附担保公司债信托等典型场合，担保信托受托人需要依据担保信托契约约定的比例或分配方法，公平地将担保物价金在受益人间进行分配。

第二节 担保信托受益人规则

信托本质上是为受益人而设立的，受益人是享受信托利益的主体。受益人在信托关系中以享受信托所带来的利益为主导，在享受信托利益的同时负担着一定的由此产生的义务。担保信托受益人也亦如此。下面结合担保信托的特点来探讨担保信托受益人的权利与义务。

一、担保信托受益人的概述

担保信托之所以有别于一般信托之处在于信托受托人的履行职责的内容不同，受益人获得信托利益的来源也不同。一般信托受托人通过对信托财产施加积极或消极的管理行为，使得信托财产保值或增值，从而为受益人带来信托利益，使得受益人个人财产额外的增加；担保信托受托人负担有为担保债权实现担保利益的职责，这一职责的履行既包括对被担保财产的管理保全行为，更体现为对被担保财产的价值的变现与清偿债务行为，受益人的担保信托的利益体现为原来所享有债权的满足，并不能使受益人个人财产获得额

---

[1] 德国民法第1118条，日本民法第346、374条等。
[2] Richard P. Jr. Garden., In Deed an Alternative Security Device: The Nebraska Trust Deeds Act, The Nebraska Law Review, 1985(64), P129-130.

外的增加。担保信托的特点带来担保信托受益人不同于一般信托受益人的特殊之处。

(一) 担保信托受益人的特殊性

1. 担保信托受益人通常为被担保债权的债权人。担保信托是以担保债权的满足或实现为目的的信托，担保信托受益人从被担保债权的满足中获得信托利益，因此担保信托受益人通常是被担保债权的债权人。这一点无论是占有型担保信托抑或是非占有型担保信托，无论是直接设立型的担保信托还是间接设立的担保信托，都是如此。即使在担保信托的受益权发生让与的场合，日本学者仍认为"通过利用信托的原理，虽然能使得担保信托的担保权与债权相分离，但是被担保债权与受益权是不同的权利，当担保信托的受益人将受益权让与时，应以被担保债权也一并发生转让为必要。被担保债权的受让人成为新的受益人，有权获得担保财产的售后价金的交付。结果被担保债权与受益权发生事实上的伴随性。"[1]如果受益权与被担保债权分割而转让，或者受益权转让给被担保债权人以外的人，这种转让担保信托的受益权应被认为是无效的。日本2007年信托法立法解释也认为，被担保债权与受益权分开转让是无效的。[2] 因此担保信托的场合，通过利用信托原理，将担保权与被担保债权两者的附从性，以受益权为中间媒介而被隔离，担保信托的受益人是被担保债权的债权人而不再是被担保债权的担保权人；但是由于担保信托的目的特殊性——以满足被担保债权为目的，受益权与被担保债权两者间具有紧密的附从性，因此担保信托的受益人应与被担保债权人的身份合二为一，担保信托的受益人只能是被担保债权的债权人。

2. 担保信托受益人在担保信托设立时可能不存在。传统英美信托法认为，受益人确定是信托成立的必要条件，但是在信托的发展过程中这一规则不断被突破，目前理论认为只要在信托设立时信托受益人在将来能够被确定就可以。特定场合的担保信托亦是此种情形。最典型的即美国公司信托契约与日本附担保公司债信托的情形。在公司债信托的场合，发行公司为了便于为人

---

[1] [日]長谷川貞之:《担保権の設定を信託の形式で行う場合のいわゆるセキュリティ・トラストとその法律関係》，《自由と正義》2008年第4期，第56页。

[2] [日]長谷川貞之:《担保権信託的法理》，勁草書房2012年，第125页。

数众多的未来债券持有人设定担保，通常先与受托人订立担保信托合同，约定以受托人为将来债券持有人的共同利益而持有管理与执行担保权，然后再依据该担保信托合同发行公司债券，公众投资者因购买公司债券而成为公司债券的债权人。显然在此商事实践中，担保信托设立时担保信托的受益人即被担保债权的债权人并不存在，而一旦投资者购买公司债券便成为担保信托的受益人。正由于此种情形中担保信托设立时受益人可能会缺席，受益人的权利会由于其缺席不能参与担保信托的订立而无法得到有益的保障，因此对担保信托受托人苛以更加严格的信托义务实为必要。

(二) 担保信托受益人的权利与义务的概览

信托成立以后，信托受托人以受益人的利益为职责内容，受益人利益的获得以受托人的履职为基础，在将信托建立在"为第三人利益的契约"理论基础上的大陆法系国家信托法，认为受益人是信托中非常重要的利害关系人，信托受托人的义务是对受益人所负的义务；传统英美法信托生效后，信托是受托人与受益人间的法律制度安排，受托人的义务对象只能是受益人。因而信托关系中受托人与受益人两者间的权利与义务通常是相对应的。受托人的信托义务的对象是受益人，其对应着的即受益人的权利；受托人的权利特定情况下的请求对象可以是受益人，其对应着受益人的义务。如各国信托法都将信托法规制的重心放在受托人义务上，那么对应着受益人的权利也将是受益人规制的主要内容。但在权利或义务的某一内容上，由于各国信托法的侧重点不同，有的规定在受托人义务中而没有在受益人权利中明确规定，或有的规定在受益人义务中而没有在受托人的权利中规定。基于此分析，对担保信托受益人的权利与义务的大体内容，可以对应着前文担保信托受托人的义务与权利。(如表 5.1)

表 5.1　担保信托受益人，受托人的权利义务

担保信托受益人的权利	担保信托受托人的义务	担保信托受益人的义务	担保信托受托人的权利
信托事务履行请求权	忠实义务	报酬支付义务	获得报酬的权利
	注意义务	补偿义务	补偿的权利
	管理担保权的义务		辞任请求权
	执行担保权的义务		
信息披露请求权	信息披露义务		
受益权	交付与分配担保物之价金的义务		
受托人违反信托的救济性权利			
信托事务参与或决定权			

二、担保信托受益人的权利

各国信托法为保障受益人利益通常赋予受益人若干重要的权利，有些受益人权利是为了使受益人能够对制约受托人，促使受托人履行信托职责，而授予给受益人以与受托人相同的权利；有的受益人权利则基于其特殊的受益主体而独有，最典型为受益人的基本权利——受益权。由于受益人权利之内容非常多，学者们习惯将受益人的权利进行分类，如有依据受益人权利的作用不同，将受益人权利分为受益权与监督信托的权利两大类，其中监督信托的权利被认为是"为保护受益权而必要的手段性的权利"，包括违反信托撤销权、不法强制执行信托财产的异议权、因违反信托的损害赔偿权等[1]；有将受益人行使受益权之外的其他各项权利，统称为"保全受益权的权利"；[2] 也有将监督信托权利或保全受益权的权利更进一步细化为：请求受托人履行信托

---

[1] [日]能见善久：《现代信托法》，赵廉慧译，北京：中国法制出版社 2011 年，第 187 页。
[2] 赖河源、王志诚：《现代信托法论》，北京：中国政法大学出版社 2002 年，第 103 页。

义务的权利、对信托财产的权利、对受托人处分行为的撤销权、有关信托事务的决定权、知情权等。① 综合上述学者们对受益人权利的理解，本书赞同学界的观点，受益人的权利分为基本受益权与保全受益权的其他权利。受益权是信托受益人专属的权利，信托的宗旨是使受益人获得利益，受益人当然有权获得来自信托的利益，这是受益人的最基本权利。为保证受益人基本受益权的实现，信托法还必须赋予受益人为实现受益权的各种手段或方式性的权利，即各种保全受益权的其他权利。

相应地，担保信托受益人权利也可以分为受益权与保全受益权的权利，只是由于担保信托的信托事务内容之特殊性，担保信托受益人的受益权之内容也有所不同；担保信托受益人为保全受益权与监督受托人也享有保全受益权的权利，主要体现为：信托事务履行请求权、信息披露请求权、信托事务的参与或决定权等。

(一) 担保信托受益权

1. 担保信托受益权的内容

这里所说的担保信托受益人的受益权是指担保信托受益人从担保信托中享受信托利益的特定权利，即学说上称之的"狭义的受益权"，而非指担保信托受益人权利的统称。一般信托受益人从信托中享受的信托利益体现为受托人对信托财产的管理而产生的价值的增长，担保信托受益人通常为被担保债权的债权人，其受益权主要体现为被担保债权通过受托人履行担保职责而得到满足。受托人在担保信托中，对被担保财产进行管理保全，接受受益人的指令或者执行担保权，并将担保财产的处分所得价金交付对受益人，或者担保财产交付给受益人处分；担保信托受益人对受托人享有请求交付担保财产价金或者交付担保财产的权利，以使得自身的被担保债权得到实现。

美国公司信托契约中，当公司债券发行人违约时，受托人需要对发行人用于担保债权的担保财产提起司法取消赎回权诉讼，请求法院进行司法拍卖，以变现价金偿还债券持有人的债权，受益人债券持有人有权请求受托人将变现价金在债券持有人间进行公平分配；信托契据受益人在被担保债务人违约

---

① 何宝玉：《信托法原理研究》，北京：中国政法大学出版社 2005 年，第 182 页。

时，既有权请求受托人对担保财产以司法取消赎回权诉讼形式对担保财产进行司法处理，也有权请求受托人对担保财产进行法庭外销售，并要求受托人将担保财产变现价金交付给受益人以满足债权。日本2006年信托法对担保信托受益人受益权的内容主要体现在信托法第55条，受托人有申请执行担保权，接受已结款项的分配或赔偿金的支付的义务，受益人有向受托人请求为给付的权利。

2. 担保信托受益权的性质

学理上关于受益人受益权的性质究竟为债权或物权的争论，通说认为如果仅从狭义的受益权的角度考虑，受益人享有的信托利益的获得依赖于对受托人的请求权，受益人享有向受托人请求交付信托利益的权利，因而受益权当属于债权更为恰当。那么，担保信托受益权是否仅为债权呢？需要结合各国担保信托的不同法律规定来考查。

多数国家担保信托受益人的受益权的债权性质体现得非常清晰。如日本《附担保公司债信托法》规定，受托人为公司债权人所得的清偿之金额，当根据公司债数额，有交付于各公司债权人的义务；2006年信托法55条也规定，担保信托受托人对指定的受益人有进行信托事务，申请担保权执行，接受分配变价款项与向受益人交付的义务。美国公司信托契约受托人在发行人违约时，通常主要以处分清算的方式处分担保财产，负担有向受益人交付变价款的义务；信托契据中无论是受托人进行司法性销售，还是非司法性法庭外销售，受托人均负有向受益人交付销售担保财产价款的义务等。这些受托人交付担保财产价金的义务的对象是受益人，受托人交付之目的在于使受益人获得担保信托利益，使被担保债权得以满足。故而，多数国家担保信托受益人的受益权仍为受益人向受托人请求给付担保信托利益的债权请求权。

部分国家担保信托受益人的受益权的性质尚值得研究。典型的如法国担保信托，法国民法典第2372-3、2372-4与2488-3、2488-4条分别规定，动产担保信托与不动产担保信托在被担保债务无法清偿时，如果受托人是担保债权的债权人的，受托人可取得担保财产的自由处分权；如果受托人是第三人的，债权人既可取得担保财产的自由处分权，也可以由受托人出卖担保物。概括起来就是，对于担保信托的受益人即被担保债权的债权人的受益权既可以体现为要求受托人出卖担保物,并请求受托人将出卖担保物所得的价金向其为交付的权利,也可以体现为由受益人直接取得担保财产的处分权。对于前者,如果受益人选择要求受托人出卖担保物并请求其交付担保财产的价金的,这时受益人的受益权表现为对受托人的债权;对于后者如果受益人选择直接取得担保财产的处分权的,这些受益人的受益权如再认为是债权性质的权利就不合适了。从法理上看,担保财产的处分权是具有物权性质的权利,体现了物权人对物的支配性,并且最终导致物权的变动。那么此种情况下担保信托受益人的受益权体现为物权性质,受益人的被担保债权的实现依赖于受益人自己以受益人的身份对担保财产的处分,并且如前文所述,担保信托中当债务人无法清偿债权时,受益人取得的是担保财产的处分权,而非担保财产的所有权,受益人无论对担保财产进行直接抵偿,还是变现处分,受益人仍需要对担保财产进行清算。因而法国担保信托受益人的受益权依赖受益人选择实现信托利益的方式不同,既可以体现为债权性的请求权,也可以体现为物权性的处分权。

(二)保全受益权的其他权利

如同一般信托受益人一样,担保信托受益人为保障其受益权取得与监督受托人的信托行为,需要享有若干保全性的权利,这些权利大体为可细分为四大类:其一,为保全其受益权,受益人享有向受托人请求履行担保信托事务的权利——担保信托事务履行的请求权;其二,为保全受益权,受益人享有对受托人违反信托或不当信托时的救济性权利;其三,为有效地监督受托人,受益人应当享有对与担保信托事务相关的知情权;其四,对于某些与受益权实现密切相关的重要信托事务的参与或决定权等。

1. 担保信托事务履行请求权

担保信托中受托人依据担保信托合同的约定与法律规定,负担有一系列的信托义务群,这些信托义务群都是以保障担保信托事务履行为终极目的,相对应地担保信托受益人的信托事务履行请求权也必然体现为一系列请求权的集合,担保信托受益人的信托事务履行请求权具有集合与概括性的特点,担保信托受益人享有要求受托人忠实地、注意地履行管理担保权、执行担保权以及交付与分配担保财产价金等担保信托事务(具体内容详见上一节,这里不再累述)。

2. 对受托人违反信托的救济性权利

担保信托受益人对受托人违反信托与不当信托所享有的救济性的权利，包括对担保信托受托人不当行为的否定权或撤销权、排除妨碍请求权、恢复原状与赔偿损害请求权、对强制执行的异议权等。

(1)对受托人不当行为的否定权

担保信托中受托人对担保财产的管理，既可以是消极地保管持有担保财产，也可以是积极地执行担保权，处分担保财产并分配交付担保财产的价金。如果受托人违反担保信托职责要求而为信托行为的，受益人作为担保信托受益权人为保全受益权有权申请法院否定受托人的不当行为，阻止不当行为的发生，使得担保财产的状态恢复到原来状态，以维护受益人受益权的实现。受益人对受托人不当行为的否定权在大陆法系信托法体现为受益人的撤销权，英美信托法为受益人的衡平追踪权。各国担保信托受益人对受托人不当行为的否定权，通常并不来源于各担保信托形式的专门法律规定，而是来自信托法对受益人一般的权利规定。美国信托法规定，无论受托人所为的不当行为是否构成欺诈或已然给受益人造成实际损害，受益人都可以向法院请求宣告受托人的行为无效;[1]《日本信托法》也规定，若信托行为相对人知道受托人的行为不在其权限范围内，或因重大过失不知道受托人的行为不在期限范围内的;受托人发生了信托财产的混同而处分了信托财产的，除非信托行为相对人善意不知情的，这些情况下受益人都有权向信托行为相对人撤销受托人的行为。

(2)恢复原状与损害赔偿请求权

当担保信托受托人未按照担保信托合同或法律规定履行义务，未正当履行担保信托职责、管理或执行担保权而对担保财产或受益人权利造成损害的，受益人有请求恢复担保财产原状，赔偿担保财产损失的权利，这是担保信托受益人保护担保财产和信托利益的基本救济权利，也是受托人对其违反信托或不当信托行为所承担的法律责任形式。如美国以信托契约发行公司债的场

---

[1] 参见 90. C. J. S. Trusts § 423.

合，虽然1939年《美国信托契约法》没有直接规定债券持有人对受托人违反信托的诉权以及法律责任，但是依据一般信托法原理，债券持有人不仅可享有诉讼权，可以否定受托人不当的信托行为而且可以要求受托人承担损害赔偿责任。美国学者将司法实践中信托契约受托人不当的信托行为归纳为：受托人违反信托契约的明示义务；受托人违反默示的信义义务；受托人虚假陈述；受托人欺诈；受托人存在过失等。这些情况下，受托人对其不当信托行为所造成的损害负担赔偿责任。[1]《日本信托法》直接肯定了受益人对受托人由于履行信托职责的疏忽而造成的信托财产的损失的有权向受托人请求赔偿损害或恢复原状。通常担保信托受托人"因履行任务之懈怠"包括：受托人明示地违反担保信托文件的规定或默示地违反信托法所规定的受托人的义务；受托人提供虚假的信息或者不提供重要信息；受托人对担保权的管理或执行行为存在不当等，这些情形下受益人都有权向受托人请求恢复原状或赔偿损失。

(3) 对受托人不当行为的停止请求权

当担保信托受托人违反担保信托合同与法律规定履行信托任务，法律赋予受益人对受托人不当行为的否定或撤销权、恢复原状与赔偿损失的请求权皆为受托人违反信托之后为受益人提供的事后救济性权利，在有些受托人不当行为所造成损害一旦发生将难以事后救济或无法实际地填补受益人的真正损失时，赋予受益人对受托人不当行为的事前的停止请求权，对于受益人的救济而言更为必要。《日本信托法》考虑到这点，规定了受益人一旦发现受托人违反信托法或信托行为规定，即便受托人的此种行为还未发生的，都有权请求受托人停止该行为；当前受托人辞任、解任，新受托人未能有效处理信托事务前，若前受托人处分信托财产时，受益人可以请求前受托人停止对信托财产的处分。基于此规定，担保信托受益人对受托人有违反担保信托合同或法律的不当行为时，甚至在可能发生此类行为时，以及新受托人缺席的场合若前受托人处分担保财产的，担保信托受益人对受托人的行为有权要求受托人停止实施，以防止受托人的不当行为对受益人的利益造成无法挽回的

---

[1] James E. Spiotto, Overview of Causes of Action Available To The Indenture Trustee, Practising Law Institute, 1995(408), P681-684.

损害。

(4) 强制执行的异议权

担保信托中担保财产仅用于担保债权的清偿，由于特定的担保目的使得担保财产具有隔离性，该担保财产不可被受托人的债权人或其他人进行强制执行。为维护担保财产的隔离性，保全担保财产，受益人可享有对担保财产强制执行的异议权。《日本信托法》第23条规定，受益人有权向对信托财产进行了强制执行、临时扣押、临时处分、实施担保权、拍卖等行为的人提出异议。通常受益人有权向法院等职权机关主张异议，或提起异议之诉，或提出申诉，主张该财产为担保财产，请求法院等职权机关停止强制执行等行为，以免信托财产遭受不可挽回的损失。

3. 信息披露请求权

担保信托受益人为能够有效地真正地监督受托人的行为，需要知晓了解与受托人履行信托事务相关的重要信息，由于这些与信托事务相关的重要信息掌握在受托人的掌控中，因此，受益人的知情权的获得必须依赖于受托人的披露义务，受托人负担的重要信托信息的披露义务，就对应于受益人向受托人而为的信息披露请求权。由于受益人的信息披露请求权的具体内容已在上一节"受托人的信息披露义务"中详述，这里不再累述。

4. 信托事务的参与或决定权

虽然通常受益人不直接参与信托事务的处理，但是受益人是信托中重要当事人，一些重要的信托事务需要取得受益人的同意，这样受益人就获得了若干信托事务的参与或决定权。

(1) 受托人辞任的同意权或提议权与新受托人的选任权

信托成立后，通常受托人不可以任意辞任，大陆法系信托法通常规定只有经过受益人和委托人同意的，才可以辞任；英美信托法则要求受托人辞任必须向法院申请并由法院批准才可辞任。如《日本信托法》第57条规定，受托人只有在取得委托人和受益人同意后才可以辞任；第58条规定，委托人和受益人根据合意，可以随时解任受托人；受托人违反其任务的，给信托财产造成明显损害，或存在其他重要理由时，委托人或受益人可向法院请求解任受托人。

对于新受托人的选任，通常需要取得受益人的同意或依信托行为的指定或依法院的指定。依据美国州信托契据法的相关规定，当受托人死亡、或不能再履行责任，受益人有权任命新受托人。受益人要发生有效的任命行为，需要履行特定程序：首先向有权获得信托契据的债务违约通知的人发出受托人更换的通知，同时受益人还需向信托财产所在地的信托契据注册地发出一份文件通知，接着原受托人必须与新受托人完成信托契据记录登记的转移，只有在这些通知与记录行为都完成以后，新受托人才能取得原受托人在信托契据上的所有权利。[①]《法国民法典》第 2027 条规定，如果受托人不履行职责或使信托利益受到损害，委托人、受益人等，均可请求法院任命一名临时受托人或请求更换受托人。那么法国担保信托的受托人的解任与选任决定由法院来完成，受益人只有受托人解任的提出请求权。《日本信托法》第 62 条规定，受托人任务终了时，信托行为无新的受托人或信托行为指定的新受托人不能承受信托的，委托人和受益人可根据合意选任新的受托人；若对委托人和受益人合意选任新受托人，认为有必要的，法院可依据利害关系申请选任新受托人。故此日本担保信托受益人直接享有新受托人的选任权，只有在特定必要情况下，才需要由法院选任受托人。

（2）担保信托利益分配的同意权

当同一担保信托为多个债权人提供担保，通常依照担保信托合同规定的比例或方法将担保信托利益在多个债权人间进行分配。如美国公司债信托契约的标准合同亦是这样规定。但是对担保权执行后的价金不足以清偿全部债权的，那么如何在多个债权人或受益人间分配呢？一种观点认为，此种情形可以借鉴其他担保物权的做法，如在不动产抵押中如果拍卖所得价金不足以清偿多个债权人的全部债务的，判例通常采取"法定整体"的做法，将多个债权人看作整体，各债权人的被担保债权也看作一个整体，将执行所得的价金按照各担保债权数额的比例进行分配；另一种观点认为，这种"法定整体"的处理方法，不能在担保信托中机械地套用。如果受益人在担保信托契约中对

[①] Richard P. Jr. Garden, In Deed an Alternative Security Device: The Nebraska Trust Deeds Act, The Nebraska Law Review, 1985(64), P110-111.

受益债权的清偿顺序有明确约定的,应该从其约定。① 因为担保信托的比较制度优势就在于它的灵活性,它可以通过信托受益权的灵活机制,将受益权的优先劣后的阶层化转化成了为债权的优先劣后的安排,打破了债权平等的原则,这可算是担保信托带给民法的新鲜血液。

(3)被担保债权消灭的同意权

担保信托受托人受领并向受益人交付担保物价金后,担保信托所担保的债权是否消灭?一种观点认为,受托人受领并交付担保物价金后,担保信托所担保的债权不消灭;② 另一种观点认为,受托人受领并向受益人交付了与被担保债权相当的价金时,担保债权即自动消灭,不需要债权人的干预。甚至有认为,受托人拍卖担保物时被担保债权即消灭;③ 也有认为,受托人将拍卖的相应金额交付受益人时被担保债权消灭。④ 持前者"否定说"观点认为,担保信托的担保权执行后,只是担保权得到实现,被担保债权是否消灭需要取决于受益人即债权人的意思,因为担保信托中担保权人与债权人相分离,不能像传统担保物权的执行一样,担保权获得实现了被担保债权也即得到满足而自动消灭;持后者"肯定说"观点认为,担保信托为他益信托,他益信托的成立不需要受益人的同意,那么因担保信托的执行而导致被担保债权的消灭也不需要受益人同意。实质上两种观点的对立,根源于对受益人债权人在担保信托中的地位的认识。如同在前一章有关部分所论述的,担保信托直接设定方式中是否以受益人的同意为必要条件一样,担保信托虽然为他益信托,但是受益人作为被担保债权的债权人,在担保信托中处于非常重要的地位,由于担保信托的设立与执行都与受益人债权人的利益息息相关,因此被担保债权的消灭仍然需要以受益人债权人的同意为必要,即使担保信托执行的价金与被担保债权额相当。试想,如果债权人对委托人与受托人设定担保信托

---

① [日]長谷川貞之:《担保権の設定を信託の形式で行う場合のいわゆるセキュリティ・トラストとその法律関係》,《自由と正義》2008年第4期,第56页。
② [日]新井誠:《信託法》,有斐閣株式会社2014年,第156页。
③ [日]青山善充:《担保信托的民事程序法上的问题》,金融法务研究会第2分会报告书:《担保法制及诸问题》2006年,第51页。
④ [日]山田诚一:《担保信托实体法上的问题》,金融法务研究会第2分会报告书:《担保法制的诸问题》,2006年,第45页。

毫不知情，或者对担保权的执行也毫不知情，而使得自己的债权因为担保权执行而消灭，这是非常危险的。故而担保信托中被担保债权并不因担保财产的执行与交付或担保权的实行而消灭，担保权的实行只能使担保权本身而消灭，而被担保债权的消灭除了需要向受益人债权人交付担保财产执行价金外，还需要受益人的同意。

(4) 其他参与担保信托事务的权利

在各种担保信托的形态中，受益人参与担保信托事务以保全受益权的情形还有许多。如《美国信托契约法》肯定了债券持有人对受托人履行信托职责有指示权。该法第316条规定，合格的信托契约被认为授权给持有已发行数额多数的债券持有人有权指示契约受托人可采取任何救济程序，以及要求受托人按照信托权利的时间、方法和地点行使信托权利，以及代表所有债券持有人同意豁免任何过去的违约及责任。而美国州信托契据法赋予受益人享有如受托人一样，可以对委托人或任何人损害担保财产或减损信托契据担保财产的行为采取任何的保全行为。①

三、担保信托受益人的义务

信托是受托人与受益人间的法律制度安排，信托成立后，受托人的义务对象是受益人，而受益人的特定义务对象是受托人。虽然各国信托法为便于受托人开展信托行为履行信托职责而赋予受托人若干信托权利，但是这些信托权利是否当然成为受益人义务，值得研究。

如前文所述，受托人的主要信托权利体现为补偿权与报酬权，这两者也是担保信托受托人当然可享有的信托权利。但是这两者是否必然成为受益人义务，也即受托人是否当然地无条件地可以向受益人提出补偿请求权与报酬请求权？通常英美信托法为保护受益人利益，禁止受托人直接向受益人请求补偿或信托报酬，只有在受托人与受益人间有特别约定时，受托人才可向受益人请求。如美国信托法重述规定，信托财产不足以补偿受托人垫付的费用等，除受托人和受益人之间存在受益人应当补偿受托人垫付费用等协议外，

---

① ARIZ. REV. STAT. ANN. §333-806(B)(Supp. 702).

受托人不得以个人身份从受益人处接受补偿。[①] 即在受托人与受益人有特别约定时，受益人负担有向受托人支付补偿或报酬的义务。

传统大陆法系信托法，更偏向于受托人的保护，受托人既可以向信托财产行使，也可以向受益人直接行使补偿权和报酬权，即受益人一般性负担了支付补偿或报酬的义务。但是此种规定，经过《日本信托法》的大幅修订，如上一节所述，受托人原则上只可从信托财产处获得补偿与报酬，只有在与受益人有特约时才可向受益人行使补偿权或报酬权，因而现在日本信托受益人与英美信托受益人一样，原则上不承担受托人的补偿义务与报酬给付义务，只有在经受益人同意时，受益人才负有支付受托人补偿费用损失等与报酬的义务。同理，担保信托受益人的义务也如此，原则上受益人是担保信托的纯受益人，不负担担保信托的任何义务，只有在担保信托合同有特别规定或受托人与受益人有特别约定时，受益人才负担有向受托人支付补偿与给付报酬的义务。

第三节　担保信托委托人规则

委托人是信托的发起人与设立人，控制着信托的目的，因此，委托人是非常重要的信托关系人。但是委托人在信托中的地位在两大法系信托法中的认识是不相同的。英美信托法的传统观念认为，虽然信托是由委托人发起与设立，但是委托人是将自己不能管理和运用的财产交给受托人管理而为受益人谋利，委托人设立信托之后便脱离了信托关系，除非委托人在信托文件中为自己保留了一定的权利，否则委托人不再享有权利、职责与承担义务，因而英美信托委托人的权利与义务通常体现为信托文件所保留的权利与义务。而大陆法系信托法通常则认为，委托人作为信托财产的出资者和信托创建人，直接控制着信托目的，其对信托目的的实现与监督具有利害关系，[②] 而且在依契

[①] Restatement of Trusts(second). §249-1.
[②] ［日］四宫和夫：《信託法新版》，有斐閣株式会社，1989年，第341页。

约设立信托的场合,委托人与受托人共同构成契约信托的当事人,大陆法系信托法除了允许委托人通过信托文件保留权利和义务外,通常还会授予委托人各种法定权利。故而担保信托委托人的权利和义务也包括两类,法定权利义务与保留的权利义务,由于各国担保信托的具体样态不同,这里仅探讨担保信托委托人法定的权利与义务。

一、担保信托委托人的权利

担保信托作为一种担保权制度,它创建或产生了担保权,由于担保信托的创建方式的不同,担保信托委托人在担保信托中的身份或地位是不同的。如前所述,担保信托可以通过直接设立与间接设立两种方式创建(具体内容见第四章)。直接设立型担保信托,通常是债务人以自己的或第三人的财产作为债权人即受益人债务履行的担保标的物,通过与受托人约定以信托方式设定以担保为目的的信托,这里担保信托委托人是债务人。间接设立型担保信托表现为两个阶段,首先,债权人先与债务人就债务的履行设定担保权,债权人成为担保权人,接着,被担保债权的债权人即担保权人作为委托人和受益人,委托第三人担任受托人,以信托的方式将自己的担保权再转移给受托人,实现被担保债权与担保权的分离。① 间接设立型担保信托中委托人兼具受益人和债权人。虽然担保信托的这两种设立类型是日本学者的分类,但却是对各国不同样态的担保信托设立方式的抽象概括。如依据这种分类,美国公司信托契约属于间接设立型担保信托、信托契据为直接设立型担保信托,法国担保信托则为直接设立型担保信托。因此不同设立类型的担保信托中委托人的身份表现为不同,直接设立型担保信托的委托人是被担保债权的债务人,间接设立型担保信托委托人则为被担保债权人。

由于不同类型的担保信托委托人的身份不同,对于担保信托委托人的权利就不能一概而论,需要区别对待。首先,无论是被担保债权的债权人还是债务人,作为担保信托委托人的共同身份,它们均享有一般信托委托人的权

---

① [日]井上聡:《信托机制》,日本经济新闻出版社 2007 年,第 51 页;[日]新井誠:《信託法》,有斐閣株式会社 2014 年,第 155—156 页。

利。其次，直接设立型担保信托委托人既是被担保债权的债务人，同时也是担保人，那么其除了享有一般信托委托人的权利之外，还可以享有作为担保人所具有的特殊权利；而间接设立型担保信托委托人既是被担保债权人也是受益人，因此它同时也享有担保信托受益人所享有的权利(受益人的权利详见上一节，这里不再累述)。这里着重探讨担保信托委托人作为一般信托委托人而来的权利，以及直接设立型担保信托委托人作为担保人享有的特殊权利。

(一) 基于一般信托委托人的权利

一般信托委托人享有的法定权利，担保信托委托人当然享有。大陆法系信托法中将委托人看作信托关系中非常重要的当事人，赋予其干预与监督信托的权利，因此，信托受益人享有的权利除了受益权之外委托人几乎都享有。如对受托人不当行为的否定权、恢复原状与损害赔偿请求权等救济性权利、信息披露请求权、信托事务参与权等。这里不再累述。

(二) 基于担保信托的担保人的权利

直接设立型担保信托是直接创建了担保权，委托人同时也是担保人，并且是在担保财产上为被担保债权直接设立的担保权，因此直接设立型担保信托实际上创建了担保物权，那么委托人即担保物权的担保人。他与一般担保物权一样，可以享有若干担保物权人享有的特殊权利。

1. 剩余财产取回权

直接设立型担保信托委托人作为被担保债权的债务人，他在自己的财产或第三人的财产上设立担保信托为债权提供担保，如果担保权实行后担保财产的清算价值超过被担保债权的，基于公平原则，对担保财产清算价值中的超过被担保债权的部分，债务人有取回的权利。如美国州信托契据法规定，受托人在对担保的不动产进行出售之后，将出售所得价金用于受益人债权满足之后，如果担保不动产的价金还有剩余，应将剩余价金的法定所有权返还给委托人。[①] 法国民法典第 2372-4 与 2488-4 条分别规定，对于动产担保信托与不动产担保信托，当在债务无法得到清偿时，受益人若取得对担保财产的

---

① Richard P. Jr. Garden., In Deed an Alternative Security Device: The Nebraska Trust Deeds Act, The Nebraska Law Review, 1985(64), P110-111.

自由处分权,但担保财产的价值超过被担保债务的数额时,应向委托人支付该价值中超出债务数额的部分;或若受托人取得对担保财产的出卖权的应向委托人返还买卖所得款项中超过受担保债务的价值的部分。

2. 占有使用与收益权

如果担保财产是不动产的,直接设立型担保信托类似于抵押,担保人原则上享有与抵押人相似的占有、使用、收益与处分权;如果担保财产为动产,作为担保信托的担保人原则享有与质押人相似收益与处分权。但是由于各国对担保信托的法律构造之不同,作为担保信托的担保人对以上的占有、使用、收益与处分权是否都能享有,还是值得研究。

在第三章中主要分析了由于各国法律传统与法律理论不同,对于担保信托采取了不同的法律构造:英美担保信托是建立在英美双重所有权基础上的"所有权转移型"担保信托;法国担保信托是建立在目的财产理论基础上的"所有权转移型"担保信托;日本担保信托采取的是"担保权构造"的模式。在所有权转移型担保信托中,由于担保信托委托人在设定担保信托后已经将担保财产的所有权转移给受托人,这时的担保信托委托人作为担保人不再享有对担保财产的所有权,因而不再可能享有对担保财产的处分权。但是在采担保权构造模式的日本担保信托中委托人仍然是担保财产的所有权人,他仍然可以享有对担保财产的占有使用、收益与处分权。

但是,实际中担保信托之所以受到各国商事实践的欢迎,其中主要原因是担保信托具有极大的灵活性,即使在所有权转移型担保信托中债务人仍然可以与受托人约定,担保信托成立后由债务人继续占有使用担保财产,以满足商业经营的需要。如美国州法院认为,信托契据成立后,在债务人违约之后,委托人可以占有使用用于担保的不动产,以发挥不动产的使用价值。[①] 法国民法典第 2018-1 条规定,信托合同可以规定委托人保留对转移到信托财产中的商业营业资产或从事职业用的不动产的使用权或收益权。实践中较常见的处理方法是,由债务人与受托人在担保信托合同中约定,担保信托成立后

---

① Gary E., The Deed of Trust: Arizona's Alternative to The Real Property Mortgage, Arizona Law Review, 1973(15), P200-201.

第五章 担保信托当事人规则

由债务人通过向受托人支付租金的方式从受托人处再租回担保财产，租金的收益可以归入到信托财产中作为债务的担保，也可以作为信托财产的收益由受益人享有。[①] 因此，在所有权转移型担保信托中，担保信托委托人可以通过与受托人特别约定保留对担保财产的占有使用与收益权；而采担保权构造的担保信托中，担保信托委托人作为所有权人当然享有对担保财产的占有使用与收益权。

3. 设定再担保的权利

由于采担保权构造的担保信托委托人享有担保财产的所有权，因此，委托人可以如抵押人或质押人一样享有对担保财产的处分权，如在同一担保财产上再设定担保权等。而采所有权转移构造的担保信托委托人不再享有担保财产的所有权，原则上不能再对担保财产进行处分，包括设定再担保。

但是法国在担保信托修订时，为了提高担保财产的利用率，不使担保财产的价值信用发生浪费，将建立在再抵押的原理引入到担保信托中来，创设了再担保信托制度。[②] 法国民法典第2372-5与2488-5条分别规定，"动产担保信托合同或不动产担保信托合同可以明确约定，通过担保信托让与的所有权随后仍可用于担保该合同所指债务以外的其他债务。委托人不仅可以向原来的债权人提供此种担保，而且可以向新的债权人提供此种担保，即使前一债权人还没有得到清偿。如果委托人是自然人的，其提供的担保财产只能在新的担保设立之日新债务的限度内用于担保该项新债务。新订立的增加新的担保的协议，应当按第2019条规定的形式进行登记，否则无效。担保信托的各债权人按照该登记日期确定各债权人间受清偿的顺位。"再担保信托被学者们定义为，一项信托可以被用来担保其设立协议所及的债权之外的其他债权。[③] 依照该两条规定，委托人取得法定再担保信托权需要满足以下条件：其一，在原先的担保信托合同中必须订立有专门特别条款，约定以后该担保财产可用于其他债权的担保；其二，如果日后需要使用该担保财产为新的债权

[①] Dominique Legeais , FIDUCIE-SÛRETÉ, Juris Classeur Commercial, 01 Avril 2011, n°58.

[②] François Barrière, La fiducie-sûreté, La Semaine Juridique Notariale et Immobilière n° 42, 16 Octobre 2009, 1291, n°13.

[③] M. GRIMALDI, R. DAMMANN, C. CHANCE, La fiducie sur ordonnances, Dalloz, 2007, P670.

人为担保信托的，仍需要由委托人与受托人为原债权人的其他债务或其他债权人订立新的担保信托协议；其三，新订立的担保信托协议必须履行登记与公示的程序，依据前文分析，此登记应为税务登记。担保信托登记的日期确定了各担保信托债权人的受偿顺位。

从法理上看，法国担保信托既然采取所有权转移型构造模式，担保信托委托人不再享有对担保财产的处分权，包括在担保财产设定再担保。但是法国担保信托是以目的财产理论为基础，依据目的财产理论担保信托委托人将财产从个人的概括财产划拨出来专门用于债务的担保，划拨出来用于担保的这部分财产的所有权随之也转移给受托人。虽然委托人没有对已经划拨的财产再设定担保的权利，但是法律赋予其可以在最初划拨某项财产的协议中约定，该项财产既可用于现有债权担保，也可用于将来债权的担保。从严格意义上来说，这种情况下担保信托委托人将该担保财产为将来债权设立的新的担保信托，并不是再设定担保，也不是对担保财产新的处分，而是在原来担保信托的协议范围内将未来的可能的担保信托变为现实而已。因此，法律赋予委托人设定再担保信托的约定权，并不违背委托人不享有对担保财产处分权的法理。

二、担保信托委托人的义务

担保信托委托人是担保信托关系中重要的当事人，他在担保信托中既需要负担基于一般信托委托人而承担的义务，直接设立型担保信托委托人同时还需要基于担保人的身份负担特殊的义务。

(一) 基于一般信托委托人的基本义务

信托委托人作为信托财产的提供人，在信托有效成立后，负有将信托财产转移给受托人的基本义务。在所有权转移型担保信托中，担保信托委托人也负担有如一般信托委托人相同的转移担保财产所有权的义务，担保信托委托人需要按照信托财产的类型和法律规定的程序，确保将担保财产所有权转移给受托人。通常委托人并不一定需要亲自办理担保财产转移，但是其负担有确保担保财产所有权的有效转移的协助义务。在担保权构造担保信托中，担保信托委托人负担有协助办理担保权转移等义务，包括权利变动登记、信托登记与公示等。

(二)基于担保信托担保人的义务

直接设立型担保信托中委托人是被担保债权的债务人同时也是担保人,通过与受托人的特别约定,委托人可以拥有对担保财产的占有和使用权,但是委托人在占有、使用担保财产时必须考虑受益人的利益而尽到合理使用的义务,亦即善管义务。委托人在占有、使用担保财产时,不得怠于管理或使用价值减少、毁损、灭失或任意处分。由于委托人之行为导致担保财产的价值减少时,委托人违反担保信托协议而应对担保财产承担损害赔偿责任。对于在委托人占有、使用担保财产期间,足以损害担保财产之价值的,如美国州信托契据法肯定受托人或受益人有保全担保财产的权利,可以依侵权行为或侵占之诉而要求委托人损害赔偿。[①] 法国担保信托受托人与日本担保信托受托人可依据担保财产所有权与担保权之侵害,要求委托人负担损害赔偿责任,其损害赔偿额原则上应以被担保债权为限,所得之损害赔偿应列入担保财产的范围。

[①] Gary E., The Deed of Trust: Arizona's Alternative to The Real Property Mortgage, Arizona Law Review, 1973(15), P202-203.

第六章 我国担保信托法律制度的构建

行文到此，我们看到了信托的另一种功能——债务担保，一个有着悠久历史的却被遗忘而散落在各国法律的角落而又新生的担保信托制度逐渐清晰在我们眼前。一项新的法律制度的创设，必然要有其存在的现实基础，而它的生根发芽也必然依赖于完整的理论基础建立。通过前面各章节的考察与探讨，我们看到域外各国在担保信托的法律概念、法律构造模式、设定与生效、当事人之间法律关系等基本内容上均存在明显的不同。未来之中国是否有必要创设构建担保信托，取决于中国现实之需要；如何构建担保信托，取决于中国法律理论与土壤。

第一节 我国创设担保信托制度的意义

世界市场经济的竞争性和趋同性，使得各国金融制度和金融工具越来越同质化。大到一个国家，为了在充满竞争的世界经济中占有更多的全球性资源，需要法律创设多种担保方式来与别国制度相竞争；小到一个企业，为了在充满竞争的世界经济中立足和发展，需要法律提供多种担保方式来消除债权的风险。面对这些重大课题，与市场经济瞬息同步的担保法领域需要首先进行制度变革，容纳多种法定或非法定担保方式。信托与担保相遇结合而生的这一古老而新生的担保信托，虽然对于中国法律来说是崭新而陌生的，但同时也是有价值而灵动的。

一、我国担保信托之雏形：附担保公司债信托

担保信托这一提法对于中国法制虽然是陌生的，但是并不意味着在中国法律实践中完全不存在。运用信托方式为公司融资提供担保存在于我国公司债券发行实践中。目前，我国公司发行债券时为了吸引投资者，通常都会对公司债附以资产担保，以确保公司债券届期时还本付息。依据我国担保法规则，抵押与质押的成立需要债务人与债权人就担保资产分别一一设定，但是一方面公司债发行时，债券持有人还未购买债券也就无法与发行人设定担保权，另一方面，发行公司以公司的整体或部分资产为多数的债券持有人一一设定担保权，这在法理与实践上是难以做到的。这时只能借助信托的方式来解决这一问题：由第三人作为受托人，将担保权设定给受托人，由受托人代表债券持有人的利益来管理和处分担保权。这便是附担保公司债信托制度。

（一）我国附担保公司债信托之实例

附担保公司债信托是公司债发行人将担保权设定给受托人，由受托人代表债券持有人的利益来管理和处分担保权的信托。由于附担保公司债信托主要适用于资产担保的公司债情形中，笔者选择我国较为典型的"09春华债"为实例来分析之。

2009年，春华水务有限公司（以下简称春华公司）发行为期7年的10亿元的公司债券，并以其享有的对某项目建设所产生的23亿元项目应收账款为质押担保。为维护公司债券持有人的利益，保障应收账款质押的执行，春华公司委托交通银行某分行作为债券持有人的债权代理人，双方约定该债权代理人可以为债券持有人利益监督春华公司的经营情况，与春华公司进行相应谈判、诉讼等其他事务。交通银行某分行在接受委托后并于债券发行结束后10日内在中国人民银行征信系统办理应收账款质押登记手续。当春华公司违约时，债权代理人行使担保权所支付的必要费用可从担保权执行所得中优先支付。

同时春华公司还委托交行某分行作为公司债券清偿的监管银行，约定春华公司在监管银行处开设专门用于接受担保的应收账款资金的银行账户，由监管银行对该担保的应收账款进行监管。若出现用于担保的应收账款资金账

户内的资金低于事先预设的警戒线时，监管银行必须出具监管报告，并有责任督促春华公司补足差额或及时追加资金到偿债账户。

"09春华债"对公司债担保不仅采取以应收账款质押的担保方式，而且公司债监管主体实行"债权代理人与监管人身份合一"，交通银行某分行在"09春华债"中既是公司债的债权代理人，代表公司债券持有人享有公司债担保权，同时也是公司债的监管人，负责对公司的运营及还债情况进行监督。这是我国公司债担保实践的大胆尝试。

(二) 我国附担保公司债信托实例的特征

通过上述我国附担保公司债实例的简单概括，可以发现目前我国附担保公司债信托具有如下特征：

(1) 附担保公司债发行过程中通常存在发行人、债权人、债权代理人与监管人等四方主体。在这些法律主体间，发行人与债权人间存在公司债权债务关系；发行人与监管人间存在委托关系，由监管人为公司债权人的利益对发行人公司债运营及担保资产的变动情况进行监督；发行人与债权代理人间存在信托关系，"09春华债"中发行人将应收账款的担保权利信托给债权代理人，由债权代理人代表全体债权人享有担保权，此时所形成的法律关系即为之前所提到的附担保公司债信托关系。

(2) 在我国公司债资产担保实践中存在两类公司债券持有人的利益代表主体——债权代理人和监管人。债权代理人是全体公司债权人的最重要的利益代表人，其主要承担与公司债权债务相关的一般事项，包括作为公司债的担保权人，当发行人违约时，在债权人会议的决议下处置担保财产、清偿债务；监管发行人的经营活动、对募集资金的使用情况；召开债权人会议；代表公司债权人与发行人进行谈判、诉讼等活动；等等。而公司债监管人，确切地说称为"担保资产监管人"更为合适。虽然其也是债权人的利益代表人，但是其权限对象为担保财产，其主要职责包括对担保财产进行日常监管，跟踪担保资产价值变动情况，向债权代理人等出具定期或不定期资产变动报告；当担保资产低于约定担保价值时，有权要求发行人追加担保财产等。虽然这两类主体在附担保的公司债实践中普遍存在，但是对于两者的定位与职责却经常混淆不清。

(三)我国实践中附担保公司债信托的特点

结合前面章节对美国信托契约、日本附担保公司债信托等相关制度的分析，会发现我国实践中附担保公司债信托离真正的附担保公司债信托还有一定的距离：

(1)无论美国信托契约，还是日本附担保公司债信托，由于公司债运营过程中引入了信托制度，因此公司债信托的法律关系主体主要包括发行人、公司债权人以及受托人三方。同时由于公司债权人数多且分散的特点，日本法还赋予债权人会议以团体性的独立法律人格以保护全体债权人利益。受托人是依据发行公司与受托人的信托契约而产生，"若信托契约无特别约定，受托公司有为关于发行债券、偿还公司债、支付利息的一切行为的权力"[1]，"依信托契约的物上担保，为信托证书所载的总社债额，归属于受托公司"[2]，即通常附担保公司债信托中受托人享有与公司债相关以及债之担保的一切权力。但是我国附担保公司债信托实践中却存在四方法律主体，除了发行人与债权人外，还包括债权代理人与监管人。实践中债权代理除了负责与公司债相关的一般事务外，还作为公司债的担保权人可以接受公司债权人会议的决议执行担保权；而监管人负责与公司债担保资产的变动等事项。总的说来，应由附担保公司债信托受托人所负担的与公司债相关的以及公司债担保的一切权力，在我国附担保公司债实践中被分解为由债权代理人和监管人来共同承担。因而我国附担保公司债的实践做法相比较而言更加复杂烦琐。

(2)附担保公司债信托出现的动机是用于解决发行人向全体公司债权人设定公司债担保的不可能性与不便利性，由于向众多分散的投资人转移担保是不现实的，于是利用信托制度将对未来债券持有人的担保权益转移给受托人。[3] 因此，附担保公司债信托的受托人享有担保权是附担保公司债信托受托人基本的权利特点。只不过后来为了公司债管理的便利，法律不断扩大受托人的权力，将公司债运行中除了债之担保权利以外的其他事务如管理公司债

---

[1] 参见《日本附担保公司债信托法》第23条。
[2] 参见《日本附担保公司债信托法》第70条。
[3] Stetson, Preparation of Corporate Bonds, Mortgages. etc., in Some Legal Phases of Corporate Financing, Reorganization and Regulation 1917(7). P645-646.

的权力也一并赋予受托人。但是我国附担保公司债实践的做法，公司债担保权的享有主体还不是非常明确，虽然"09春华债"中发行公司以信托方式将应收账款质权设定给债权代理人享有，这种做法非常接近附担保公司债信托，但是在其他一些公司债中，如我国最早的"07湘泰格债"中将用于公司债担保的不动产使用权设定给全体债权人，再由债权代理人为全体债权人利益来执行担保。这种做法不仅实践中难以操作，而且作为公司债权人利益代表的债权代理人不享有担保权，实则难以称为附担保公司债信托。

附担保公司债原本就在我国公司债实践中并不常见，即便偶尔可见，也会由于经验不足、法律规范的缺失，使得其在实践中只能摸着石头过河以及缓慢生长。早期的附担保公司债如"07湘泰格债"中没有运用信托制度来构架，不能算得上附担保公司债信托；后来的附担保公司债信托不断得到改进，如"09春华债"虽然也没有明确表明利用信托来架构公司债的担保，但是其将公司债的担保权益转移给公司债发行人与债权人以外的第三人——债权代理人，这种做法已经是附担保公司债信托。并且其债权代理人在公司债运营中承担了类似附担保公司债信托受托人的一些职责，如执行担保权以及接受和分配价金等。因此，我国附担保公司债中已经出现了担保信托的雏形，只是这种雏形还非常稚嫩，需要运用法律来完善。

二、我国附担保公司债信托之相关立法与评价

（一）我国附担保公司债信托管理立法的基本概况

我国最早对公司债发行与运营进行监管的法律为2003年证监会发布的《证券公司债券管理暂行办法》，这里第一次提出了公司债权代理人制度，只是这里的债权代理人作为公司债的管理机构并不是真正意义上的公司债受托人。2007年将适用对象加以扩大，制定了《公司债券发行试点办法》（以下简称《试点办法》）。其在第四章"债券持有人权益保护"中专门为债券持有人规定了"债券受托管理人"制度，债券受托管理人与债券持有人会议共同构成了我国公司债券持有人利益保护机制的主要内容。紧接着证监会于2015年发布了新的《公司债券发行与交易管理办法》。该办法相对于原《试点办法》，放宽了公司债券发行的方式，既可以公开也可以非公开方式发行公司债券，对非

公开发行公司债券的特别增设专节"非公开发行与转让";完善了公司债券发行的程序与内容,增设专节"发行与承销管理"与"信息披露"等对公司债券发行的承销行为以及发行人的信息披露义务进行强制性规范。《公司债券发行与交易管理办法》承继了原《试点办法》所确立的债券持有人利益保护制度,对债券受托管理人与债券持有人会议规则进行了完善。

(二)《公司债券发行与交易管理办法》之债券受托管理人制度的基本内容

该办法仍然采用债券受托管理人与债券持有人会议相结合的债券持有人利益保护制度。其中债券受托管理人是借助专业的第三人身份代表债券投资者对公司债券行使管理权,更加注重债券管理的效率性;[1] 债券持有人会议是通过法律强制性赋予债券持有人整体以团体性,以债券持有人的集体意思来对抗公司债券发行人,其注重债券持有人的意思自治。一般认为,世界多数国家对公司债券持有人利益保护主要采取两种制度:一种是英美法系国家采取的建立在传统信托法原理基础上的债券信托制度,另一种是大陆法系国家为典型的赋予债券持有人会议团体性的集体自治制度。[2] 显然,我国公司债持有人利益保护制度是借鉴了两大法系国家的做法,采取债券持有人会议与债券受托管理人两者相结合的债券投资人权益保护体系。我国公司债的债券受托管理人是借鉴了英美法系信托原理来构造,其既适用于附担保的公司债场合,也适用于无担保的公司债场合,由于本书仅探讨我国担保信托的雏形——适用于附担保公司债中的担保信托,因此下文主要围绕附担保公司债中的债券受托管理制度来研究。

《公司债券发行与交易管理办法》中对附担保公司债的债券受托管理的相关内容主要包括:

(1)受托管理人的定位。依据《公司债券发行与交易管理办法》第48条规定,我国附担保公司债受托管理人应该以维护债券持有人利益为宗旨,受托管理人的权力来源于法律规定以及协议约定。但是对于公司债券受托管理人

---

[1] 南玉梅:《债券管理制度的独立性建构及其立法完善》,《证券法律评论》2017年卷,北京:中国法制出版社2017年,第100页。
[2] 徐承志、于萍:《公司债受托管理人制度的法理逻辑与完善——以债券投资者权益保护为视角》,《上海政法学院学报》2016年第6期,第22页。

的权力基础究竟是委任关系还是信托关系,学者们对此有不同看法。多数学者认为,依据该办法第50-8条的规定,当发行人违约时,公司债券的受托管理人可以以自己名义代表债券持有人提起诉讼、参与重组或破产等法律程序,由于受托管理人是"以自己名义"参与重要法律程序的,表明立法并不认为受托管理人是债券持有人的代理人,而应视为独立的第三人法律主体以其自己独立意思与专业判断能力来维护债券持有人利益,因此债券受托管理人的权力基础来自信托关系,债券受托管理人是债券持有人的信托受托人。[①] 但是仍有少数学者坚持认为,既然该办法第50条第8款规定,受托管理人需"接受公司债券持有人的委托"来参与这些重要法律程序,那么立法就是肯定受托管理人与公司债券持有人间形成委托关系,债券受托人是债券持有人的委托受托人。[②]

(2)受托管理人的资格。该办法第49条规定,债券受托管理人只能为中国证券业协会承认的机构,通常是由本次公司债发行的证券承销商等机构担任。该条规定实际上是将实践中的做法给予法定化。实践中主要是公司债发行的承销券商既作为公司债发行业务的承销商,同时也担任债券受托管理人。

(3)受托管理人的权利。该办法针对公司债券的特殊性,仅确定了债券受托管理人对债券持有人名册等信息、专项募集资金的账户变动情况进行查询的权利。由于债券受托管理人是债券持有人的受托人,结合我国信托法的规定,债券受托管理人还享有获得报酬权、补偿请求权、辞任权等基本信托权利。

(4)受托管理人的强制性义务。该办法依从信托受托人的义务要求,强制要求债券受托管理人应该如信托受托人一样履行注意义务与忠实义务,应当为债券持有人的最大利益、勤勉尽责地公正履行受托职责;以及受托管理人应当遵守发行人在债券募集说明书或其他文件中披露的受托人可能存在的利益冲突规则及风险防范机制等。

(5)受托管理人的权限与职责。该办法第50、55条分别列举了债券受托

---

① 刘迎霜:《公司债——法理与制度》,北京:法律出版社2008年,第141-143页。
② 徐承志、于萍:《公司债券受托管理人制度的法理逻辑与完善——以债券投资者权益保护为视角》,《上海政法学院学报》2016年第6期,第25页。

管理人的权限与职责,包括债券受托管理人应当为债券持有人利益取得并保管发行人为债券设定担保的权利证明文件;关注发行人的资信状况及担保物变动状况,必要时有召集债券持有人会议的义务;监督发行人募集资金的使用情况;督促发行人履行好信息披露的义务;时刻关注发行人偿债能力的状况,至少每年公告一次管理事务报告;当发行人违约时,有权要求发行人追加担保或者申请财产保全措施以及以自己名义代表债券持有人参与重要法律程序;等等。

(三) 对我国附担保公司债信托立法的评价

显然《公司债券发行与交易管理办法》对公司债的管理并不区分有担保公司债与无担保公司债之情形而采取统一的立法模式,与英美法系国家与多数大陆法系国家的做法并无二致。但是从立法内容与条文上可明显看出,该办法是以无担保公司债的发行与交易管理为立法原型而进行立法设计的,与附担保公司债相关的规定仅有寥寥数条,并且在这寥寥数条中依旧能够寻觅出一些不足之处:

1. 该办法对债券受托管理制度是否为信托制度,受托管理人本质是否为信托受托人,语焉不详,易引起争议

由于公司债券持有人人数众多且分散,地域分布广泛,公司债券发行人意欲为所有债券持有人的债权分别设定担保,法理与实践都很难做到,并且众多分散的债券持有人也难以形成统一的意思和一致的行动,这些不仅造成发行公司难以合法地为公司债附以资产担保,而且公司债券持有人难以与发行人进行对抗,以维护全体债券持有人利益。为解决这一问题,世界各国主要采取两种立法模式:一种是以英美法系国家为代表的,以信托为基础建立的"债券受托"制度,通过信托安排专业的受托管理机构以维护债券持有人利益为宗旨;[①] 另一种是大陆法系国家所采取的集体自治机制,通过建立并赋予债券持有人会议以独立法律地位,债券持有人会议形成的自由意志来维护债券持有人利益。通过前文对担保信托历史的分析可看到,早在18世纪前后英美法系国家的债券发行中就已出现了债券信托制度。最初主要是运用信托

---

① 王文宇:《新公司与企业法》,北京:中国政法大学出版社2003年,第382页。

方式解决债券发行所附担保权的设定问题，债券受托人仅代表全体债券持有人享有债券所附的担保权，后来随着债券受托人职权范围的不断扩大，除了担保权之外，债券受托人取得了对债券发行与交易等一切与债券相关的事务的管理权限。后来为了纠正实践中债券受托人不积极履行义务、信托契约所定义务标准过低等问题，1939 年《美国信托契约法》才对债券受托人的资格、权利与义务进行全面系统的规定，于是由《美国信托契约法》、司法判例以及普通法上对信托受托人的信义义务规则共同构筑起美国法债券受托人规则。与此同时，债券受托人规则对一些大陆法系国家，如日本等的附担保公司债管理也产生了重大影响。因此无论英美法系国家还是多数大陆法系国家，公司债券受托管理制度都是以传统的信托原理为蓝本和框架来构筑的。

  但是，对于我国公司债券受托管理制度是否以信托原理为蓝本来构筑，《公司债券发行与交易管理办法》规定得却是模棱两可。如该办法第 50 条第 7 款规定，"发行人为债券设定担保的，债券受托管理协议可以约定担保财产为信托财产，债券受托管理人应在债券发行前或债券募集说明书约定的时间内取得担保的权利证明或其他有关文件，并在担保期间妥当保管"，该条中的"信托财产"可以肯定立法者希望借用信托方式为公司债设定担保权并由债券受托管理人来取得；再比如，第 50 条第 8 款又规定，"发行人不能偿还债务时，（债券受托管理人）可以接受全部或部分债券持有人的委托，以自己名义代表债券持有人提起民事诉讼、参与重组或破产的法律程序"，其中的"以自己名义"也可表明立法者希望债券受托管理人具有信托受托人的地位和身份，因为只有信托受托人才可以自己名义提起诉讼、参与重大程序，这些是信托受托人与基于委托的受托人在法理上的根本区别。因此，多数学者认为，公司债券受托管理关系应解释为信托关系更为适宜。[①] 但少部分学者认为，将债券受托管理关系解释为委托代理关系更符合立法者的意图。[②]

  笔者认为，我国对公司债券受托管理制度的定性应该一分为二来看待。

[①] 赵洪春、刘沛佩：《债券受托管理人制度立法若干问题研究》，《上海金融》2017 年第 6 期，第 73-74 页。

[②] 徐承志、于萍：《公司债券受托管理人制度的法理逻辑与完善——以债券投资者权益保护为视角》，《上海政法学院学报》2016 年第 6 期，第 25 页。

一方面，我国对于附担保公司债的受托管理制度是运用信托原理来构建的，尤其是对公司债担保权的设定与管理，立法已经非常明确地肯定此为信托。这点从该办法第50条第7款规定可看出，发行人为公司债券设定担保的，担保财产可约定为信托财产，因而此时的债券受托管理人为附担保公司债的担保财产的信托受托人，其可依自己名义对公司债券所附的担保享有担保权，为全体债券持有人的利益管理担保权，这种将信托运用于担保的方式即担保信托，与英美法系及多数大陆法系国家的做法是相似的。另一方面，对于无担保的公司债券的受托管理以及附担保公司债券中除担保权以外的公司债受托管理是否该以信托为蓝本来构建，立法确是不明确的。既不愿明确承认是债券信托受托关系，也不能明确肯定是债券委托受托关系，只能用含糊其词的"债券受托管理"来回避这一问题，其结果不仅带来许多理论上的争议，而且由于债券受托管理人对多数债券事务的权力来源于"债券持有人的委托"，导致实践中债券受托人的许多行为必须基于债券持有人的委托，受制于债券持有人会议的决议，特别是在债券违约后的应急事项处理时，由于债券受托人缺乏应有的独立行动的权力而错过最佳维权行动的时机，难以最大限度地保护债券持有人的利益。

对于无担保公司债券的受托管理以及附担保公司债券除担保权以外的公司债券事务的受托管理的性质认定，立法为何进行模糊处理，法理上是可以寻根溯源的。传统英美信托法理论认为，信托成立的必备要件包括信托目的、信托财产以及受益人的确定等。其中信托财产是信托必不可少的要件，传统信托的存在即需要委托人将一定财产转移给受托人或为其他处分，由受托人为受益人利益加以管理或处分。传统英美法系基于受托人与受益人在信托财产上的不同的财产权利表现形态，将信托财产所有权进行了分割，形成了信托财产双重所有权。大陆法系国家继受了信托制度以后，依照大陆法系的财产法理论对其进行改造，肯定了信托受托人对信托财产所有权，但是这种改造的前提仍然是以信托财产的转移为信托设立的前提条件。在公司债的受托管理中，对于附担保公司债券的受托管理由于存在着担保财产的权利转移过程，尚可以将其视为对公司债所附担保权的信托管理，但是在无担保的公司债券的受托管理中并没有将任何现实的财产设定信托并进行转移，因此许多大陆法学者认为对此难以认为是信托关系。正由于此原因，日本对附担保公司债管理适用《附担保公司债信托法》，由信托公司来管理；对无担保的公司债管理适用一般的《商法》，由公司债管理公司进行管理。对此两者的性质，日本学者认为，日本公司法上的公司债管理公司与《附担保公司债信托法》上的公司债受托人的法律性质并不相同，公司债管理公司是基于与发行人间的委任契约，为第三人利益——公司债权人的利益而管理监督公司债。无担保公司债受托契约本质上是委任契约。① 台湾学者也进一步认为，发行公司发行附担保公司债时，应将为发行公司债所设定的担保物权，由公司债受托人为公司债债权人取得，有超越转移行为的特定目的，故以信托契约关系处理；在发行公司发行无担保公司债时，由于当事人间并无财产转移情事发生，不宜视之为信托契约，公司债管理公司是基于委任契约，接受发行公司的委任，为公司债债权人利益而管理监督公司债。② 但是仍有部分学者认为，台湾地区有关规定既然没有区分附担保公司债与无担保公司债的管理模式而统一采取公司债信托模式，那么公司债受托契约就是信托契约，公司债管理模式就是信托关系。③ 正由于大陆法系国家对公司债受托管理制度性质的有如此大的争议，也就不难理解我国《公司债券发行与交易管理办法》中立法者对公司债受托管理的性质给予回避的态度。

从以上分析可得出，尽管我国立法对公司债受托管理制度的性质规定不甚明确，但是对附担保公司债受托管理却比较明确，其就是运用信托原理实现公司债的担保权，也就是担保信托的典型表现样态——附担保公司债信托。

2. 该办法对附担保公司债信托的理解与认定违背法理，有失妥当

我国的附担保公司债信托的立法确定主要体现在该办法第50-7条，发行人为公司债券设定担保的，可以约定担保财产为信托财产，债券受托管理人有义务为债券持有人利益在特定时间内取得并保管担保权利的证明文件等。该条款规定主要有以下不足：

其一，公司债券所附的担保财产并不能成为附担保公司债信托的信托财

---

① [日]鸿常夫：《社债法》，有斐阁1985年，第201-202页。
② [台]林国全：《日本之公司债受托人制度》，《证券市场发展季刊》民国81年第1期。
③ [台]赖源河：《实用商事法精义》，台北：五南图书出版公司1997年，第164页。

产,这是附担保公司债信托与传统信托在信托财产上的主要区别之一。传统信托中信托标的通常是具有物理特性的财产,信托的隔离性要求信托财产能够由委托人转移给受托人占有和控制,但是信托契约中由于信托财产通常并不转移给受托人控制,因此英美学者认为"现代公司信托契约虽然维持了信托的基本特征,但是与一般信托最重要的区别是——信托财产仍处于借用人的控制之下。这表明信托契约下将信托财产转移给受托人控制是不现实的,也暗示信托契约下的信托标的是信托财产是不正确的。……信托契约的标的不是一个事物,而是法律利益,是信托契约下隐藏在公司债券后的构成担保的法律利益。"[1]大陆法系学者也认为,英国法所规定的公司债的受托人是公司债的债权人,物上担保权为信托客体。[2] 大陆法系国家因借鉴英美法公司信托契约而形成的附担保公司债信托中,学者们也通常认为,应将为发行公司债所设定的担保物权,由公司债受托人为公司债债权人取得,发行公司与公司债受托人间转让的担保物权就是信托财产。[3]因此对于信托契约的信托标的的理解,不可拘泥于传统信托财产,这里的信托财产不再是具有物理特性的物,无论英美法信托契约还是大陆法中附担保公司债信托中,信托财产应是具有法律意义的担保权益。

其二,附担保公司债券的受托管理人是担保财产的担保权人,有权享有法定的担保权益,而不仅仅是"取得担保的权利证明或其他有关文件,并妥善保管"。依据前文对附担保公司债信托的原理分析,发行公司为债券持有人利益设定的担保物权应成为附担保公司债信托的信托财产,而信托受托人从债券持有人处取得用于担保的财产的担保权。在附担保公司债信托的源头——英美信托契约法律认为,"信托契约下的受托人为了债券持有人的利益拥有担保,如果信托契约所形成的担保是抵押,那么受托人处于抵押权人的地位;如果信托契约形成的担保是质押,受托人处于质权人地位。"[4]虽然英美学者没

---

[1] George E. Palmer, Trusteeship under the Trust Indenture, The Columbia LawReview, 1941(41), P202.
[2] 杨崇林:《信托与投资》,中正书局1979年,第105页。
[3] 刘迎霜:《金融信托业务法律问题研究》,上海:上海交通大学出版社2014年,第150页。
[4] Phinizy v. Augusta & K. R., 56 Fed. 273, 277 (C. C. S. C. 1893); Seligman v. Mills, 25 F. (2d) 807(C. C. A. 8th, 1928).

有使用"担保物权人"来表述受托人在信托契约中的实质地位，但是通过法官在案例中的描述可以看出，通过信托契约的设计，当社会公众购买公司债券时，法院亦默认债券持有人将其对发行人享有的抵押权或质押权等担保物权转移给受托人，此时受托人享有对公司债权的担保物权。大陆法系学者也认为附担保公司债信托中受托人对担保财产享有担保权。既然附担保公司债券的受托管理人是担保财产的担保权人，那么依据担保法原理，受托管理人不仅有权取得证明担保权的证明文件等，而且应依据物权公示原则在物权登记中载明为担保物权人，并保管担保物，依法行使担保物权。

3. 该办法对附担保公司债信托的受托管理人职责的规定不完备，过于简单

附担保公司债信托的受托管理人既然处于担保财产的担保权人地位，那么其必负担着与其权利相对应的来源法定或约定的特殊职责，包括管理担保物权、执行担保物权的基本职责与信托义务。而该办法对附担保公司债信托的受托人职责仅规定了对担保财产的妥善保管义务，与世界多数国家对附担保公司债受托人的职责相比显然过于单薄。如第五章中对各国担保信托受托人的特殊义务的分析可归纳出，附担保公司债信托的受托人基于担保物权人的地位而负担的特殊职责，包括检查担保物、保全担保权以及变更担保物等管理担保权的职责、执行担保权的职责与接受交付担保之价金的职责等。

4. 该办法对债券受托管理人资格的规定可能会造成实践中附担保公司债信托的受托人的利益冲突问题

该办法第49条对公司债实践中由证券承销机构担任债券受托管理人的做法进行了立法肯定。虽然这种做法具有一定的便利性，证券承销机构参与证券发行与承销会对公司债券非常熟悉，能够更加方便地履行债券管理职责，但是证券承销机构与债券受托管理人在法律地位上是利益相对的双方，债券受托管理人作为全体公司债券持有人的利益代表应该负担起维护债券持有人利益的义务；而承销证券机构是接受发行人的委托，代表发行人的利益为其承销公司债券，同一个证券机构同时既代表公司债权人利益，又代表公司债务人的利益，这种角色地位的冲突可能带来利益冲突，难以让债券受托管理人切实地履行好忠实义务。再加上承销证券机构在债券发行完毕后，发行人

给付的报酬比较微薄,激励机制的不足也难以促使债券受托管理人较好地履职。

三、我国创设担保信托制度的必要性

(一) 从实践上看,发展我国担保信托制度是促使我国公司债担保实践发展的当务之急

如前所述,目前我国商事实践中担保信托的典型样态就是附担保公司债信托,从世界各国公司债实践来看,发展附担保公司债信托对完善公司债担保有着重要意义。在我国,虽然证监会明确了我国附担保公司债信托的可适用性和合法性,但是附担保公司债信托在商事实践中却很少被采用。笔者以为主要原因为以下两点:其一,公司债的实务中人们偏好或习惯上以信用为公司债提供担保。我国担保法制为公司债券提供的担保可以是抵押、质押以及第三人保证。抵押与质押是以公司资产作为公司偿债的基础,属于资产担保;第三人保证主要以人的信用为担保。按担保法理而言,由于资产担保的效力比信用担保更高,风险更低。资产担保应该成为公司债担保的主要及常见方式。这一点也从世界各国公司债的担保形式选择上得到佐证。但是我国公司债券发行实践中由于信用保证比较简便易行,而资产担保手续比较麻烦,因而信用保证成为公司债的主要担保方式,资产担保却较为少见。通常认为实践中这种做法至少会带来一些弊端:一方面,由于公司债券存在期限通常为 10 年以上,将公司债券的担保责任完全寄托于保证人的资信状况是不明智的。即便在公司债发行时保证人的资信状况良好,但是在如此长期的变幻莫测的商业浪潮中谁也无法保证在未来的公司债券偿还的时间段内该保证人仍然资信状况良好,具备担保能力;另一方面,实践中为公司债提供保证的多为银行,一旦融资公司无法偿还债务,由银行代为承担偿还责任,实质上是公司债券市场的风险转移给银行,以银行信用补充企业信用,不仅难以建立公司信用的市场化定价机制,而且可能影响金融市场稳定。

虽然从目前公司债的实践来看,由于我国处于经济高速发展期,企业盈利能力较强,没有出现由于公司债无法偿还而导致信用保证的责任承担,因此公司债的信用担保所可能带来的风险也就没有被人们所重视。然而 20 世纪

上半叶美国经济危机带来的公司信托契约的大量违约而对社会公众债券持有人利益的损害应该成为我国公司债担保的警钟。公司债实践中应该大力鼓励和倡导人们使用附担保公司债信托的方式发行公司债。然而要重视与培育附资产担保公司债的发行与管理，完备的附担保公司债信托制度必不可少。如上文所分析指出，我国附担保公司债信托立法不仅层级非常低，多年来仍由证监会进行法律规范，而且具体法律规则比较简单且模糊，对附担保公司债信托制度进行相应的立法完善是我国目前担保信托发展并走向成熟的当务之急。

（二）从理论上看，附担保公司债信托并不能为我国信托基本法所包容，构建统一的担保信托制度是未来我国附担保公司债信托的必由之路

虽然附担保公司债信托这一担保信托的典型样态在我国立法与实践中有着一席之地，但是附担保公司债信托这种有别于一般信托的担保信托在我国信托基本法中找不到合适的法律位置。

一方面，附担保公司债信托既作为一种信托，从立法上看应该受到信托基本法——2001年《信托法》的规范，但是附担保公司债信托是以担保为目的且能产生担保权的担保信托，完全不同于以转移财产并进行财产管理的管理信托。而我国现行信托基本法——2001年《信托法》是以日本信托法、韩国信托法等为蓝本制定的，制定之时受到了日本、韩国信托法的深刻影响，[①] 由于当时的1921年日本信托法等是以管理信托为调整规范对象，信托法的所有条文都是针对管理信托来制定的，受此影响的我国2001年《信托法》也基本上以管理信托为对象加以规范的，并没有给担保信托以法律地位。换句话说，附担保公司债信托虽然是一种信托类型，但是作为担保信托难以在我国现行信托基本法中找到法律位置。

另一方面，虽然附担保公司债信托不能在现行信托基本法中找到法律地位，是否可以对信托基本法相关内容进行学理解释，以期被现行信托基本法所包容呢？下面笔者尝试着对我国现行信托基本法的相关条文进行学理解释。担保信托要为我国现行信托法所包容，首先必须从信托的定义着手。我国《信

[①] 张淳：《中国信托法特色论》，北京：法律出版社2013年，第46页。

托法》第 2 条对信托的定义为"本法所称信托，是指委托人基于对受托人的信任，将其财产权委托给受托人，由受托人按委托人的意愿以自己的名义，为受益人的利益或者特定目的，进行管理或处分的行为。"该定义中"财产权"一般认为包含了所有权在内的具有经济利益的权利，担保权显然为财产权之一种，似乎可被信托的定义所包容。但是我国信托法对信托定义的特色之处"委托给"则一方面表明我国信托生效以前委托人对信托财产享有所有权，信托生效之后委托人仍保留了信托财产的所有权，仅将信托财产的管理或处分权委托给了受托人。依据这一思路，那么担保信托中，担保信托生效以前委托人应该享有担保权，只有委托人享有担保权他才有资格和可能将担保权委托给受托人。通常依据担保信托的设立方式不同，直接设立型担保信托中委托人是债务人，间接设立型担保信托中委托人是债权人，如果依据现行信托法中信托的定义来推断的话，间接设立型担保信托中债权人同时作为担保权人将担保权委托给受托人还是可行的，但是直接设立型担保信托中委托人是债务人，在同一债的关系与担保关系中债务人是不可能成为担保权人的，因此直接设立型担保信托是无法由现行信托法的信托定义所解释出来的。也就是说，从解释论角度看，附担保公司债信托也是难以被现行信托法所包容的。

除此以外，我国信托法的所有条款都是仅适用于管理信托，如信托法对信托当事人的规定，虽然管理信托当事人的一般性权利义务对担保信托当事人也可适用，但是担保信托当事人所独有的权利与义务，如受托人的管理、执行担保权与分配担保物价金等义务是担保信托受托人所特有的，这些内容并没有被我国信托法所包含。

因此，附担保公司债信托虽然为我国发展担保信托当务之急，但是从立法体系与理论解释层面来看，附担保公司债信托正处于非常尴尬的境地，既无法在现行信托基本法中找到法律位置，也难以被现行信托基本法所包容。这不仅带来了我国信托法体系的矛盾，而且非常不利于我国担保信托的发展。从长远来看，学习和借鉴日本担保信托的立法经验，尽快使附担保公司债信托走向统一的担保信托并在修订后的信托基本法中获得正名是我国担保信托未来应走的道路。

第二节　构建我国担保信托法律制度

附担保公司债信托仅仅是世界担保信托在过去和现在主要适用的场景之一。由于担保信托灵活的社会机能，它既可以通过信托权利转移的特点来创设权利让与型担保，又可以通过信托权利分离的特点实现担保权与被担保债权的分离，"以一个担保权为多个债权而担保"的安排为大规模资金融通提供便利。担保信托最能契合担保融资的灵活性，其不仅具有多样的担保标的与灵活的担保权执行方式、一元化与集中的担保权管理、被担保债权的可转让与分割，而且原则上，只要担保信托委托人、受托人与受益人合意，可以变更担保物、变更担保权的执行方式、变更担保权的顺位、让与或放弃担保权等等。[①] 我国作为经济快速发展中的大国，市场经济中的每个单元——企业对融资的大规模需要已经远远超越了法律制度的供给，担保法律制度供给的不足影响和限制了经济融资规模的发展，在传统融资担保制度之外衍生和发展出新型的更加灵活的担保制度是我国担保法制面临的新课题，而担保信托制度或许可以成为我国担保法新课题的敲门砖。结合前文分析，笔者认为欲构建我国担保信托制度，至少需要解决以下几个问题：

一、我国担保信托制度的法律构造模式

信托极大的灵活性与弹性设计，使其可以被用来实现担保目的，又由于各国法律土壤与法律传统之不同，担保信托的法律构造呈现出各自不同的样态，形成了不同的担保信托法理解析。在前文第三章中概括并分析了世界各国三种不同的担保信托法律构造模式：分割所有权模式、特殊所有权模式与担保权模式。

分割所有权模式普遍存在于英美法系国家，所有权模式与担保权模式多

[①] [日]清水拓也：《贷付信托法·担保付社债信托法と信託》，《金融·商事判例》2007年3月，第147页。

存在于大陆法系国家。虽然英美法系国家并不存在统一的称为"担保信托"的法律制度，但是在英美法国家法律实践中广泛存在着以信托形式实现担保功能的许多制度，如信托契约、信托契据等。这些形式各异、内容不同的担保信托均是为担保债务履行而在物上产生了担保权，借助着"信托的衡平功能能使其与其他担保方式一样公平合理"。[1] 英美法系担保信托的法律构造与法理解析离不开传统英美信托的分割与区分所有权的理论，担保信托担保权益的实现通过权利分割方式由受托人与受益人共同来完成，受托人作为名义上的担保权人，实质上只能行使法律赋予其的管理担保和执行担保的权力；受益人作为实质上的担保利益所有权人，享有担保利益的收益权。正如当初大陆法系国家借鉴英美信托制度之初的顾虑一样，分割所有权理论难以与大陆传统所有权理论相融合，英美法系担保信托的分割所有权模式也同样难以在大陆法系国家生长。这也是将来我国构造担保信托制度时需要考虑的问题。因此本书将重点探讨大陆法系国家的两种担保信托构造模式——特殊所有权构造与担保权构造在我国适用的可行性。

(一) 特殊所有权构造

特殊所有权模式可以称为特殊所有权用于担保的信托，主要是法国担保信托采取的构造模式。法国作为典型的大陆法系国家，其对信托的引入与继受是非常谨慎的，虽然在20世纪初法国学者就开始研究英美信托，但直到2007年才正式从立法上接受信托制度。担保信托作为信托制度的一种法定类型，也于2007年写进民法典。法国担保信托的法律构造既没有照搬英美法系的分割所有权，也没有依照其他大陆法系国家的做法，而是立足于本国的法律土壤，遵从于大陆法理论的荣光，对传统大陆法财产理论加以创新。总的来说，法国担保信托的法律构造的完成分为三个步骤：第一步，追寻历史的足迹——从几百年前罗马法的信托让与担保 ficucia 制度[2]中发现，所有权的让

---

[1] Michael Bridge. The Quistclose Trust in a Word of Secured Transactions. Oxford Journal of Legal Studies Vol 12, No 3. Oxford University Press 1992. P2.

[2] 罗马法信托让与担保 ficucia，是以担保债务为目的信托要式买卖，债务人向债权人以要式买卖的形式转让某一财产所有权，以保证债权关系的成立。债权人取得担保物的占有后，同时也会附加一项信托简约 (fiducia cumcreditore)，在该协议中约定，若债务人履行了债务，担保物的所有权应返还给债务人。

与可用于担保。这一步非常重要，因为它决定了在法国学者心中担保信托是信托的重要功能之一，甚至应是法国信托的首要功能，这一点与英美法系重视信托的管理功能完全不同。法国担保信托借鉴了信托让与担保的权利构造并加以简单化。① 第二步，改造传统财产理论——提出目的财产理论。"将该财产划拨出来用于特定目的"的目的财产理论改造了传统的"所有财产用于抵偿全部债务"，经过目的财产理论的改造，担保信托成为转移财产的所有权用于担保的物权。设立人将用于担保的特定财产的所有权转移给受托人，对于受托人而言其对用于担保的信托财产虽然享有所有权，但是受托人的所有权不是一般的所有权，是受到担保目的限制，临时的特殊所有权，受托人不仅对担保财产没有如所有权人般的处分权，而且担保财产与受托人的个人财产相分离而专用于担保债权的目的。第三步，担保信托的立法化。经过2007年到2009年的立法与修订增补，被编入民法典担保篇中"以担保名义让与所有权"的章节，担保信托完成了担保物权化的立法过程。

(二) 担保权构造

担保权模式也可以称为设定担保的信托，其典型代表国家是日本担保信托。日本担保信托的确立，从最早的《附担保公司债信托法》所创设的为受托人成为公司债券发行担保权人的信托，到1922年《日本信托法》颁布以后学界通过法理解释，将对立法中"其他处分"扩大解释为包含担保权的设定，从而承认了担保信托。② 直到2007年《日本信托法》第3条与第55条真正给予"担保权为信托财产之信托"即担保信托以立法的正名。这些立法与学理的连贯性无不表明，日本担保信托不同于管理信托，其信托的成立不在于财产权转移，而是为"担保权的设定"而成立的信托。这种担保信托的构造模式笔者将之称为"担保权模式"。担保权模式的担保信托最大特点在于担保信托的设立并不会带来所有权的转移，担保信托本身就是直接创设担保权，日本担保信托的构造模式是遵从了当事人创建担保信托的内心真意——创设担保权，而抛开对担保物权利转移这一外在行为的关注。日本担保信托为受托人创设了担保

---

① Dominique Legeais，FIDUCIE-SÛRETÉ，Juris Classeur Commercial，01 Avril 2011，n°5.
② ［日］四宫和夫：《信託法新版》，有斐阁株式会社，1989年，第138页。

权,创设担保权的方式既可以是一段式,也可以是两段式,前者是由债务人作为信托设定人将自己的财产或权利,以债权人为受益人,与第三人受托人间形成信托关系以设定担保权;后者是第一阶段债权人与债务人先为债务设定担保权,第二阶段,债权人即担保权人作为委托人兼受益人,与第三人受托人形成信托关系,将担保权与被担保债权相分离以信托方式而转移。①

(三)我国担保信托构造模式之建议

到底担保信托的两种构造模式"特殊所有权模式"与"担保权模式"哪种更适宜于我国,讨论之前需要将两种构造模式进行简单的区别比较。

两种担保信托的构造模式都是信托与担保制度相结合,为债务履行提供物上担保;这种担保与传统物上担保最大不同是担保权与被担保债权的分离,传统担保权附从性在担保信托中的表现极弱。由于基础制度的相通,也带来了两国担保信托在设立与效力(如受托人权限与义务)等方面的相似之处。但是由于两种模式产生的法律土壤不同,表现在担保信托的法律特性上还是有些许的不同:

其一,担保信托的两种构造模式中受托人身份不同。法国担保信托采取与管理信托相同的构造模式,遵循了与管理信托相同的理论基础——目的财产理论,建立在目的财产理论基础上的担保受托人具备双重身份,他既与管理信托的受托人一样成为被转移的用于担保的信托财产的特殊所有权人,同时他也是信托财产的担保权人,也可以说担保信托的受托人的所有权特殊性体现在担保性上。受托人两种身份合二为一,能够共同统一协调于目的财产理论的"目的性"中。相比之下,日本担保信托的构造更加务实,并没有如法国担保信托那般过多地受到传统理论的束缚,也不需要创造出新的财产理论对传统总和财产理论进行解释,日本学者通过简单的学理扩大解释,将担保权的设定看作与管理信托的所有权转移不同的"其他处分之一",因此日本担保信托受托人并不具有信托财产所有权人的身份,他仅仅是通过担保信托成为担保权人,他的职责是作为担保权人管理担保权。

---

① [日]長谷川貞之:《担保権信託的法理》,勁草書房2012年,第6页;[日]新井誠:《信託法》,有斐阁株式会社2014年,第153页。

其二，担保信托的两种构造模式中信托财产是不同的。由于法国担保信托的"特殊所有权"构造模式与管理信托基本相同，担保信托的信托财产是用于担保的物或权利，这一点尽管在 2006 年信托法案对信托的定义中带来了一些理论上的争议（详见第三章第二节相应部分），但是在 2009 年对担保信托的增补立法填补了漏洞，也解决了争议，用于担保的信托财产所有权如同管理信托的信托财产一样均从法律上被认为转移给受托人。日本担保信托由于采取担保权构造模式，与管理信托的所有权构造模式存在明显的区别，担保信托中并不存在所有权的转移，担保信托的信托财产就不能是管理信托中的发生所有权转移的物或权利等，依据 2009 年信托法第 55 条"担保权为信托财产之信托，……"足以见得，日本担保信托的信托财产为担保权，不是用于担保的物或权利。故而日本学界习惯称之为"担保权信托"。

其三，担保信托的两种构造模式体现了不同的法律思维。法国担保信托的所有权构造模式被认为较多地关注担保物权利转移的外在行为，看到了担保信托中的所有权转移的表象，而不过多地探究当事人创建担保信托的真意来创设担保。日本担保信托所采的担保权构造模式，比较关注当事人创建担保信托的内心真意——创设担保权，而抛开对担保物权利转移这一外在行为的关注。通常说来，前者更关心法律制度带来的交易安全与稳定，后者更关注法律主体意思自治。

大陆法系国家担保信托的两种构造模式对我国来说，笔者认为，担保权构造模式更适宜我国目前信托法律环境。

原因之一为，从我国借鉴和引入信托制度的历史和经验来看，邻国日本的 1922 年信托法对我国信托法的立法产生了重要影响，相似的法律环境和理论体系使得我国担保信托采取与日本相同的担保权构造具备了历史与理论基础。其二，从担保信托构造的基础理论来看，法国担保信托的法理基础——用于改造传统总和财产理论的目的财产理论是法国法土壤的特有之物。自 1804 年民法典创立起来的总和财产理论一直将财产与人格紧密联系，认为一个人只能拥有一项总和财产，并且总和财产具有概括性和不可分割性，传统理论与现代信托的受托人拥有多项用于不同目的的财产的实际是完全不符的，因而带来了法国目的财产理论的诞生与广泛运用。但是在我国法律理论中，作为客体的财产与主体的人格并不存在紧密的不可分割的联系,因而目的财产理论在我国财产法理论中并不受到重视。实际上目的财产理论对我国学界来说,实在也不是什么新鲜事物,我国民法学界目的财产说常被用于解释法人的本质,19世纪德国学者对法人本质提出"法人目的财产说",认为法人是具有一定目的财产而组成的财产,法人仅是为这些财产而虚设的主体,[①] 这是我国学界对目的财产理论的一般认识。尽管目前有部分学者试图用目的财产理论解释与建构具有公共性质的特殊财产,诸如国有财产、集体财产、宗教财产的管理与使用,以建立管理人对特定目的财产的长久管理与使用机制,[②] 但是目的财产理论依然对我国学界来说既不熟悉也没必要。失去了目的财产理论的支撑,法国式担保信托的构造模式在我国几乎是行不通的。其三,我国商事实践中的附担保公司债信托的构造就是通过信托方式给信托受托人产生或设定担保权,由受托人对担保权进行管理和执行,使"担保权构造"的附担保公司债信托成为担保信托的基本法律构造是从实践走向理论的必然。

二、我国担保信托制度的立法模式

从前文对各国担保信托的发展历史来看,存在担保信托制度的国家对担保信托立法承认的方式大体上可分为两类:一种类型为对担保信托进行统一立法,将各种不同的担保信托样态进行抽象概括,制定出统一的担保信托具体规则,如法国与日本等;另一种立法方式是,对担保信托的不同样态的单行立法,针对不同的担保信托样态制定各自的单行法,并辅之以信托法的基本规则来适用之,如美国等。

(一) 统一立法

法国与日本对担保信托立法都采取统一立法。法国信托在经过多年的理论准备和争论在2007年走进了法国民法典,2007年的信托法立法采取的是统一信托制度体系,通过信托的定义"向受托人转让现有的或未来的物、权利或担保……"为担保信托在信托法确立了地位。由于立法的疏忽,随后在2009

[①] 王泽鉴:《民法总则增订新版》,台北:新学林出版股份有限公司,2014年,第178页。
[②] 张建文:《目的财产学说对我国宗教财产立法的影响与实践》,《河北法学》2012年第5期,第72页。

年左右对担保信托的具体制度进行增补完善,才形成了目前法国担保信托在民法典中的法律地位。

相对于法国担保信托从出现开始便统一立法,取得了民法典的一席之地不同的是,日本担保信托的出现却不是一蹴而就的。日本担保信托最早是以单行法的方式出现的,如1905年的《附担保公司债信托法》详细规定了附担保公司债信托这种担保信托的典型适用样态的具体法律规则;之后在1922年《日本信托法》中为了能够将附担保公司债信托这种信托类型在统一信托法中找到合理的位置,于是学者们对1922年信托法定义的"其他处分"进行扩大解释,以便信托法容纳担保信托这一与管理信托不同的信托类型。经过多年社会实践发展,原信托法一些内容需要更新,终于担保信托才在2007年以正式合法身份被2006年信托法给予承认。

(二)单行法

如前文强调的在英美法系国家是很难找到"担保信托"这一提法的词语,可见得英美法国家不可能对担保信托进行统一立法。只是为了商事与司法实践的需要,美国才在1939年制定《信托契约法》,通过强化对公司债券受托人的信托义务,明确细化受托人的具体信托职责,以保护公司债券持有人利益,这是公司债信托这种担保信托的典型样态,进行单行立法的典型表现。除此之外,对于担保信托的另一种样态如信托契据,在一些信托契据发展比较成熟的美国西部州,如加利福尼亚州、犹他州、亚利桑那州等,以单行法的方式立法通过了信托契据法案。[①]

(三)我国担保信托立法模式之建议

严格上来说,担保信托的单选立法还是统一立法,并没有实质性区别,只是与本国立法习惯相关,大陆法系立法习惯法典化,当然喜好统一立法;英美法系更偏好"一事一法",也就多采单行立法。我国沿袭大陆法系国家的法律传统,统一立法应该是我国担保信托立法未来的选择。只是在未来担保信托统一立法时,担保信托放入何篇章或归入哪种法律制度,才是我国未来担保信托立法时应该需要研讨的问题。

---

① Prather, Foreclosure of the Security Interest, 1957 U. ILL. L. F. P420-421.

法国与日本虽然几乎是在同一时间立法引入担保信托制度，但是两国对担保信托制度的处理与立法看法却是完全不同的。

2009 年后担保信托被增补进法国民法典时，立法采取的做法是：在民法典第三卷"取得财产的各种方法"之第十四编"信托编"中肯定了信托可用于担保，为担保信托立法留下位置；同时在民法典第四卷"担保"之第三编"物的担保"的第二副编"动产担保"的第四章"让与所有权的担保"，与第三副编"不动产担保"的第八章"让与所有权的担保"中，分别详细规定了动产担保信托与不动产担保信托的具体法律规则。也就是法国立法者认为担保信托尽管作为信托的一种类型，但是归根结底担保信托应视为一种典型的担保物权制度。伴随着 2006 年法国担保法改革以及 2006 年信托法立法，担保信托（即让与所有权的担保）成为法国法上的一种典型担保。[①]

与此同时，日本法直接通过修改 1922 年信托法，在 2006 年信托法中为担保信托增加了两个主要的条款即第 3 条与第 55 条来引入担保信托。也即是日本立法者依然认为担保信托仅仅只是信托的一种类型，是信托的一种运行方式，只是信托目的、信托财产、受托人职责等方面与一般信托有所区别而已。如日本学者认为，担保信托是用信托方式对担保权进行管理，由受托人为受益人利益管理和执行担保权，[②] 除此之外担保信托与一般信托并无太大区别。确切地说，日本学界并不认为担保信托是一种独立的担保物权类型，只是为管理和执行担保权的便宜而创设的信托类型。

在肯定我国未来担保信托应采统一立法模式之后，笔者认为对我国担保信托的立法方式还有以下需要注意的问题：

其一，未来我国担保信托宜采统一立法模式且应纳入信托法的规制范围。上文分析法国担保信托被视为典型担保物权制度，日本担保信托仅被视为信托类型，两者之间这种显著差别主要是由于两国对担保信托的历史挖掘与法律构造模式不同使然。法国担保信托是法国学者对古代罗马法信托让与担保 ficucia 的现代性重造，通过这种重造诞生了担保信托并且包容了大陆法中的

[①] Dominique Legeais, sûretés et guaranties du credit. 5ᵉ éd. LGDJ, 2006, n°7.
[②] ［日］長谷川貞之：《担保権信託の法理》，勁草書房 2012 年，第 9—10 页。

让与担保，因此法国担保信托自开始便是作为担保物权标签出现；日本担保信托是以英美法信托为原型用于解决商事实践问题，如公司债担保等，没有罗马法的历史原型与束缚，只需要借助信托方式实现担保权而已，故采取相对简单的担保权法律构造模式。由于前文笔者认为我国担保信托法律构造模式宜采担保权模式，并且我国学界对目的财产理论不熟悉，普遍不认同以信托模式来解释让与担保，担保信托在我国未来几乎不可能被视为新型担保物权。未来我国担保信托被统一纳入信托法进行规制应是可能的。

其二，应借鉴多数国家的经验，分步分阶段地将担保信托纳入我国信托法。从日本担保信托的立法经验来看，日本担保信托立法是分三步的，首先，针对商事实践制定《附担保公司债信托法》的单行法；接着，信托法出台后，为容纳附担保公司债信托对信托法进行法理解释；最后才是修订信托法给担保信托以正名。未来我国担保信托立法也可以借鉴这种经验，可分两步走：第一步，制定和完善担保信托的单行法，如加快附担保公司债信托的立法。目前，我国附担保公司债信托不仅立法层次太低，而且具体的法律规则非常不完备，需要引起立法重视；第二步，待对担保信托的研究完备后引入信托法。担保信托对我国法学界来说仍是非常陌生的，从中国知网中输入"担保信托"或"信托担保"一词，能搜索到的文章寥寥无几，可得而知，我国担保信托立法之路将非常遥远且艰难。

三、我国担保信托制度的具体法律规则

从信托的角度看，担保信托为信托的一种并不常见的类型，传统信托法是以管理信托或一般信托为原型来构建的，担保信托作为担保目的信托必然许多地方与管理信托不同，需要适用不同于管理信托的特殊规则。

(一) 担保信托的设立

1. 担保信托设立的形式

承认担保信托的多数国家除法国外[①]，都允许担保信托和管理信托一样，

---

① 法国财政部门担心信托的逃税功能，而对以无偿赠与为目的遗嘱形式连带一同否定了遗嘱信托，因此法国信托主要以信托合同为设立形式。

可以合同、遗嘱与宣言等方式作出,只是担保信托通常存在于商事交易实践,因而担保信托最常见是以担保信托合同来设立。

对于担保信托合同的形式要件,英美法系认为公司信托契约是向公众发行公司债为目的,因此自其出现开始均是以书面合同形式为必要,1939年美国《信托契约法》不仅要求发行公司与受托人需要签订书面的信托契约,而且将信托契据向SEC(证券交易委员会)申请登记时必须附上对信托契约任何条款的分析说明书。[①] 在日本,虽然《日本信托法》并未强调担保信托合同必须以书面形式为必要,但是日本商事活动中对营业信托中却强调以书面合同为必要,而担保信托合同更多适用于商事活动,因此推论担保信托合同通常采书面形式,如日本《附担保公司债信托法》规定,"发行附担保的公司债时,发行公司与信托公司应以信托契约发行之"。

笔者认为,根据多数国家的普遍做法,结合我国信托法对信托设立采要件主义原则,我国信托法第8条规定:设立信托应当采取书面形式,书面形式包括信托合同、遗嘱或法律、行政法规规定的其他书面文件等,我国未来担保信托设立应以合同形式为主,同时应采用书面形式。这不仅符合担保信托的商事适用惯例,而且对于担保信托这种"在不转移占有的担保情形中,为防止日后纠纷,就不转移占有的担保作成书面,实际上绝对必要"。[②]

2. 担保信托文件的内容

担保信托除了需要满足信托的一般必备条款,包括信托目的、信托财产、受托人与受益人等之外,美国《信托契约法》对信托契约的必备条款还包括:受托人的任职资格条款;受托人的职责条款。美国州的信托契据必备条款包括:担保债权的数额、期限等;担保财产的相关情况;用以表述担保目的的文字等。依据法国民法典规定,法国担保信托的必备条款包括:①转移信托的财产、权利或担保,如转移的是将来的财产、权利或担保,这些财产、权利或担保应当是可确定的;②信托期间;③信托委托人的身份;④信托受托人的身份;⑤信托受益人的身份,或不指明受益人时,应写明指定受益人的

---

① See Section 305(a)(2) of Trust Indenture Act of 2010.
② [日]铃木禄弥:《让渡担保》,经营法学全集(9),昭和41年8月,第173页。

规则；⑥受托人的任务及其管理和处分权限；⑦被担保的债务；⑧转移给受托人的用于担保的财产或权利的价值。依据日本《附担保公司债信托法》的规定，与担保信托合同条款相关的内容包括：委托人与受托人的姓名或名称；受益人的姓名或名称；委托人与受托人担保之意思表示；被担保债权的数额、期限、偿还方法等；担保物的种类、顺位等。

笔者认为，根据各国对担保信托必备条款的相关立法规定，以及结合我国信托法所规定信托文件的必备条款——信托目的、委托人、受托人与受益人、信托财产、受益人取得信托利益的形式与方法，我国担保信托文件既需要满足信托的要求，也需要满足担保的要求，那么担保信托的通常必备条款大致可包括如下几类：①担保信托之当事人——委托人、受托人(担保权人)与受益人(被担保债权人)的身份，如姓名或名称、地址等信息；②担保信托之目的——委托人与受托人间关于设立担保信托之意思表示；③担保财产——担保物的种类、价值及各担保物所对应的债权等；④被担保债权，包括被担保债权之数额、期限与偿还方法等。

同时对于担保信托文件的必备条款的法律效力，美国缺少必备条款的信托契约不能发生确定的法律效力；法国民法典认为"缺少任一条款者，合同无效"；日本《附担保公司债信托法》对信托证书之必备条款效力没有明示，依据合同自治原则，信托证书及信托合同的必备条款只是起到法定示范作用，并无法定强制干预效力，缺少相关条款，附担保公司债信托合同仍然成立并生效力。我国信托法第9条虽然规定了信托文件的必备条款，但并不表明该必备条款的法律效力，依据学者们理解"这些内容是信托文件不可缺少的，缺少任何一个条款，信托均不能有效成立"①，笔者认为，依据信托法对必备条款法律效力的态度，担保信托文件的必备条款也应采同一理解，担保信托文件的必备条款不仅具有法律示范作用，而且具有法律强制性，缺少必备条款者，担保信托不能有效成立。

3. 担保信托设立的特殊问题

担保信托的设立中除了设立形式与内容外，还需要考虑担保信托设立中

---

① 何宝玉：《信托法原理研究》，北京：中国政法大学出版社，2005年，第87页。

第六章 我国担保信托法律制度的构建

特殊问题。各国由于对担保信托法律构造采取不同的模式，也带来担保信托的设立过程或方式稍有些差别。前文笔者主张我国未来担保信托宜采类似日本的"担保权构造模式"，因此这里主要分析担保权构造中的担保信托设立的方式等以及对我国未来的借鉴问题。

（1）担保信托的设立方式

日本学者依据多年的附担保公司债信托设立的经验指出，担保信托主要有直接设定与间接设定两种方式。[①] 担保信托的直接设定方式是债务人以自己的或他人的财产作为债权人即受益人债务履行的担保标的物，通过与受托人约定以信托方式设定以担保为目的的信托。根据2007年《日本信托法》第3条1款的规定"发生特定人间，当该特定人间进行财产的转移、担保权的设定、其他财产的处分、或为特定目的，由特定人进行财产管理或处分或当该目的达成时所为的必要行为的契约"，其中"担保权的设定"从文理上暗示信托契约的缔结人委托人与受托人之间在此之前是没有担保权的设定行为的，也没有产生担保权，[②] 所以依据该条"担保权的设定"来直接产生担保权；担保信托的间接设立是将担保信托设立分为两个阶段来完成，第一阶段中，债权人先与债务人就债务的履行设定担保权，债权人成为担保权人，第二阶段，被担保债权的债权人即担保权人作为委托人和受益人，委托第三人担任受托人，以信托的方式将自己的担保权再转移给受托人，实现被担保债权与担保权的分离。这种方式是将债权人事先设立的担保权转移给受托人的，担保权作为一种经济利益，可被视为财产之一种，委托人向受托人转移担保权的可理解为"财产的处分"，[③] 因此学理上认为第3条"其他财产的处分"成为担保信托间接设立的法律依据。

笔者认为，日本学界认可的担保信托的两种成立方式对我国担保信托的成立具有借鉴意义。在我国担保信托的雏形附担保公司债信托的实践中，附担保公司债信托的设立主要以直接设立方式为主，发行人与受托人订立信托

---

① ［日］井上聪：《信托机制》，日本经济新闻出版社2007年，第51页；［日］新井诚：《信托法》，有斐阁株式会社2014年，第155-156页。
② ［日］新井诚：《信托法》，有斐阁株式会社2014年，第155页。
③ ［日］新井诚：《信托法》，有斐阁株式会社2014年，第156页。

合同，约定由发行人为受托人设定公司债履行的担保权，受托人为受益人利益持有管理担保权。因此实践中的这种担保信托直接设立方式应该被未来担保信托立法所接纳。只是从立法上看，担保信托的直接设立方式在我国现行信托法中难以找到立法基础。我国信托法第2条对信托的定义"本法所称信托，是指委托人基于对受托人的信任，将其财产权委托给受托人，……"，这种以管理信托为原型的信托定义不能容纳担保信托的直接设立，因而未来我国信托法需要进行修改，信托定义中需要增补"为受托人设定担保权"。而担保信托的间接设立方式在我国未来信托法中被容纳，可以借鉴日本学者将我国信托法的信托定义中的"财产权"作扩大解释，以"财产权"包容担保权的转移即可。

(2) 直接设立型担保信托的债权人同意

日本学界对担保信托设立中是否需要债权人同意仍存在一定理论争议，这种争议仅存在于直接设立型的担保信托中。否定说认为，担保信托是依据委托人与受托人的信托契约的有效成立而产生的，被担保债权的债权人作为受益人不需要对信托契约表示同意。[1] 肯定说认为，担保信托的有效成立应以被担保债权人的同意为必要。因为信托设立后受益人处于信托当事人的法律地位，因此被担保债权人作为受益人对担保信托契约的了解和同意应是必要的。[2]

笔者认为，直接设立型担保信托中是否需要作为受益人的债权人同意，类似于信托合同成立是否需要受益人同意的问题。由于大陆法系国家许多学者将信托视为为第三人利益合同，从第三利益合同角度看，信托合同的成立不需要第三人的同意，因而信托合同成立也不需要受益人同意。首先，这种信托是否为第三人利益合同是尚存疑惑；其次，担保信托的作为受益人的债权人原本与第三人利益合同中的第三人从是否纯获利益上是完全不同，通常第三人利益合同中的第三人为非对等义务的纯获利益的第三人；担保信托的受益人之所以作为受益人是因为债务人对其负有债务，其享有法律上受偿权，

---

[1] ［日］山田誠一：《担保信托》，《旬刊金融法务事情》2007年1811号，第21页。
[2] ［日］長谷川貞之：《担保権信託的法理》，劲草书房2012年，第9页。

担保信托的成立与生效与其利益的取得息息相关。在被担保债务无法清偿时，受益人即担保债权人的利益的实现需要通过担保权受托人出售担保物并分配担保物的价金，被担保债权人与担保信托具有重大的利害关系，需要被担保债权人对信托内容有充分了解，这意味着担保信托的设立需要被担保债权人的同意；再者，当代信托法普遍认为，受益人并不是与信托无关的人，受益人在信托中具有当事人的地位。此外，为了防止债务人与受托人在担保信托的设定与担保权的执行上的通谋，以虚假行为消灭债权，从而损害被担保债权人利益的，也应以债权人参与担保信托的设立为必要。正由于此，我国《公司债券发行与交易管理办法》第48条第2款称"发行人应当在债券募集说明书中约定，投资者认认购或持有本期公司债券视作同意债券受托人管理协议……"，表述的话外之义为公司债券信托协议必须取得债权人的同意。只是这种法律推定的"被同意"是否强迫了债权人的真意，是否为债权人同意的合适方式还值得研究。

(二) 担保信托的生效

担保信托的生效是指使设立的担保信托按照当事人的意愿发生法律上的效力。由于担保信托结合了信托法律关系和担保法律关系，所谓担保信托的生效也就指担保信托既能产生信托法律效力，也能产生担保权法律效力。商事实践中担保信托主要以担保信托合同为设立形式，这里主要探讨担保信托合同形式的担保信托的生效问题。

对于信托合同的生效，我国信托法第8条3款规定"采取信托合同形式设立信托的，信托合同签订时起信托成立。"虽然未明确信托合同生效的时间问题，但是学者们普遍认为，我国立法确定了信托合同为诺成合同，"信托合同系自委托人与受托人订立时起即成立并产生法律约束力，从而无论是委托人还是受托人在这种合同订立后均不能反悔而拒不履行，且有关的合同信托也自此时起即成立并进入应当由受托人在委托人与受益人的监控下进行运作的存续状态中"。[①] 那么是否依一般信托合同的原则，担保信托合同也应自成立时起生效？然而由于担保信托合同不同于一般管理合同，其要发生担保权的

[①] 张淳：《中国信托法特色论》，北京：法律出版社，2013年，第99页。

法律效力，还需要满足担保权的生效要件。

从担保权的生效角度看，各国担保信托的生效还需要符合本国担保权的生效要件，其中对担保权生效产生最大影响的即为担保权公示行为。如英美法国家由于无论不动产或动产的物权设定均以当事人意思为准，物权的公示对物权的生效不产生影响，英美担保权公示不是担保权生效的要件，因此担保权公示也不是担保信托生效的必要条件；法国经过 2006 年担保法改革后，目前对一般担保权的成立生效，无论不动产与动产，担保权公示均不是担保权生效的必要要件，担保权公示也不是担保信托生效的必要条件；日本对不动产担保权生效采对抗主义，不动产担保信托的生效不以担保权公示为必要，但是对于动产质权，仍以转移占有为担保权生效条件，不转移占有亦不生担保效力，理论上而言动产质权信托也不生效。

因而笔者认为，结合目前我国担保物权法的规则，不动产担保权的生效以登记为生效要件，那么不动产担保信托生效仍需以不动产担保权的登记为必要条件；对于动产以及权利等抵押权的生效以意思主义为原则，动产或权利的抵押权担保信托的生效不需要担保权的公示；若设定动产或权利的质权担保信托，则仍须依照担保法的规定转移对动产或权利的占有为质权担保信托生效要件。

(三) 担保信托的公示

1. 担保信托公示的意义与效力

担保信托的公示主要是指担保信托设立须通过一定方式，将有关担保信托的事实向社会公布，从而使社会知晓担保权已被信托，受托人为他人利益享有和管理担保权。担保信托公示不同于担保权公示，前者是使担保权予以信托的事实向社会公开从而产生公信力，是信托公示；后者是使担保权产生确权效力或对抗效力。

由于担保信托的制度优势之一在于担保信托设定人可以继续占有担保物，设定人无须将担保物交付债权人占有，而继续占有并利用标的物，充分发挥担保标的用益功能，实现"物尽其用"。这种由担保信托设定人占有担保物而由担保信托受托人享有担保权的权利与表象的分离所带来的交易不安全，在不动产担保信托中或许还可以不动产担保权的登记公示来弥补，但是在动产或权利担保信托，由于动产或权利担保信托的生效不强制进行担保权公示，那么应鼓励动产或权利担保信托当事人进行信托公示。

因而笔者认为，对于不动产担保信托，依据目前我国信托法第 10 条 1 款的规定"设立信托，对于信托财产，有关法律、行政法规规定应当办理登记手续的，应当依法办理信托登记。"第 2 款"未依照前款规定办理信托登记的，应当补办登记手续；不补办的，该信托不产生效力。"对于有关应当登记的信托主要指涉及不动产物权的信托，虽然国内一些学者主张我国信托登记应统一采登记对抗主义，[①] 但笔者认为，从保障信托交易安全以及保持与我国不动产登记制度一致性的原则出发，对不动产信托生效以信托登记为必要也未尝不可，同理我国不动产担保信托应以登记为不动产担保信托的生效要件；然，对于动产或权利担保信托，仍须遵循我国及世界多数国家的信托公示对抗主义，无论动产或权利的抵押权担保信托与质权担保信托，均由担保信托当事人依自由意志决定是否予以信托公示。

2. 担保信托公示的内容

由于我国统一的信托登记公示平台直到 2017 年才开始建立并运行[②]，信托登记管理的经验本身比较缺乏，对于担保信托公示的内容更是无法了解。笔者认为，担保信托公示的相关内容可以借鉴日本担保信托公示的做法。①对于不动产担保信托，既需要进行不动产担保权登记，也需要进行不动产担保信托登记，在我国由于不动产担保权登记与不动产信托登记分属不同的登记机构，两种登记公示均对不动产担保信托生效产生重要影响，可以借鉴日本不动产登记法的做法，将信托登记与不动产担保权登记同时进行。未来随着各种登记平台实现互联互通，可以将不动产信托登记的相关权限赋予不动产担保权登记部门来行使，我国担保信托登记将会更简单便捷。②对于动产或权利担保信托，由于我国动产或权利信托登记并不是信托生效的条件，考虑到动产或权利担保信托在实践中最常见的是不需要转移占有的动产抵押担保

---

① 参见吕红：《论我国信托公示制度的完善》，《社会科学》2004 年第 2 期；孟强：《信托登记制度研究》，北京：中国人民大学出版社，2012 年，第 99—102 页；等。

② 虽然我国 2002 年出台信托法，一直以来信托登记制度缺失，直到 2016 年 12 月组建了中国信托登记有限责任公司，2017 年 9 月中国银监会颁布《信托登记管理办法》，与此同时中国信托登记有限责任公司信托登记系统上线运行，开始提供全国信托登记服务。

信托，于是会发生动产抵押权信托的委托人权利外观上占有动产而并不享有权利，受托人享有担保权而不占有动产的权利与外观不符的状态，从交易安全的角度考虑，应该鼓励动产或权利的担保信托当事人进行信托登记公示；③无论不动产担保信托登记还是动产或权利担保信托登记，担保信托登记申请人的受托人，担保信托登记的义务人是委托人，在担保信托的直接设立方式中，担保信托的设立人通常是债务人，担保信托登记的义务人是债务人；在担保信托的间接设立方式中，担保信托设立人是债权人，担保信托登记的义务人也为债权人。④担保信托登记的内容包括：与信托相关主要事项——委托人、受托人、受益人、信托管理人等姓名、名称、住所，信托标的物，信托财产管理方法，信托终了的事由等，以及与不动产担保权相关的事项——抵押人名称、各债权人的债权额与债权总额、利息、债务清偿条件等。

(四) 担保信托受托人

担保信托关系人中受托人处于核心地位，担保信托设立后，受托人既是担保信托的受托人，也是担保财产的担保权人，作为受益人的被担保债权人的债权能否得到清偿，需要依赖受托人对担保财产的管理和对担保权的执行。

1. 担保信托受托人的资格

由于担保信托主要适用于商事领域，因此与民事信托通常对受托人没有特殊要求不同，多数国家都强调担保信托受托人需要具备特定的条件。《美国信托契约法》规定，信托契约的受托人中至少有一个均为依据美国或州法律成立和经营的公司，并且机构受托人的合并资本和盈余不得低于15万美元。①依据法国民法典的规定，信托受托人只有银行、投资公司、保险公司及执业律师等几类商事主体。《日本信托法》虽未对担保信托的受托人主体资格作特殊要求，但是日本学者通常认为担保信托通常适用于商事活动，应借鉴《附担保公司债信托法》的规定，受托人一般应是金融机构，并且需要获得兼营业法的许可以及信托从业资格。②

笔者认为，未来我国担保信托立法也应对担保信托受托人主体资格作出

---

① See Section 310(a)(1)(2) of Trust Indenture Reform Act of 2010.
② [日]長谷川貞之：《担保権信託的法理》，勁草書房2012年，第118页。

限定。一方面，这是遵从世界多数国家的经验的做法；另一方面，不同于一般的民事信托，担保信托是非常典型的商事信托，为商事融资提供担保与担保管理需要特定的商业技能与商事管理经验的，由专门的商事主体从事担保信托活动，符合商事信托的发展趋势，也利于维持商事交易的安全与市场稳定。正由于此，我国对公司债信托的受托人要求"债券受托管理人应当为中国证券业协会会员"，实践中公司债信托的受托人通常是银行、证券公司、信托公司等商事机构。

2. 担保信托受托人权利

从信托角度看，世界各国多没有对担保信托受托人权利做出特殊的规定，由此推知，担保信托受托人享有与一般管理信托受托人相当的权利，主要体现为：广泛的信托权力、获得报酬的权利、补偿请求权、辞任请求权等。

我国信托法第35、37、38条分别规定了信托受托人的获得报酬权、获得补偿权以及辞职请求权，这些基本权利对担保信托受托人同样享有。

3. 担保信托受托人义务

担保信托从信托的角度而言，是为担保债务履行而为的信托制度；从担保的角度来说，就是产生担保权的担保制度。因此担保信托受托人的义务可来源于两个方面：其一为源于信托制度的受托人义务，其二为源于担保制度的担保权人义务。

(1) 基于信托的受托人义务

对源于信托法规定的受托人的基本义务——忠实义务、注意义务、信息披露义务等义务，各国法律均要求担保信托受托人应承担。如《美国信托契约法》为确保受托人只为受益人利益服务，在该法第310(b)分条明确列举了信托契约受托人具有利益冲突、违反忠实义务的几大情形；日本《附担保公司债信托法》第68条要求，受托公司应当公平诚实处理信托事务。《美国信托契约法》为约束受托人的自由裁量权，根据公司债不同阶段受托人的注意义务表现不同，提出受托人在发行人违约后应遵循更高标准的注意义务"谨慎人标准"；日本《担保附社债依托法》第69条要求，受托公司对委托公司及公司债权人，负以善良管理人的注意，处理信托事务之义务。除此之外，信息披露义务是受益人行使监督权与救济权的基础，《美国信托契约法》第313(a)条规定了较为详细的受托人的定期报告与通知义务,第313(b)规定了受托人的不定期报告义务;等。

笔者认为,我国信托法第25、26、27、28、33条分别规定了一般信托受托人的忠实义务、注意义务与信息披露义务等,这些义务内容对担保信托受托人也同样适用。除此之外我国担保信托雏形的公司债信托的立法《公司债券发行与交易管理办法》第49条也明确要求,债券受托管理人应当勤勉尽责,公正履行受托管理职责,不得损害债券持有人利益;对于债券受托管理人在履行受托管理职责时可能存在的利益冲突情形及风险防范、解决机制,发行人应在债券募集说明书及债券存续期间的信息披露文件中充分披露,并同时在债券受托管理协议中载明。虽然我国信托法以及单行法对担保信托受托人的忠实义务、注意义务、信息披露义务等内容给予了明确要求,但是笔者认为,这些规定要么过于原则和抽象,要么没有充分反映出担保信托受托人信托义务的特殊性,需要借鉴域外法的立法经验进行适当地补充。

对于担保信托受托人的忠实义务,我国可以借鉴《美国信托契约法》的做法,考虑到担保信托运行过程中可能出现的受托人利益与受益人利益相冲突情形,包括双重受托,身份重叠,如受托人同时为债务人的债权人,以及利益交叉与重叠,如担任双方人员或在双方均享有利益,等,并以忠实义务的本质"受托人不得置身于将自己利益与受益人利益相冲突的地位"的"其他情形"作为兜底条款。同时借鉴《日本信托法》第31-2条规定,尽管以上利益冲突之行为,只要担保信托文件中约定允许为之,或获得受益人债权人之同意,或该行为是受托人实现信托目的而必要且合理的,不损害受益人债权人的利益或被认为是正当理由的,都可以排除利益冲突之认定,而被认为符合担保信托受托人忠实义务要求。

对于担保信托受托人的注意义务的标准,笔者认为,《美国信托契约法》区分信托契约违约前与违约后信托受托人负担不同的注意义务标准的做法,对我国未来担保信托受托人的注意义务的衡量有着重要意义。《美国信托契约法》第315(a)条规定,信托契约违约前,受托人遵守了信托契约的特别规定的义务;或者受托人不存在故意的情形时,受托人可以确定性地信赖符合契约要求的证明或意见,只要受托人审查了这些证明或意见是否符合契约的要求。信托契约违约之前，受托人的义务通常表现为被动的消极的，[1] 如对债务人提供的表明担保物情况的证书进行验证、对专家意见书进行签收，检查担保物的情况等，因此受托人在债务人违约前的注意义务标准是"诚信善意的标准"，即信托契约受托人只要在违约前诚信善意地处理信托事务，对于由于善意的判断决策的失误所造成的损失，可以免除受托人责任，除非有证据证明受托人对损失的造成有过失和故意的违法行为。[2] 而在信托契约违约后，《美国信托契约法》第315(c)条规定，契约受托人在发生违约的情况下，应当行使契约赋予其的权利和职能。契约受托人在行使该权利和职能时，应当尽一个谨慎之人在从事自身事务时所尽的同等程度的注意和技能。

精细的美国信托法通过多年的信托司法实践所概括总结出现的担保信托受托人在履行信托过程中，信托违约前后所负担的不同注意义务，对我国现在以及未来的担保信托的司法实践同样具有指导性意义。担保信托违约前，受托人只需要以"诚信善意的标准"来履行信托行为，因为债务人违约前，信托契约的担保物通常由债务人占有，受托人既不需要像一般信托受托人一样占有信托财产，更不需要像一般信托受托人一样积极地管理和利用信托财产，他的职责特点就是"安静的""被动的"对相关的证明或专家意见进行形式上的审核。而担保信托违约后，信托契约受托人的职责不再可能是被动的，而变得积极主动起来，如果被授权他既可以提前要求债务人支付欠款，也可以对债务人提起违约诉讼，也可以对债务人要求执行担保，同时还需要判断对债务人提起诉讼是否对债券持有人有利，如果对债务人执行取消赎回权诉讼之后，需要对担保物进行清算以及将担保物出售价款公平地向债券持有人进行分配等等，因此债务人一旦出现违约，受托人的义务增多，"诚信善意的标准"不再适合此时的受托人，受托人则需要适用更高的标准——"谨慎人标准"，像一个谨慎商人在处理自己事务时同样的勤勉、注意以及技能要求。

(2) 基于担保的担保权人义务

从担保角度看，担保信托受托人处于担保权人的地位，担保信托受托人

---

[1] Sturges v. Knapp, 31 Vt. 1 (1858).

[2] Henry F. Johnson, The Forgotten Securities Statue: Problems in the Trust Indenture Act, The University of Toledo Law Review, 1981(13), P109.

基于担保权人的地位会产生类似担保权人的义务。通过对域外法的整理，基于担保权人的角色担保信托受托人产生的义务主要包括：管理担保权、执行担保权以及接受与分配担保物价金的义务。笔者认为，由于我国现行信托法对担保信托立法的缺失，这些义务基于担保信托的特色而来的受托人的基本义务内容正是我国现行信托法的不足，未来信托法对担保信托之受托人的义务进行增补时应包含之。

管理担保权的义务。担保信托受托人在债务人违约未到来前，受托人为受益人的利益行事主要表现为对担保权进行管理。通常包括：为保障担保信托受益人的未来担保利益的实现，维持担保物的价值而对担保物进行定期或不定期的检查是担保信托受托人管理担保权的主要职责；排除他人对担保物的非法占有或毁损以及对担保权的其他非法侵害行为的发生，防止担保物价值的减损，以保全担保权；无论出于商业经营或债务清偿等何种原因而变更担保物的，以维持担保价值使之不受减损的义务。

执行担保权的义务。担保信托受托人在债务人违约之后的主要职责则是实行担保权，将受益人的担保利益变为现实。对于担保信托的担保权执行方式，基本上以清算型为担保信托担保权的实现方式。但由于各国法律传统不同，担保权执行方式又分为处分清算型和归属清算型两种不同的清算方法。如美国对信托契约与信托契据的担保权的实行基本上采取按揭等典型担保物权的实行方式，以归属清算方式为主实行担保权，可以请求直接以担保物抵偿担保债权，也仍需要对担保物的价值进行评估同，在此基础上进行换价清偿债权；法国担保信托的担保权执行方式以归属清算型为主，以处分清算型为辅，直接授予担保信托受益人以担保财产的所有权或自由处分权，但是对担保财产的清算仍以估价换价为基础。笔者认为，各国担保信托执行担保权的方式与各国担保物权的执行传统密切联系。未来我国担保信托担保权的具体执行方式可遵从如下原则，其一，尊重传统原则，考虑到我国无论何种担保物权的执行我国皆以处分清算为主要执行方式，未来担保信托的处分清算也将成为我国担保权执行的主要方式。其二，尊重当事人意思原则，担保信托当事人可以在担保信托契约中约定将来担保权的具体执行方式和权限。

接受与分配担保物之价金的义务。担保信托受托人执行担保权之后，对于换价处分所得的担保物的价金由受托人受领,并将其交付或分配给担保信托受益人。换价所得的价金用于支付执行担保的费用等必要费用后,受托人将价金按比例公平地向受益人分配,以清偿原债权、利息、迟延金等以使债权消灭。

(五)担保信托受益人

1. 担保信托受益人的特征

担保信托将担保与信托相结合,信托关系人通常具有多重主体身份,这就带来担保信托受益人不同于一般信托受益人之处。其一,担保信托受益人通常为被担保债权的债权人,并且由于担保权与被担保债权的附从性被割断,担保信托受益人只能是债权人,不再是担保权人。其二,担保信托受益人在担保信托设立时可以不存在,如在公司债信托场合,发行公司与受托人设立附担保信托时公司债券还未发行,此时受益人即债券持有人缺席,法律通常赋予其"默示同意"以设立担保信托。

2. 担保信托受益权的性质

担保信托受益人的受益权是指担保信托受益人享受请求受托人履行担保职责以使得自身的被担保债权得到实现的特定权利。对信托受益权性质的讨论是信托法理论界由来已久的争议。自英美信托法学者开始到日本等大陆法系信托法专家对信托受益权性质的争议主要有债权说与物权说等多种不同的声音。[①] 这里不再累述,只是在这场争议中笔者比较认同"在对信托受益权性质进行讨论前,首先需要理清本国信托法的立法规定;其次,要明确信托受益权的包含的权利内容有哪些",尤其第二点非常重要。鉴于此种认识,笔者探讨各国担保信托受益权性质时将受益权做狭义理解,仅理解为担保信托受益人从担保信托中获取收益亦被担保债权得以满足的权利。

概括域外国家对担保信托受益权的性质认定,多数国家担保信托受益权的债权性质表现非常清楚。如2006年《日本信托法》55条规定,担保信托受托人对指定的受益人有进行信托事务,申请担保权执行,接受分配变价款项与向受益人交付的义务。第2条7款,"本法所称受益权,是指基于信托行

---

① 参见张淳:《中国信托法特色论》,北京:法律出版社,2013年,第266-290页。

为，受托人对受益人承担债务的情形下受益人享有的关于信托财产的财产转移及其他与信托财产相关的利益分配的债权，……"，《日本信托法》确定信托受益权为债权，担保信托受益人的受益权体现为受益人向受托人请求给付担保信托利益的债权请求权。但是从法国民法典的规定看，将法国担保信托受益权认定为债权性质却有些牵强。法国民法典第2372-3、2372-4与2488-3、2488-4条分别规定，动产担保信托与不动产担保信托在被担保债务无法清偿时，如果受托人是担保债权的债权人的，受托人可取得担保财产的自由处分权；如果受托人是第三人的，债权人既可取得担保财产的自由处分权，也可以由受托人出卖担保物。法国学界对于法国担保信托受益权性质认识目前由于掌握资料有限无法得知。但是笔者认为，从理论上推断，如果受益人受益权的实现依赖于请求受托人出卖担保物并向其交付担保财产的价金的，这时受益人的受益权表现为对受托人的债权；如果受益人受益权实现是可以通过直接取得担保财产的处分权的，这些受益人的受益权具有物权特性了。因而法国担保信托受益人的受益权依赖受益人选择实现信托利益的方式不同，既可以体现为债权性的请求权，也可以体现为物权性的处分权。

  笔者认为，我国未来担保信托受益权性质立法确定为债权更为合适。理由之一为，我国目前信托法将信托受益权定性为债权，这一立法定性对未来担保信托受益权性质起到重要作用。虽然目前国内学者对我国信托受益权性质认定看法不一，有持"债权说""物权说""债权物权并行说"等，但总的看来我国学界对信托受益权性质以持有物权说为居多。经过对我国信托法立法的考究以及学者观点的剖析，笔者非常赞同国内较少学者秉持的"债权说"。[①] 该学者指出首先要理清本国信托法中信托受益权包含的权利内容，然后才能实事求是地进行受益权性质的理论探讨，对中国信托受益权性质探讨只能建立在本国立法基础上而不是英美等域外法基础上。根据我国信托法第43、44、46、48等条文分析，可以推断出我国信托受益权仅指受益人享有信托利益取得权，并不包括信托财产追及权、不当信托行为撤销权等权利内容。那么单从受益权的"信托利益取得权"来看，信托受益权体现为受益人有依照信托文

---

① 参见张淳：《中国信托法特色论》，北京：法律出版社，2013年，第262-264页。

件规定向受托人请求给付信托利益的请求权,这必然是债权请求权无疑。笔者以为,担保信托受益人受益权的实现也是体现为请求受托人执行担保权并向其交付执行价金,担保信托受益人受益权自当是债权。其二,域外法中对担保信托受益权之信托收益取得权多体现为债权,唯有法国担保信托受益权兼具债权与物权性为例外,笔者以为,这多是由于法国对担保信托以所有权法律构造,在法国学界将担保信托多看作法定典型担保物权,而不仅将其视为信托之一种,担保信托受益人从担保物权角度看既是被担保债权的债权人,也仍保留了担保物权人的身份的痕迹(尽管理论上看担保信托的担保物权人为受托人),这种特殊身份使得担保信托受益人受益权具有若干物权性质。然则,上文曾建议我国未来担保信托不适宜以所有权法律构造,宜采担保权构造,自然法国担保信托受益权具有的物权特性在我国未来担保信托中也没有存在理论基础。

3. 担保信托受益人的其他权利

对于担保信托受益人除受益权以外的其他权利,域外法并没有给予特别规定,根据学者们理解一般信托受益人的其他权利,担保信托受益人也应享有。因此担保信托受益人享有其他权利包括:其一为担保信托事务履行的请求权;其二,受益人享有对受托人违反信托或不当信托时的救济性权利;其三,受益人享有对与担保信托事务相关的知情权;其四,对于某些与受益权实现密切相关的重要信托事务的参与或决定权;等。

我国信托法第49条以"受益人可以行使第20-23条委托人享有的权利"来允许受益人行使信托事务知情权、信托事务干预权、对受托人违反信托或不当信托的撤销权、对受托人解任请求权等权利,未来担保信托受益人也同样享有这些保全受益权的权利。只是由于我国信托法并不是如域外信托法一般直接赋以受益人以上的法定权利,而是通过"允许受益人行使委托人享有的权利"来保障受益人权利,这种立法安排表明立法者对受益人在信托中地位没有给予足够重视,这些不足希望在以后的信托法修订中予以改进。

担保信托受益人的信托事务参与或决定权中有两个特殊问题值得讨论。

其一,担保信托分配的决定权,当同一担保信托为多个债权人提供担保,通常依照担保信托合同规定的比例或方法将担保信托利益在多个债权人间进行分配。但是对担保权执行后的价金不足以清偿全部债权的，那么如何在多个债权人或受益人间分配呢？有持"法定整体法"看法，有持"受益人集体决定"看法。笔者认为，该两种做法各有利弊，只在于取决标准不同，如采"法定整体法"是将全体受益人债权作为一个整体看待，按各受益人债权比例进行清偿主要体现了法律公平理念；而由受益人自决则更重视受益人的意思自治。况且，担保信托的比较制度优势就在于它的灵活性，通过信托受益权的灵活机制，将受益权的优先劣后的阶层化转化成了为债权的优先劣后的安排，打破了债权平等的原则。笔者赞成与担保信托利益的分配相关的重要事项应由担保信托受益人自主决定为宜。

其二，被担保债权消灭的决定权，担保信托受托人受领并向受益人交付担保物价金后，担保信托所担保的债权是否消灭？主要有"否定说"与"肯定说"。笔者以为，实质上两种观点的对立，根源于对受益人债权人在担保信托中的地位的认识。"否定说"认为担保信托的担保权执行后，只是担保权得到实现，被担保债权是否消灭还要取决于受益人即债权人的意思，因为担保信托中担保权人与债权人相分离，不能像传统担保物权的执行一样，担保权获得实现了被担保债权也即得到满足而自动消灭；"肯定说"则否定了担保信托受益人在担保信托中的地位和意义，担保信托的执行而导致被担保债权的消灭也不需要受益人同意。正如前文所述，笔者主张担保信托受益人是担保信托中重要的关系人，由于担保信托的设立与执行都与受益人债权人的利益息息相关，因此被担保债权的消灭仍然需要以受益人债权人的同意为必要。担保权的实行只能使担保权本身而消灭，而被担保债权的消灭除了需要向受益人债权人交付担保财产执行价金外，还需要受益人的同意。

结　语

　　短短几百年间，信托制度经历了从得不到法律保护到世界范围内遍地开花、从规避法律的消极运用到积极的财产管理方式的历史发展过程。在信托的财产管理功能不断被升级利用的同时，信托的担保功能也被商事实践不断地改革创新。担保信托作为信托担保功能的集大成者，不应该被管理信托耀眼的光芒所掩盖，本书就是想拂去积压在担保信托身上的历史尘埃，聚集散落在各国商事实践中各种担保信托的样态，抽取多国担保信托立法与理论研究精华，让担保信托这一重要的信托形式重回国人的视野。本书在对域外多国担保信托的立法与理论研究进行概括分析的基础上，提出本书如下结论性看法：

　　第一，任何一项域外法律制度的生根发芽都必须注意本土化，担保信托也不例外。当今世界经济中的我中有你、你中有我必然带来了法律制度的高度相似性。担保信托的存在与否与法律传统之间的差异无必然相关性，只与商事实践的需要必然有关。具有相关性的是对于担保信托构造的法律解释，不同的法律传统对担保信托的解释完全不同：英美法系信托财产双重所有权为英美式担保信托法律构造提供法理基础，信托财产双重所有权的分割财产权的功能能够隔离与固化担保财产，这造就了英美式担保信托的分割所有权构造模式；法国、日本等大陆法系国家注定只能另辟蹊径解构英美法信托财产双重所有权的分割与隔离功能，为此法国搜寻历史，从罗马法信托中获得灵感并以目的财产理论对传统总和财产理论进行改造，于是基于"特定担保目的"担保信托顺利地融入民法体系，独具特色的"特殊所有权担保"模式表明法国选择的理论建构道路已经与日本完全不同；日本式担保信托的解释并没有如法国般特别关注本国特色，本着实用简便的原则，"担保权构造"的担保信托仅是设定及管理担保权，其与管理信托的区别只在于是否发生财产所有权的转移。这三种担保信托不同的解构路径对我国未来担保信托的建构具有重要的参考价值。

第二，担保信托与传统担保权附从性的调和。运用信托方式实现担保，无论哪种法域的信托架构，只要肯定受托人对被担保财产享有担保权，就会带来担保权与被担保债权两者间的分离。即便在我国信托法——信托法并没有赋予受托人以信托财产所有权的语境之下，担保权与被担保债权的附从性被突破也是必然的。虽然自《担保法》到《物权法》，我国学界对传统担保权附从性一直努力地坚守，但是这并不代表传统理论不可被突破，或许突破口正是未来担保信托的广泛运用与理论认可。

第三，虽然本书大力倡导担保信托的意义与价值，但是未来我国的担保信托并不能成为一种新的担保权类型。对于担保信托的定性文中并没有深入地讨论分析，但细心的读者可发现它在各国的定性是不同的。法国式担保信托的性质最明显，从担保信托在法国民法典的编章位置与具体内容来看，法国式担保信托是一种新型的法定担保物权，法国学界实质上用信托的"外表"来包装再造为让与担保，因此法国式担保信托称为"信托让与担保"或许更为合适。英美法担保信托与日本担保信托在民法体系中并没有获得如此地位，它们并不能成为新的独立的担保物权，只是担保权的管理与实现方式发生新的变化而已，本质上仍是借用信托创新出新的担保权管理方式。因此引入担保信托并不会对我国担保物权体系造成太大冲击。

第四，尽管我国担保信托的雏形——附担保公司债信托制度都尚且不完备，但本书仍大胆建议"不要止于担保信托之冰山一角"，这是近百年来日本担保信托历史演进的经验集结。百年前为满足大规模融资的时代需求，日本在还没有统一信托法的情况下率先颁布了《附担保公司债信托法》，创建了附担保公司债信托；但是这种一时之需的担保信托由于先天的理论准备不充分，居然被随后的1922年信托法所遗忘，多年来需要通过学理扩大解释方式才能被纳入《日本信托法》体系，直到修订后的2006年信托法担保信托才真正获得

结　语

法律上的"名分"。日本担保信托的立法历史恰好可以说明，不要着急，历史是轮回的！

从近年些商事实践发展来看，或许目前我们已经站在了新的历史机遇面前。近年来我国商事融资实践如包括附担保公司债发行、银团贷款、网络借贷等情形中出现了大量的担保权代持，为统一法律适用，《最高人民法院关于适用中华人民共和国民法典有关担保制度的解释(法释[2020]28号)第4条[①]对担保物权代持作了明确规定。多数学者认为，以信托构造解释担保权代持更为合适。这种类似担保信托的制度安排或许将成为担保信托进入我国法学视野的突破口。(本书写作完成之后适逢最高院司法解释出台，或许是一种耦合！)历史机遇既已来临，做好担保信托的理论准备工作乃吾辈之责。"担保信托已出发"。

[①] 最高人民法院于2021年12月31日公布的《最高人民法院关于适用〈中华人民共和国民法典〉有关担保制度的解释》的第四条规定："有下列情形之一，当事人将担保物权登记在他人名下，债务人不履行到期债务或者发生当事人约定的实现担保物权的情形，债权人或者其受托人主张就该财产优先受偿的，人民法院依法予以支持：(一)为债券持有人提供的担保物权登记在债券受托管理人名下；(二)为委托贷款人提供的担保物权登记在受托人名下；(三)担保人知道债权人与他人之间存在委托关系的其他情形。"

参考文献

一、中文书籍

[1] D. J. 海顿. 信托法[M]. 周翼, 等译. 北京: 法律出版社, 2004.

[2] 加利·瓦特. 衡平法和信托法简明案例[M]. 武汉: 武汉大学出版社, 2004.

[3] 謝哲勝. 信托法總論[M]. 台北: 元照出版有限公司, 2003.

[4] 謝哲勝. 信託法-第2版[M]. 台北: 元照出版有限公司, 2007.

[5] 史尚宽. 信托法论[M]. 台北: 台湾商务印书馆股份有限公司, 1977.

[6] 徐国香. 信託法研究-再版[M]. 台北: 五南图书出版公司, 1988.

[7] 方嘉麟. 信托法之理论与实务: 以比较法观点论信託法制继受之问题-第2版[M]. 台北: 月旦出版公司, 1998.

[8] 张淳. 信托法原论[M]. 南京: 南京大学出版社, 1994.

[9] 赵廉慧. 信托法解释论[M]. 北京: 中国法制出版社, 2015.

[10] 张军建. 信托法纵横谈——写在我国信托法修改之前[M]. 北京: 中国财政经济出版社, 2016.

[11] 周小明. 信托制度比较法研究[M]. 北京: 法律出版社, 1996.

[12] 方嘉麟. 信托法之理论与实务[M]. 北京: 中国政法大学出版社, 2004.

[13] 何宝玉. 信托法原理研究[M]. 北京: 中国政法大学出版社, 2005.

[14] 赖源河, 王志诚. 现代信托法论[M]. 北京: 中国政法大学出版社, 2002.

[15] 霍玉芬. 信托法要论[M]. 北京: 中国政法大学出版社, 2003.

[16] 张天民. 失去衡平法的信托: 信托观念的扩张与中国《信托法》的机遇和挑战[M]. 北京: 中信出版社, 2004.

[17] 钟瑞栋, 陈向聪. 信托法[M]. 厦门: 厦门大学出版社, 2004.

[18] 中野正俊, 张军建. 信托法[M]. 北京: 中国方正出版社, 2004.

[19] 唐义虎. 信托财产权利研究[M]. 北京: 中国政法大学出版社, 2005.

· 244 ·

[20]陈雪萍.信托在商事领域发展的制度空间:角色转换和制度创新[M].北京:中国法制出版社,2006.

[21]中野正俊.信托法判例研究[M].北京:中国方正出版社,2006.

[22]王志誠.信託之基本法理[M].台北:元照出版有限公司,2005.

[23]余卫明.信托受托人研究[M].北京:法律出版社,2007.

[24]彭插三.信托受托人法律地位比较研究:商业信托的发展及其在大陆法系的应用[M].北京:北京大学出版社,2008.

[25]文杰.信托公司法研究[M].武汉:华中科技大学出版社,2010.

[26]徐卫.信托受益人利益保障机制研究[M].上海:上海交通大学出版社,2011.

[27]董慧凝.信托财产法律问题研究[M].北京:法律出版社,2011.

[28]汪其昌.信托财产权的形成与特质[M].北京:中国财政经济出版社,2011.

[29]张敏.信托受托人的谨慎投资义务研究[M].北京:中国法制出版社,2011.

[30]宋刚.信托财产独立性及其担保功能[M].北京:北京师范大学出版社,2012.

[31]孟强.信托登记制度研究[M].北京:中国人民大学出版社,2012.

[32]刘韶华.信托原理在民商事法律实务中的应用[M].北京:法律出版社,2012.

[33]周小明.信托制度:法理与实务[M].北京:中国法制出版社,2012.

[34]李世刚.法国担保法改革[M].北京:法律出版社,2011.

[35]吴一鸣.英美物权法[M].上海:上海人民出版社,2011.

[36]刘迎霜.公司债:法理与制度[M].北京:法律出版社,2008.

[37]王闯.让与担保法律制度研究[M].北京:法律出版社,2000.

[38]唐义虎.担保物权制度研究[M].北京:北京大学出版社,2011.

[39]高圣平.担保法论[M].北京:法律出版社,2009.

[40]徐洁.担保物权功能论[M].北京:法律出版社,2006.

[41]叶金强.担保法原理[M].北京:科学出版社,2002.

[42]陈本寒.担保物权法比较研究[M].武汉:武汉大学出版社,2003.

[43]雅克·盖斯旦,吉勒·古博.法国民法总论[M].北京:法律出版社,2004.

[44]尹田.法国物权法第2版[M].北京:法律出版社,2009.

[45]美国法学会,美国统一州法委员会.美国《统一商法典》及其正式评述[M].孙新强译,北京:中国人民大学出版社,2004.

[46]董学立.美国动产担保交易制度研究[M].北京:法律出版社,2007.

[47]余辉.英国信托法起源、发展及其影响[M].北京:清华大学出版社,2007.

[48] 李红海. 普通法的历史解读：从梅特兰开始[M]. 北京：清华大学出版社，2003.

[49] 罗斯科·庞德. 普通法的精神[M]. 唐前宏，廖湘文，高雪原译，北京：法律出版社，2001.

[50] S. F. C. 密尔松. 普通法的历史基础[M]. 李显冬等译，北京：中国大百科全书出版社，1999.

[51] 彼得罗·彭梵得. 罗马法教科书[M]. 北京：中国政法大学出版社，1992.

[52] 陈朝璧. 罗马法原理[M]. 北京：法律出版社，2006.

[53] 周枏. 罗马法原论[M]. 北京：商务印书馆，1994.

[54] 桑德罗·斯奇巴尼. 物与物权[M]. 北京：中国政法大学出版社，1999.

二、中文文章

[1] 吕富强. 论法国式信托——一种对本土资源加以改造的途径[J]. 比较法研究，2010，(02)：67-76.

[2] 唐义虎. 论信托型担保[J]. 云南大学学报(法学版)，2005，(05)：72-75.

[3] 马新彦. 现实担保的救济——来自美国信托担保制度的启示[J]. 法制与社会发展，2000，(01)：30-37.

[4] 陈雪萍. 信托的担保功能在商事活动中的运用——以QUISTCLOSE信托为视角[J]. 法商研究，2007，(06)：83-90.

[5] 熊敬. 从属性规则对担保权信托的影响及其消除[J]. 江西社会科学，2022，42（11）：162-172.

[6] 叶朋. 法国信托法近年来的修改及对我国的启示[J]. 安徽大学学报(哲学社会科学版)，2014，38（01）：121-127

[7] 叶熙昊. 公司债券受托管理人信义义务的厘定与法律构造[J]. 南方金融，2020，(07)：87-98.

[8] 陈冠华，陈燕锋. 美国信托担保制度之借鉴效益[J]. 河北理工大学学报(社会科学版)，2006，(04)：98-101.

[9] 刘迎霜. 我国公司债券法律制度修订评析——兼与台湾公司债法律制度比较[J]. 社会科学研究，2009，(01)：58-63.

[10] 尹田. 无财产即无人格——法国民法上广义财产理论的现代启示[J]. 法学家，2004，(02)：46-54.

[11] 王涌. 论信托法与物权法的关系——信托法在民法法系中的问题[J]. 北京大学学报

（哲学社会科学版），2008，(06)：93-101.

[12] 樊健. 信托型担保研究——与典型担保之比较[D]. 北京：中国政法大学，2009.

[13] 刘迎霜. 公司债：法理与制度——以我国公司债法律制度梳理为中心[D]. 上海：华东政法大学，2008.

三、英文书籍

[1] A. H. Oosterhoff. case and Materials on the Law of Trusts（Second Edition）[M]. Toronto, Calgary and Vancouver：The Carswell Company L. D.，1983.

[2] A. J. Oakley. Trends in Contemporary Trust Law[M]. Oxford：Clarendon Press，1996.

[3] Alastair Hudson. Equity and Trust[M]，5[th]ed.，London：Routledge-Cavendish，2007.

[4] D. J. Hayton, S. C. J. J. Kortmann, H. L. E. Verhagen(ed). Principles of European Trust Law[M]. London：Kluwer Law International，W. E. J. Tjeenk Willink，1999.

[5] D. J. Hayton. Law of Trust and Trustees[M]. 15th edtion, London：Butterworths，1995.

[6] Edwards, Richard. Trusts and equity（Fifth Edition）[M]. VALUEPACK：Law press，2003.

[7] F. W Maitland. State, Trust and Corporation[M]. Cambridge：Cambridge University Press，2003.

[8] George Gleason Bogert. Case and Text on the Law of Trusts[M]. NewYork：Foundation Press，2008.

[9] George Gleason Bogert, Goerge T. Bogert. Law of Trust[M]. St. Paul, Minn.：West Publishing co.，1973.

[10] Iwobi, Andrew. Essential trusts（Second Edition）[M]. Wuhan：Wuhan University Press，2004.

[11] Jill E. Mart. Morden Equity[M]. London：Sweet & Marwell Ltd.，1997.

[12] Watt, Gary. Briefcase on equity & trusts（Second Edition）[M]. Wuhan：Wuhan University Press，2004.

[13] Philip H. Pettit. Equity and the Law of Trusts（Fifth Edition）[M]. London：Butterworths，1984.

[14] Graham Moffat. Trusts Law：Text and Materials（Fifth Edition）[M]. Cambridge：Cambridge University Press，2009.

[15] Salmond. Jurisprudence[M]. London：Sweet&Maxwell, Limited，1930.

四、英文论文

[1] Pierre Lepaulle. Civil Law Substitutes For Trusts[J]. Yale Law Journal, 1927(36).

[2] Pierre Lepaulle. An outsider's view point of the nature of trusts[J]. Cornell Law Quaterly, 1928(14).

[3] R. Mollina Pasquel. The Mexican Fideicomiso : The Reception, Evolution and Present Status of the Common Law Trust in a Civil Law Country[J]. Columbia J. of Transnational, 1969(8).

[4] Gerard McCormack. Conditional Payments and Insolvency-The Quistclose Trust [J]. The Denning law Jounrnal, 1994(19).

[5] Michael Bridge. The Quistclose Trust in a Word of Secured Transactions[J]. Oxford Journal of Legal Studies, 1992(12).

[6] Stetson. Preparation of Corporate Bonds, Mortgages. etc., in Some Legal Phases of Corporate Financing[J]. Reorganization and Regulation, 1917(7).

[7] Henry F. Johnson. The Forgotten Securities Statue: Problems in the Trust Indenture Act[J]. The University of Toledo Law Review, 1981(13).

[8] George E. Palmer. Trusteeship under the Trust Indenture [J]. The Columbia LawReview, 1941(41).

[9] Obrzut, Frederica R. Trust Indenture Act of 1939: The Corporate Trustee as Creditor[J]. UCLA Law Review, 1976(24).

[10] Louis S. Posner. The Trustee and the Trust Indenture: A Further Study[J]. The Yale Law Journal, 1937(46).

[11] Gary E. The Deed of Trust: Arizona's Alternative to The Real Property Mortgage[J]. Arizona Law Review, 1973(15).

[12] Richard P. Jr. Garden. In Deed an Alternative Security Device: The Nebraska Trust Deeds Act[J]. The Nebraska Law Review, 1985(64).

[13] James Leavy. In France we trust[J]. International Financial Law Review, 2007(26).

[14] Paul Matthews. The French fiducie: and now for something completely different? [J]. Trust Law International, 2007(21).

[15] Katz, Wilber G. Responsibility of Trustees under the Federal Trust Indenture Act of 1939 [J]. American Bar Association Journal, 1940(26).

[16] Friedman. Howard M. Updating the Trust Indenture Act[J]. University of Michigan Journal of

Law Reform, 1974(7).

[17] Rodgers, Churchill. Corporate Trust Indenture Project[J]. Business Lawyer (ABA), 1965(20).

[18] Austin Wakeman Scott. The Nature of the Rights of the Cestui Que Trust[J]. Columbia Law Review, 1917(17).

[19] Wesley N. Hohfeld. The Relations Between Equity and Law[J]. Michigan Law Review, 1913(9).

[20] Walter G. Hart. The Place of Trust in Jurisprudence[J]. Law Quarterly Review, 1912(28).

[21] Palmer, George E. Trusteeship under the Trust Indenture[J]. Columbia Law Review, 1941(41).

[22] Riger, Martin. Trust Indenture as Bargained Contract: The Persistence of Myth[J]. Journal of Corporation Law, Winter 1991(16).

[23] Johnson, Henry F. Forgotten Securities Statute: Problems in the Trust Indenture Act[J]. University of Toledo Law Review, 1981(13).

[24] Stark, Richard A. Trust Indenture Act of 1939 in the Proposed Federal Securities Code[J]. Vanderbilt Law Review, 1979(32).

[25] Smith, Felicia. Applicability of the Securities Act of 1933 and the Trust Indenture Act of 1939 to Consent Solicitations to Amend Trust Indentures[J]. Howard Law Journal, 1992(35).

五、日文书籍及论文

[1][日]山田誠一:《信託》,財経詳報社 2008 年.

[2][日]新井誠:《信託法》,有斐閣 2008 年.

[3][日]井上聪:《信托机制》,日本经济新闻出版社 2007 年.

[4][日]四宮和夫:《信託法新版》,有斐閣 1989 年.

[5][日]経済法令研究会編.:《信託の基礎》,経済法令研究会 2010 年.

[6][日]デイヴィッド・ヘイトン:《信託法の基本原理》,勁草書房 1996 年.

[7][日]長谷川貞之:《担保権信託の法理》,勁草書房 2012 年.

[8][日]柚木馨:《注释民法(9)物权(4)》,有斐阁昭和 57 年.

[9][日]柚木馨:《担保物权法》,有斐阁 1958 年.

[10][日]高木多喜男:《担保物权法》有斐阁 1993 年.

[11][日]道垣内弘人:《担保としての信託》,金法 1811 号, 2007 年.

[12] [日]清水拓也:《貸付信託法・担保付社債信託法と信託》,《金融・商事判例》2007年3月15日.

[13] [日]長谷川貞之:《担保権の設定を信託の形式で行う場合のいわゆるセキュリティ・トラストとその法律関係》,《信託法改正とその活用》2008年4月.

[14] [日]白石大:《フランスにおける動産・債権担保法制の現在：近年の担保法改正・担保信託導入をふまえて》,《比較法学》2012年第2期.

六、法文书籍及论文

[1] F. Terré et Ph. Simiier, Droit cicil, les bies, 4e éd., Dalloz, 1992, Paris.

[2] V. déjà notre thèse, La fiducie en droit privé français : Paris 1981, préf. D. Schmidt, n. 151 s.

[3] Smith, Lionel, Trust and Patrimony, Revue générale de droit, Volume 38, numéro 2, 2008.

[4] Dominique Legeais, fiducie-sûreté, Juris Classeur Commercial, 01 Avril 2011.

[5] Claude WITZ, Réflexions sur la fiducie-sûreté, La Semaine Juridique Entreprise et Affaires n° 18, 6 Mai1993.

[6] Etude par Claude WITZ, Réflexions sur la fiducie-sûreté, La Semaine Juridique Entreprise et Affaires n° 18, 6 Mai 1993.

[7] François Barrière, La fiducie-sûreté, La Semaine Juridique Notariale et Immobilière n° 42, 16 Octobre.2009.

[8] Etude rédigée par, La fiducie-sûreté, La Semaine Juridique Notariale et Immobilière n° 42, 16 Octobre 2009.

[9] Paul Hastings, La fiducie, nouvelle reine des sûretés?, La Semaine Juridique Entreprise et Affaires n° 36, 6 Septembre 2007.

[10] Stéphane Prigent. Defrénois, Constitution d'une fiducie-sûreté, Tous droits réservés n° 14, 30 août 2010.

[11] François Barrière, La fiducie-sûreté, La Semaine Juridique Entreprise et Affaires n° 36, 3 Septembre 2009.

[12] J. J. Ansault, Fiducie-sûreté et sûretés réelles traditionnelles: que choisir? Dr. et patrimoine mai 2010.

[13] Reinhard Dammann, Quel avenir pour les sûretés réelles classiques face à la fiducie-sûreté?, Cahiers de droit de l'entreprise n° 4, Juillet 2009, dossier 23.

后 记

此篇拙著始于攻博期间的学术感想，是前期研究的拓展。担保信托在我国商事实践中仍是一块尚待开发的领域，对其理论研究尚待进一步深入，对其立法工作尚且遥远。本文在尝试着对域外多国担保信托的立法与法律理论进行借鉴、抽象、概括与分析研究过程中，逻辑结构、语言表达等方面或许会存在些许错误或疏漏，诚请各位同仁不吝赐教！

无论是在攻读博士学位期间，还是在本书写作期间，最为感激的是我的导师张淳教授。在多年的资料收集与翻译过程中，面对千辛万苦收集来的法文、日文等资料，常常难以阅读及理解，备受煎熬甚至退却，幸得老师不断鼓励、鞭策与指导，终于一路坎坷地走到了今天。每每想到可敬可爱的老师，在繁忙紧张的工作之余，还要不时记挂我的身体状况与写作进度，怎能不心怀感激？！还有，多年来关爱我的家人，他们为我的写作提供了宽松的家庭环境和宽裕的时间；一直鼓励支持我的朋友们，他们为我的工作与生活提供了最大限度的帮助。感谢教育部人文社科基金的资助，此书才有幸得以出版；同时感谢吉林大学出版社编辑老师为本书出版所做的工作。这些许许多多的人与事，将铭刻在心，长留心底……

叶 朋

2023 年 10 月